DR. OETKER
HEIMATKÜCHE VON A-Z

DR. OETKER
HEIMATKÜCHE VON A-Z

Dr. Oetker Verlag

Abkürzungen

EL	=	Esslöffel
TL	=	Teelöffel
Msp.	=	Messerspitze
Pck.	=	Packung/Päckchen
g	=	Gramm
kg	=	Kilogramm
ml	=	Milliliter
l	=	Liter
evtl.	=	eventuell
geh.	=	gehäuft
gestr.	=	gestrichen
gem.	=	gemahlen
ger.	=	gerieben
TK	=	Tiefkühlprodukt
°C	=	Grad Celsius
Ø	=	Durchmesser

Kalorien-/Nährwertangaben

E	=	Eiweiß
F	=	Fett
Kh	=	Kohlenhydrate
kJ	=	Kilojoule
kcal	=	Kilokalorien
BE	=	Broteinheiten

Bei den Nährwertangaben in den Rezepten handelt es sich um auf- bzw. abgerundete ganze Werte. Lediglich die Broteinheiten werden mit einer Stelle nach dem Komma angegeben.

Aufgrund von ständigen Rohstoffschwankungen und/oder Rezepturveränderungen bei Lebensmitteln, kann es zu Abweichungen kommen. Die Nährwertangaben dienen daher lediglich Ihrer Orientierung und eignen sich nur bedingt für die Berechnung eines Diätplans, zum Beispiel bei Krankheiten wie Diabetes.

Bei krankheitsbedingten Diäten richten Sie sich daher bitte nach den Anweisungen Ihres Diätassistenten bzw. Ihres Arztes.

Allgemeine Hinweise zu den Rezepten

Lesen Sie bitte vor der Zubereitung – besser noch vor dem Einkauf – das Rezept einmal vollständig durch. Oft werden Arbeitsabläufe oder -zusammenhänge dann klarer.

Zutatenliste

Die Zutaten sind in der Reihenfolge ihrer Verarbeitung aufgeführt.

Arbeitsschritte

Die Arbeitsschritte sind einzeln hervorgehoben, in der Reihenfolge, in der sie von uns ausprobiert wurden.

Backofeneinstellung und Garzeiten

Die in den Rezepten angegebenen Gartemperaturen und -zeiten sind Richtwerte, die je nach individueller Hitzeleistung Ihres Backofens über- oder unterschritten werden können. Bitte beachten Sie deshalb bei der Einstellung des Backofens die Gebrauchsanleitung des Herstellers.

Die Temperaturangaben in diesem Buch beziehen sich auf Elektrobacköfen. Die Temperatureinstellungsmöglichkeiten für Gasbacköfen variieren je nach Hersteller, sodass wir keine allgemeingültigen Angaben machen können.

Zubereitungszeiten

Die Zubereitungszeit ist ein Anhaltswert für die Zeit der Vorbereitung und der eigentlichen Zubereitung. Garzeiten, die nicht in diese Zeit fallen, sind gesondert ausgewiesen. Längere Wartezeiten wie z.B. Kühl- und Auftauzeiten sind nicht mit einbezogen.

Vorwort

Heimat ist die Sehnsucht nach zu Hause, Geborgenheit und Beständigkeit.

Unsere Heimatküche weckt nicht nur die Erinnerungen an einzigartige Geschmackserlebnisse und angenehme Wohlgerüche der Kindheit, sondern macht sie wieder erlebbar.

Oft sind es die einfachen Gerichte, die unser Herz höher schlagen lassen und uns so ein Stück „verlorene" Heimat zurückbringen. Fast jede Familie hat Ihre eigenen, von Generation zu Generation weitergetragenen und immer wieder abgewandelten Rezepte. Diese familiären Schätze bewahren Traditionen und stillen unseren Hunger nach Vertrautem.

Hier sind die Gerichte, die uns ein Leben lang begleiten und die wirklich fast jeder kennt. Verwöhnen Sie Ihre Liebsten und Gäste mal wieder mit einer kräftigen Hühnersuppe als Vorspeise, einer traditionellen Martinsgans zum Hauptgang und einer süßen Welfenspeise zum Dessert.

Interessant und lecker sind auch die Gerichte, die regional begrenzt auf den Tisch kommen. Der gute Geschmack kennt in diesem Fall keine Grenzen. Probieren Sie es aus: Servieren Sie Linsen und Spätzle, wie sie im Schwäbischen zubereitet werden, Birnen, Bohnen und Speck aus Norddeutschland und Eierschwammerlgulasch wie man ihn im Süden kennt.

Mit den regionalen Spezialitäten und den Gaumenfreuden, die im deutschsprachigen Raum immer wieder gern gegessen werden, kommt eine weitere spannende Frage zur Heimatküche auf: Unter welchem Namen kennen Sie das eine oder andere Rezept? Sind Kartoffelpuffer für Sie Kartoffelpuffer oder doch eher Reibekuchen, Erdäpfelpuffer oder Reiberdatschi? Und dann gleich eine weitere Frage: Mögen Sie sie mit Zucker und Apfelmus oder doch lieber mit Schnippelschinken oder Räucherlachs?

Sie sehen, Heimatküche bietet spannende und manchmal auch überraschende Geschmackserlebnisse.

Seien Sie nicht traurig, wenn Sie Ihr Lieblingsrezept nicht so beschrieben vorfinden, wie Sie es von früher kennen. Die Vielfalt unserer heimatlichen Küche ist kaum fassbar.

Bewahren Sie Ihre kulinarischen Erinnerungen und geben Sie der nächsten Generation mit unseren Rezepten ein Stück davon mit.

Aischgründer Karpfen, gebacken I
Einfach
4 Portionen

Pro Portion: E: 73 g, F: 33 g, Kh: 20 g,
kJ: 2808, kcal: 672, BE: 1,5

> 2 Karpfen (je etwa 1 ½ kg,
> vom Fischhändler ausnehmen
> und entlang des Rückgrats
> halbieren lassen)
> Salz, gem. Pfeffer

Für den Teig:
> 100 g Weizenmehl
> 50 g Weichweizengrieß
>
> Ausbackfett, z. B. etwa
> 250 ml Sonnenblumenöl

Zubereitungszeit: 25 Minuten, ohne Stehzeit
Ausbackzeit: 10–15 Minuten

1. Die Karpfenhälften unter fließendem kalten Wasser abspülen und trocken tupfen. Karpfenhälften mit Salz und Pfeffer bestreuen und etwa 30 Minuten stehen lassen.

2. Für den Teig Mehl mit Weizengrieß gut vermischen.

3. Zum Ausbacken so viel Ausbackfett in einer großen tiefen Pfanne auf etwa 175 °C erhitzen, dass sich um einen in das Fett gehaltenen Holzlöffelstiel Bläschen bilden.

4. Die Karpfenhälften in der Mehl-Grieß-Mischung wenden. Die Karpfen portionsweise und mit dem Kopf zuerst (damit sich die Schwänze nach oben heben) in das siedende Ausbackfett geben. Die Karpfen in 10–15 Minuten von beiden Seiten goldbraun backen.

5. Die Karpfen mit einem Schaumlöffel herausnehmen, auf Küchenpapier gut abtropfen lassen und servieren.

Tipps: Die Karpfen mit abgespülten, abgetrockneten Bio-Zitronenscheiben (unbehandelt, ungewachst) servieren. Dazu Kartoffelsalat reichen. Zu den Karpfen entweder ein kräftiges Schwarzbier oder einen Weißwein – natürlich aus Franken – trinken.

Allgäuer Käsesuppe I

Schnell – mit Alkohol

4 Portionen

Pro Portion: E: 33 g, F: 32 g, Kh: 23 g,
kJ: 2304, kcal: 550, BE: 2,0

200 g	Weißbrot
750 ml	Fleischbrühe
400 g	ger. Allgäuer Emmentaler
250 ml	trockener Weißwein
	Salz
1 Prise	Zucker
1 EL	gehackte Petersilie

Zubereitungszeit: 30 Minuten

1. Die Rinde vom Brot entfernen. Das Brot in Würfel schneiden.

2. Die Brühe in einem Topf zum Kochen bringen. Die Brotwürfel hinzugeben, kurz aufkochen lassen. Das Ganze pürieren.

3. Den Käse langsam nach und nach unter Rühren in die Brühe geben. Anschließend noch den Weißwein hinzugießen.

4. Die Suppe unter Rühren nochmals erhitzen, mit Salz und Zucker abschmecken.

5. Die Allgäuer Käsesuppe mit Petersilie bestreuen und servieren.

Allgäuer Krautspätzle I
Vegetarisch – schnell
4 Portionen

Pro Portion: E: 14 g, F: 25 g, Kh: 48 g,
kJ: 1996, kcal: 477, BE: 4,0

250 g	Weizenmehl
3	Eier (Größe M)
½ gestr. TL	Salz
etwa 100 ml	Wasser oder Milch
3 l	Wasser
3 gestr. TL	Salz
1	Zwiebel
50 g	Butter
500 g	Weinsauerkraut
125 ml	Gemüsebrühe
	gerebelter Majoran
	Salz, gem. Pfeffer
2 EL	Butter

Zubereitungszeit: 25 Minuten

1. Das Mehl in eine Schüssel geben, in die Mitte eine Vertiefung drücken. Eier, Salz und Wasser oder Milch verschlagen, etwas in die Vertiefung geben, von der Mitte aus mit einem Holzlöffel verrühren.

2. Nach und nach die Eier-Flüssigkeit hinzugießen, den Teig so lange rühren, bis er eine zähe, dickflüssige Konsistenz hat und Blasen wirft.

3. Das Wasser in einem großen Topf zugedeckt zum Kochen bringen. Salz zugeben. Den Teig portionsweise mit einem Spätzlehobel oder durch eine Spätzlepresse in das kochende Salzwasser geben und 3–5 Minuten gar kochen. (Die Spätzle sind gar, wenn sie an der Oberfläche schwimmen.)

4. Spätzle in ein Sieb geben, mit kaltem Wasser abschrecken, abtropfen lassen, zugedeckt warm stellen.

5. Zwiebel abziehen und fein würfeln. Butter in einer großen Pfanne zerlassen. Die Zwiebelwürfel darin glasig dünsten. Das Sauerkraut locker zupfen und zu den Zwiebeln in die Pfanne geben. Gemüsebrühe hinzugießen. Das Sauerkraut 10–15 Minuten dünsten, mit Majoran, Salz und Pfeffer abschmecken.

6. Butter zerlassen. Spätzle und Kraut vermengen, zerlassene Butter daraufträufeln.

Altbiersuppe **|** Traditionell – mit Alkohol
4 Portionen

Pro Portion: E: 2 g, F: 2 g, Kh: 31 g,
kJ: 805, kcal: 192, BE: 2,5

500 ml	*Wasser*
½ Stange	*Zimt*
2 Pck.	*Saucenpulver Vanille-*
	Geschmack zum Kochen
75 g	*Zucker*
4 EL	*kaltes Wasser*
500 ml	*Altbier*
1	*Eigelb (Größe M)*
2 EL	*kaltes Wasser*
3–4 EL	*Zitronensaft*
	Zucker

Zubereitungszeit: 15 Minuten

1. Wasser mit Zimt in einem Topf zum Kochen bringen. Das Saucenpulver mit Zucker mischen, mit dem kalten Wasser anrühren und in das von der Kochstelle genommene Wasser einrühren. Das Ganze kurz aufkochen lassen.

2. Das Altbier hinzugießen. Die Suppe wieder erhitzen, aber nicht mehr kochen lassen. Zimt herausnehmen.

3. Das Eigelb mit dem kalten Wasser verschlagen, in die Suppe geben und kurz umrühren. Die Suppe mit Zitronensaft und Zucker abschmecken.

Tipp: Wer mag, kann in die Suppe Rosinen oder Apfelwürfel geben.

Apfel im Schlafrock I
Klassisch
6 Stück

Pro Stück: E: 12 g, F: 42 g, Kh: 105 g,
kJ: 3551, kcal: 849, BE: 8,5

Für den Knetteig:
>   375 g Weizenmehl
>   1 Msp. Dr. Oetker Backin
>   200 g kalte Butter oder Margarine
>   100 g Puderzucker
>   1 Prise Salz
>   1 Ei (Größe M)

Für die Füllung:
>   50 g Butter
>   50 g gehackte Mandeln
>   30 g Zucker
>   100 g Sultaninen
>   6 mittelgroße, säuerliche Äpfel,
>   z. B. Boskop (je etwa 150 g)

Zum Bestreichen:
>   1 Ei (Größe M)

Zum Bestäuben:
>   2 EL Puderzucker

Zubereitungszeit: 25 Minuten, ohne Abkühlzeit
Backzeit: 35–40 Minuten

1. Für den Teig das Mehl mit Backpulver mischen, in eine Rührschüssel geben. Butter oder Margarine, Puderzucker, Salz und Ei hinzufügen. Die Zutaten mit einem Mixer (Knethaken) zunächst kurz auf niedrigster, dann auf höchster Stufe kurz durcharbeiten. Anschließend auf einer bemehlten Arbeitsfläche kurz zu einem Teig verkneten. Sollte er kleben, ihn in Frischhaltefolie gewickelt eine Zeit lang in den Kühlschrank stellen.

2. Für die Füllung die Butter in einer Pfanne zerlassen. Mandeln und Zucker hinzufügen, unter Rühren goldbraun rösten, Sultaninen unterrühren. Masse abkühlen lassen. Die Äpfel schälen, mit dem Apfelausstecher das Kerngehäuse ausstechen.

3. Den Backofen vorheizen.
Ober-/Unterhitze: etwa 180 °C
Heißluft: etwa 160 °C

4. Den Teig in 6 Portionen teilen und jeweils auf einer bemehlten Arbeitsfläche etwa 3 mm dick ausrollen. Dann die Äpfel auf die Teigstücke setzen. Die Mandel-Sultaninen-Masse in die Äpfel geben.

5. Zum Bestreichen das Ei verschlagen. Die Teigränder etwa 2 cm breit mit dem verschlagenen Ei bestreichen.

6. Den Teig vorsichtig hochheben und jeweils an den Apfel drücken. Die Äpfel müssen von dem Teig ganz umhüllt sein. Den Teig mit dem restlichen verschlagenen Ei bestreichen.

7. Die Äpfel auf ein Backblech (mit Backpapier belegt) setzen. Das Backblech in den vorgeheizten Backofen schieben. Die Äpfel **35–40 Minuten backen.**

8. Die Äpfel im Schlafrock lauwarm mit Puderzucker bestäubt servieren.

Tipps: Die Äpfel im Schlafrock zusätzlich mit Vanillesauce oder Vanille-Eis servieren. Statt der Sultaninen schmecken auch getrocknete Kirschen oder Cranberrys.

Apfelküchle I
Mit Alkohol
etwa 20 Stück

Pro Stück: E: 1 g, F: 4 g, Kh: 11 g,
kJ: 356, kcal: 85, BE: 1,0

Für die Füllung:
>   4 *mittelgroße Äpfel*
>   *(etwa 700 g)*
>   2 EL *Zitronensaft*
>   1 TL *Zucker*
> 1 Prise *gem. Zimt*

Für den Teig:
>   125 g *Weizenmehl*
> 1 Prise *Salz*
>   25 g *Zucker*
>   2 *Eigelb (Größe M)*
> 125 ml *helles Bier*
>   1 EL *Speiseöl, z. B. Sonnenblumenöl*
>   2 *Eiweiß (Größe M)*

Zum Ausbacken:
> etwa 1 ½ l *Speiseöl, z. B. Sonnenblumenöl,*
>   *oder Ausbackfett*

Zum Wälzen:
> etwa 75 g *Zucker*
> 1 gestr. TL *gem. Zimt*

Zubereitungszeit: 50 Minuten,
ohne Durchzieh- und Ruhezeit

1. Für die Füllung die Äpfel schälen und mit einem
Apfelausstecher das Kerngehäuse entfernen. Äpfel in
etwa 1 cm dicke Scheiben schneiden und nebeneinander auf einen großen Teller legen. Zitronensaft mit
Zucker und Zimt verrühren, die Apfelscheiben damit
bestreichen und etwa 15 Minuten ziehen lassen.

2. Für den Teig in der Zwischenzeit das Mehl in eine
Rührschüssel geben. Salz, Zucker und Eigelb hinzufügen. Die Zutaten mit einem Mixer (Rührstäbe) verrühren. Nach und nach Bier und Speiseöl unterrühren.
Den Teig etwa 15 Minuten ruhen lassen. Eiweiß steif
schlagen und vorsichtig unter den Teig heben.

3. Speiseöl oder Ausbackfett in einem hohen Topf auf
etwa 175 °C erhitzen.

4. Die Apfelscheiben mithilfe einer Gabel durch den
Teig ziehen, etwas abtropfen lassen und anschließend schwimmend in dem siedenden Speiseöl oder
Ausbackfett von jeder Seite 2–3 Minuten goldgelb
ausbacken.

5. Apfelküchle mit einem Schaumlöffel herausnehmen
und auf einem mit Küchenpapier belegten Kuchenrost
abtropfen lassen.

6. Zum Wälzen Zucker und Zimt in einem tiefen Teller
mischen. Die heißen Apfelküchle darin wälzen und
warm servieren.

Tipps: Apfelküchle mit Vanillesauce oder Eis servieren. Sie können die Apfelküchle auch mit Puderzucker
bestäuben. Für Kinder die Apfelküchle mit Apfelsaft
statt mit Bier zubereiten.

Apfelmus | Klassisch (ohne Foto)
4 Portionen

Pro Portion: E: 0 g, F: 1 g, Kh: 30 g,
kJ: 537, kcal: 129, BE: 2,5

> 750 g säuerliche Äpfel,
> z. B. Boskop oder Elstar
> 5 EL Wasser
> etwa 50 g Zucker

Zubereitungszeit: 15 Minuten
Garzeit: etwa 15 Minuten

1. Äpfel schälen, vierteln, entkernen und in kleine Stücke schneiden. Die Apfelstücke mit Wasser in einem Topf zum Kochen bringen und zugedeckt bei schwacher Hitze etwa 15 Minuten kochen.

2. Die Apfelmasse nach Belieben pürieren und das Apfelmus mit Zucker abschmecken.

Tipps: Apfelmus pur als Dessert oder zu Kartoffelpuffern servieren. 1 Stange Zimt oder 1–2 Gewürznelken mitkochen.

Rezeptvariante: Für **Apfelkompott** die geschälten und entkernten Äpfel grob zerkleinern. Mit Wasser, wie im Rezept beschrieben, etwa 10 Minuten kochen, mit Zucker abschmecken, aber nicht pürieren.

Apfelmusgrieß |
Für Kinder
4 Portionen

Pro Portion: E: 7 g, F: 4 g, Kh: 34 g,
kJ: 852, kcal: 204, BE: 3,0

> 500 ml fettarme Milch
> (1,5 % Fett)
> 1 Prise Salz
> 1 EL Zucker (10 g)
> 1 Prise gem. Zimt
> 50 g Hartweizengrieß
> 1 geh. EL gestiftelte Mandeln
> etwa 350 g Apfelmus

Zubereitungszeit: 20 Minuten

1. Milch mit Salz, Zucker und Zimt in einem Topf unter Rühren zum Kochen bringen. Topf von der Kochstelle nehmen. Den Grieß einstreuen und unter Rühren bei schwacher Hitze nach Packungsanleitung in 5–10 Minuten ausquellen lassen.

2. Inzwischen die Mandeln in einer Pfanne ohne Fett leicht bräunen. Mandeln auf einen Teller geben.

3. Das Apfelmus unter den Grieß ziehen und auf 4 Desserttellern anrichten. Mandeln daraufstreuen. Apfelmusgrieß sofort servieren.

Apfelpfannkuchen I
Klassisch – für Kinder
6 Stück

Pro Stück: E: 11 g, F: 19 g, Kh: 52 g,
kJ: 1778, kcal: 425, BE: 4,5

Für den Teig:

250 g	Weizenmehl
1 Pck.	Dr. Oetker Trockenbackhefe
4	Eier (Größe M)
250 ml	Milch (3,5 % Fett)
1 Pck.	Dr. Oetker Vanillin-Zucker
2 EL	Zucker
1 Prise	Salz
40 g	zerlassene, abgekühlte Butter oder Margarine

Außerdem:

3	säuerliche Äpfel, z. B. Boskop
60 g	Margarine
2 EL	Zimt-Zucker

Zubereitungszeit: 60 Minuten, ohne Teiggehzeit

1. Für den Teig das Mehl in einer Rührschüssel mit der Trockenbackhefe sorgfältig vermischen. Eier mit Milch, Vanillin-Zucker, Zucker und Salz verschlagen. Zerlassene Butter oder Margarine unterrühren. Die Eiermilch nach und nach unter Rühren zum Mehlgemisch in die Schüssel geben. Darauf achten, dass keine Klümpchen entstehen. Den Teig zugedeckt etwa 30 Minuten gehen lassen.

2. Äpfel heiß abspülen, abtrocknen. Das Kerngehäuse der Äpfel mit einem Apfelausstecher ausstechen. Die Äpfel mit der Schale in dünne Scheiben schneiden.

3. Etwas Margarine in einer beschichteten Pfanne (Ø etwa 28 cm) zerlassen und den Pfannkuchenteig durchrühren. Eine dicke Teiglage mit einer drehenden Bewegung auf dem Boden der Pfanne verteilen. Einige Apfelscheiben auf den noch flüssigen Teig legen und leicht andrücken.

4. Den Pfannkuchen von einer Seite backen, bis die Oberfläche trocken ist, dann vorsichtig mithilfe eines flachen, großen Deckels bzw. Tellers wenden.

5. Den Pfannkuchen von der anderen Seite 2–3 Minuten backen. Bevor der Pfannkuchen gewendet wird, wieder etwas Margarine in die Pfanne geben. Den gebackenen Pfannkuchen zurückwenden und warm stellen. Aus dem restlichen Teig weitere 5 Pfannkuchen backen.

6. Die warmen Apfelpfannkuchen mit Zimt-Zucker bestreuen und sofort servieren.

Arme Ritter I
Schnell
6 Stück

Pro Stück: E: 6 g, F: 11 g, Kh: 25 g,
kJ: 953, kcal: 228, BE: 2,0

300 ml	*Milch*
2	*Eier (Größe M)*
50 g	*Zucker*
6 etwa	
1 ½ cm dicke	
Scheiben	*Kastenweißbrot*
	(2–5 Tage alt)
5 EL	*Speiseöl, z. B. Sonnenblumenöl*

Zubereitungszeit: 20 Minuten

1. Milch mit Eiern und Zucker verschlagen. Weißbrotscheiben in eine Schale legen, mit der Eiermilch übergießen, einweichen lassen (dabei 1–2-mal vorsichtig wenden), bis die Milch aufgesogen ist (die Scheiben dürfen nicht zu weich werden).

2. Etwas Öl in einer beschichteten Pfanne zerlassen. Die Brotscheiben darin portionsweise bei mittlerer Hitze von beiden Seiten etwa 8 Minuten knusprig braun braten. Die armen Ritter heiß servieren.

Tipp: Arme Ritter z. B. mit Apfelmus, mit Zimt-Zucker oder mit etwas Puderzucker bestäubt servieren.

Backfisch | Für Kinder
4 Portionen

Pro Portion: E: 27 g, F: 18 g, Kh: 10 g,
kJ: 1297, kcal: 309, BE: 1,0

> 600 g *Fischfilet, z. B. Seelachsfilet*
> *Salz, gem. Pfeffer*

Für den Ausbackteig:
> 100 g *Weizenmehl*
> 1 *Ei (Größe M)*
> 125 ml *Milch (3,5 % Fett)*
> 1 EL *Speiseöl, z. B. Sonnenblumenöl*

Zum Ausbacken:
> *etwa 1 l Speiseöl, z. B. Sonnenblumenöl,*
> *oder Ausbackfett*

Zubereitungszeit: 30 Minuten
Ausbackzeit: etwa 10 Minuten je Portion

1. Fischfilet unter fließendem kalten Wasser abspülen, trocken tupfen und in Portionsstücke schneiden. Die Fischstücke mit Salz und Pfeffer würzen.

2. Für den Ausbackteig Mehl in eine Rührschüssel geben und in die Mitte eine Vertiefung drücken. Ei mit Salz und Milch verschlagen. Etwas von der Eiermilch in die Vertiefung geben. Von der Mitte aus Eiermilch und Mehl mit einem Schneebesen verrühren. Nach und nach die restliche Eiermilch und das Speiseöl hinzugeben. Darauf achten, dass keine Klümpchen entstehen.

3. Zum Ausbacken so viel Speiseöl oder Ausbackfett in einer großen tiefen Pfanne oder einem Topf auf etwa 175 °C erhitzen, dass sich um einen in das Fett gehaltenen Holzlöffelstiel Bläschen bilden.

4. Die Fischfiletstücke mit einer Gabel in den Ausbackteig tauchen, abtropfen lassen und portionsweise schwimmend in dem siedenden Speiseöl oder Ausbackfett etwa 10 Minuten braun und knusprig braten. Den gebackenen Fisch mit einem Schaumlöffel herausnehmen und auf Küchenpapier abtropfen lassen. Die Fischstücke bis zum Servieren warm stellen.

Beilage: Kartoffelsalat.

Tipp: Hohe Erhitzbarkeit und Geschmacksneutralität des Fettes sind beim Frittieren bzw. Ausbacken von größter Wichtigkeit.

Rezeptvariante: Für **gebratenes Fischfilet** 4 Stücke Fischfilet (je etwa 200 g) unter fließendem kalten Wasser abspülen, trocken tupfen und evtl. in Portionsstücke schneiden. Fischfilet mit Salz und Pfeffer würzen. 1 Ei (Größe M) und 2 Esslöffel kaltes Wasser mit einer Gabel in einem tiefen Teller verschlagen. Die Fischfilets zunächst in 40 g Weizenmehl, dann in dem Ei und zuletzt in 50–75 g Semmelbröseln wenden. Die Semmelbrösel gut andrücken, nicht anhaftende Semmelbrösel leicht abschütteln. Etwa 75 ml Speiseöl in einer Pfanne erhitzen. Die Filets darin bei mittlerer Hitze etwa 5 Minuten von jeder Seite goldbraun braten und anschließend auf Küchenpapier abtropfen lassen. Nach Belieben 1 Bio-Zitrone (unbehandelt, ungewachst) abwaschen, trocken tupfen und in Scheiben schneiden. Die Fischfilets mit den Zitronenscheiben belegen und servieren.

Badische Schneckensuppe I
Schnell – mit Alkohol

4 Portionen

Pro Portion: E: 9 g, F: 25 g, Kh: 12 g,
kJ: 1361, kcal: 326, BE: 0,5

1	*Knoblauchzehe*
300 g	*Frühlingszwiebeln*
20 g	*Butter*
1–2 EL	*Weizenmehl*
375 ml	*Gemüsebrühe*
250 g	*Schlagsahne*
etwa 25	*abgetropfte Schnecken*
	(aus der Dose)
125 ml	*trockener Weißwein*
	Salz
	gem. Pfeffer

Zubereitungszeit: 25 Minuten
Garzeit: etwa 10 Minuten

1. Knoblauch abziehen und in kleine Würfel schneiden. Frühlingszwiebeln putzen, abspülen, abtropfen lassen und in Scheiben schneiden. 1–2 Esslöffel Frühlingszwiebelscheiben zum Garnieren beiseitelegen.

2. Butter in einem Topf zerlassen. Knoblauchwürfel und Frühlingszwiebelscheiben darin andünsten. Mehl daraufstäuben und kurz mitdünsten.

3. Brühe und Sahne unter Rühren hinzugießen. Das Ganze zum Kochen bringen. Die Suppe etwa 10 Minuten leicht kochen lassen, dann pürieren.

4. Die Schnecken grob hacken oder zerschneiden, in die Suppe geben und miterhitzen.

5. Den Topf von der Kochstelle nehmen. Den Wein in die Suppe einrühren. Die Suppe mit Salz und Pfeffer würzen, in 4 Suppentassen oder Suppentellern verteilen, mit den beiseitegelegten Frühlingszwiebelscheiben bestreut servieren.

Badischer Rehrücken I

Mit Alkohol

4 Portionen

Pro Portion: E: 64 g, F: 28 g, Kh: 36 g,
kJ: 3002, kcal: 718, BE: 3,0

1	*Rehrücken (mit Knochen,*
	etwa 1,6 kg)
	Salz
	gem. Pfeffer
75 g	*durchwachsener Speck,*
	in Scheiben
1	*Zwiebel*
50 g	*Knollensellerie*
100 g	*Möhren*
5	*Wacholderbeeren*
125 ml	*trockener Rotwein oder*
	Gemüsebrühe
2–3	*Birnen,*
	z. B. Williams Christbirnen
200 ml	*Weißwein*
	Saft von
1	*Zitrone*
200 ml	*trockener Rotwein*
250 g	*Schlagsahne*
180 g	*Preiselbeerkompott*
evtl. etwas	*dunkler Saucenbinder*
evtl. etwas	*vorbereiteter Rosmarin*

Zubereitungszeit: 30 Minuten
Bratzeit: 35–50 Minuten

1. Den Backofen vorheizen.
Ober-/Unterhitze: etwa 200 °C
Heißluft: etwa 180 °C

2. Rehrücken kurz unter fließendem kalten Wasser abspülen, trocken tupfen und evtl. enthäuten. Rehrücken mit Salz und Pfeffer einreiben. Den Rehrücken in einen mit Wasser ausgespülten Bräter legen und mit Speckscheiben belegen.

3. Zwiebel abziehen und fein würfeln. Sellerie und Möhren putzen, schälen, abspülen, abtropfen lassen und in Würfel schneiden. Das Gemüse in den Bräter geben. Den Bräter ohne Deckel auf dem Rost in den vorgeheizten Backofen schieben. Den Rehrücken **35–50 Minuten braten.** Sobald der Bratsatz bräunt, Wacholderbeeren und Rotwein oder Gemüsebrühe hinzugeben.

4. In der Zwischenzeit Birnen heiß abwaschen, abtropfen lassen, nach Belieben schälen, halbieren und entkernen (am besten mit einem Kugelausstecher). Die Birnenhälften mit Weißwein und Zitronensaft in einem Topf zum Kochen bringen. Die Birnenhälften zugedeckt etwa 10 Minuten bei mittlerer Hitze dünsten. Birnenhälften mit einer Schaumkelle aus der Flüssigkeit nehmen und erkalten lassen.

5. Das gegarte Fleisch aus dem Bräter nehmen und zugedeckt etwa 10 Minuten ruhen lassen, damit sich der Fleischsaft setzt. Den Bratsatz mit Rotwein loskochen, mit dem Gemüse durch ein Sieb streichen, zum Kochen bringen und die Sahne unterrühren.

6. Zwei Esslöffel Preiselbeerkompott hinzugeben, wieder zum Kochen bringen und 3–5 Minuten sprudelnd kochen. Evtl. ausgetretenen Fleischsaft von dem ruhenden Fleisch in die Sauce rühren. Die Sauce nach Belieben mit Saucenbinder andicken oder sirupartig einkochen lassen. Nochmals mit den Gewürzen abschmecken.

7. Die Speckscheiben entfernen. Das Fleisch vom Knochengerüst lösen, in Scheiben schneiden und wieder auf das Knochengerüst legen.

8. Rehrücken auf einer vorgewärmten Platte anrichten und nach Belieben mit etwas Rosmarin bestreuen.

9. Die Birnenhälften mit restlichem Preiselbeerkompott füllen und um den Rehrücken legen. Die Sauce getrennt dazureichen.

Beilage: Spätzle und Rotkohl.

Tipp: Rehrücken tranchieren (in Portionsstücke zerlegen): Dafür den Rehrücken mit dem Knochen nach unten auf ein Brett legen. Mit einem scharfen Messer am Mittelknochen entlang einschneiden, dann am unteren Knochen entlang auslösen. Das ausgelöste Rückenfleisch in Scheiben oder Stücke schneiden.

Bauernfrühstück I
Klassisch – deftig
4 Portionen

Pro Portion: E: 18 g, F: 19 g, Kh: 30 g,
kJ: 1539, kcal: 367, BE: 2,5

750 g	gekochte Pellkartoffeln
4	Zwiebeln
75 g	durchwachsener Speck
30 g	Margarine oder
	3 EL Speiseöl
3	Eier (Größe M)
3 EL	Milch (3,5 % Fett)
	Salz, gem. Pfeffer
	Paprikapulver edelsüß
	ger. Muskatnuss
125 g	Schinkenspeck
2 EL	Schnittlauchröllchen

Zubereitungszeit: 35 Minuten

1. Die Kartoffeln pellen und in Scheiben schneiden. Zwiebeln abziehen und in kleine Würfel schneiden. Speck ebenfalls klein würfeln.

2. Die Speckwürfel in einer Pfanne auslassen. Margarine oder Speiseöl hinzugeben und erhitzen. Zwiebelwürfel darin glasig dünsten. Die Kartoffelscheiben hinzufügen und unter Wenden braun anbraten.

3. Die Eier mit der Milch verschlagen, mit Salz, Pfeffer, Paprika und Muskat würzen. Den Schinkenspeck in Würfel schneiden, mit den Schnittlauchröllchen unter die Eiermilch rühren und auf den gebräunten Kartoffeln verteilen. Die Eiermasse bei schwacher bis mittlerer Hitze stocken lassen, evtl. einmal wenden.

4. Bauernfrühstück anrichten und sofort servieren.

Bayerische Creme, gestürzt I

Klassisch

4–5 Portionen

Pro Portion: E: 7 g, F: 23 g, Kh: 21 g,
kJ: 1374, kcal: 329, BE: 1,5

1	Vanilleschote
250 ml	Milch (3,5 % Fett)
6 Blatt	weiße Gelatine
3	Eigelb (Größe M)
75 g	Zucker
250 g	gekühlte Schlagsahne (mind. 30 % Fett)

Zubereitungszeit: 40 Minuten, ohne Kühlzeit

1. Vanilleschote mit einem Messer der Länge nach aufschneiden und das Mark mit dem Messerrücken herausschaben. Vanillemark mit Milch in einem Topf zum Kochen bringen. Die Gelatine nach Packungsanleitung in kaltem Wasser einweichen.

2. Eigelb mit Zucker in einer Edelstahlschüssel mit einem Schneebesen verrühren. Die heiße Milch unter Rühren hinzugießen. Alles im heißen Wasserbad bei mittlerer Hitze unter ständigem Schlagen erhitzen, bis die Masse leicht dicklich und weiß ist. Wasser und Masse dürfen nicht kochen, da die Masse sonst gerinnt. Den Topf von der Kochstelle nehmen.

3. Gelatine gut ausdrücken, in die noch heiße Masse geben und unter Rühren auflösen. Die Masse anschließend durch ein feines Sieb geben und abkühlen lassen, dabei gelegentlich umrühren.

4. Sahne steif schlagen. Sobald die Masse anfängt zu gelieren, die Sahne unterheben. Die Creme in 4–5 mit kaltem Wasser ausgespülte Portionsförmchen oder Tassen (150–200 ml Inhalt) füllen. Die Förmchen in den Kühlschrank stellen. Die Creme etwa 3 Stunden fest werden lassen.

5. Zum Servieren die Creme mit einem spitzen Messer vom Rand lösen. Die Förmchen kurz in heißes Wasser stellen und die Creme auf Dessertteller stürzen.

Tipp: Die Bayerische Creme mit steif geschlagener Schlagsahne und Früchten, Fruchtpüree oder Schokoladensauce servieren.

Rezeptvariante: Für eine **Bayerische Schokoladencreme** (im Foto oben) zusätzlich 150 g Zartbitter-Schokolade hacken, vor der Gelatinezugabe in die Eigelb-Milch-Masse geben und unter Rühren schmelzen. Dann Gelatine (nur 4 Blatt Gelatine verwenden, die Masse wird sonst zu fest) darin auflösen und wie im Rezept beschrieben zubereiten (ergibt 6 Portionsförmchen zu je 150 ml Inhalt).

Bayerische Dampfnudeln I
Traditionell
8 Stück

Pro Stück: E: 8 g, F: 22 g, Kh: 42 g,
kJ: 1674, kcal: 400, BE: 3,5

Für den Hefeteig:

125 ml	Milch (3,5 % Fett)
50 g	Butter oder
	Margarine
300 g	Weizenmehl
1 Pck.	Dr. Oetker Trockenbackhefe
50 g	Zucker
1 Pck.	Dr. Oetker Vanillin-Zucker
1 gestr. TL	Salz
1	Ei (Größe M)

etwas Weizenmehl

Für die Sahnemilch:

30 g	Butter
100 g	Schlagsahne
100 ml	Milch (3,5 % Fett)

Für die Mohnbutter:

50 g	Butter
4 EL	Mohnsamen

1 EL Puderzucker

Zubereitungszeit: 20 Minuten, ohne Teiggehzeit
Garzeit: 20–25 Minuten

1. Milch in einem Topf erwärmen, die Butter oder Margarine darin zerlassen. Mehl in eine Rührschüssel geben und sorgfältig mit der Trockenbackhefe vermischen. Zucker, Vanillin-Zucker, Salz, Ei und die Milch-Fett-Mischung hinzugeben.

2. Die Zutaten mit einem Mixer (Knethaken) zunächst kurz auf niedrigster, dann auf höchster Stufe in etwa 5 Minuten zu einem glatten Teig verarbeiten.

3. Den Teig zugedeckt so lange an einem warmen Ort gehen lassen, bis er sich sichtbar vergrößert hat (etwa 40 Minuten).

4. Den gegangenen Teig leicht mit Mehl bestäuben, aus der Schüssel nehmen und auf der leicht bemehlten Arbeitsfläche nochmals kurz durchkneten.

5. Den Teig zu einer Rolle formen, die Teigrolle in 8 gleich große Stücke schneiden, mit bemehlten Händen zu Kugeln formen und auf der bemehlten Arbeitsfläche zugedeckt etwa 30 Minuten gehen lassen.

6. Butter, Sahne und Milch in einem breiten Topf erhitzen. Die gegangenen Teigkugeln in die Sahnemilch geben und zugedeckt bei mittlerer Hitze 20–25 Minuten garen.

7. Für die Mohnbutter die Butter zerlassen und die Mohnsamen unterrühren. Die Dampfnudeln mit der Sahne-Milch-Flüssigkeit, der Mohnbutter und dem Puderzucker bestäubt servieren.

Tipps: Sie mögen keinen Mohn? Dann servieren Sie die Dampfnudeln ohne Mohnbutter. Oder Sie geben statt dieser etwas zerlassene, gebräunte Butter auf die Dampfnudeln. Lecker sind die Dampfnudeln auch, wenn Sie sie einfach mit etwas Zimt-Zucker bestreuen.

Bayerische Leberknödel I
Für Gäste
4 Portionen

Pro Portion: E: 12 g, F: 14 g, Kh: 27 g,
kJ: 1216, kcal: 290, BE: 2,0

3–4	*Brötchen (Semmeln) vom Vortag (180–200 g)*
100 ml	*Milch (3,5 % Fett)*
	Salz
	gem. Pfeffer
125 g	*Kalbsleber*
	2 Schalotten
2 Stängel	*Majoran oder ½ TL gerebelter Majoran*
2 EL	*Butter*
	2 Eigelb (Größe M)

Zubereitungszeit: 30 Minuten, ohne Quellzeit
Garzeit: etwa 10 Minuten

1. Die Brötchen in kleine Würfel schneiden und in eine Schale geben. Die Milch mit Salz und Pfeffer würzen, kurz aufkochen lassen. Die heiße Milch über die Brotwürfel gießen und mit einem Holzlöffel gut vermengen. Die Brötchenmasse mindestens 30 Minuten quellen lassen, dabei gelegentlich umrühren.

2. Kalbsleber kurz unter fließendem kalten Wasser abspülen und trocken tupfen, evtl. von Haut, Sehnen und Röhren befreien. Die Leber in kleine Würfel schneiden.

3. Schalotten abziehen und fein würfeln. Majoran abspülen und trocken tupfen. Die Blättchen von den Stängeln zupfen.

4. Butter in einer kleinen Pfanne zerlassen. Die Schalottenwürfel darin andünsten. Die Schalottenwürfel mit Majoranblättchen und Eigelb unter die Brotmasse rühren. Die Leberwürfel fein pürieren und ebenfalls unter die Brotmasse rühren. Die Masse mit Salz und Pfeffer würzen.

5. Aus der Lebermasse mit angefeuchteten Händen 8 Knödel (Klöße) formen. Die Masse muss fest ge-

nug sein, um daraus Klöße formen zu können. Ist die Masse zu fest, dann kann noch etwas warme Milch hinzugegeben werden. Ist die Masse zu weich, einige Semmelbrösel unterarbeiten.

6. Die Leberknödel in kochendes Salzwasser geben und in etwa 10 Minuten gar ziehen lassen (dabei sollte sich das Wasser nur noch leicht bewegen).

7. Die Leberknödel mit einer Schaumkelle aus dem Topf nehmen und servieren.

Tipps: Stechen Sie aus der Lebermasse mit 2 Teelöffeln Nocken ab. Lassen Sie diese in kochender Fleischbrühe gar ziehen. Geben Sie noch feine Gemüsestreifen hinzu und fertig ist eine leckere Suppe (Foto). Oder Sie reichen zu den Leberknödeln eine Kräutersauce oder richten die Leberknödel auf Gemüse an.

Bayerischer Krautbraten I Deftig
4 Portionen

Pro Portion: E: 29 g, F: 39 g, Kh: 16 g,
kJ: 2222, kcal: 530, BE: 1,5

          1 Kopf Weißkohl (etwa 1 kg)
1–2 gestr. TL Salz
          1 Zwiebel
          1 TL Kümmelsamen
         60 g Schweineschmalz
                Salz, gem. Pfeffer
          1 Brötchen (Semmel)
                vom Vortag
        350 g Rindergehacktes
          2 Eier (Größe M)
          2 EL gehackte Petersilie
        100 g magerer, durchwachsener
                Speck, in Scheiben

Zubereitungszeit: 40 Minuten
Garzeit: etwa 60 Minuten

1. Die schlechten äußeren Blätter von dem Weißkohl entfernen. Den Strunk herausschneiden. Wasser mit Salz in einem großen Topf zum Kochen bringen. Den Kohlkopf 1–2 Minuten in das kochende Salzwasser legen, bis sich die äußeren Blätter lösen lassen. Dann 1–2 Blätter ablösen und diesen Vorgang wiederholen, bis 12–16 große Blätter gelöst sind. Die Blattrippen flach schneiden.

2. Den restlichen Kohl in Streifen schneiden. Die Zwiebel abziehen, klein würfeln. Kümmel zerdrücken. Schweineschmalz in einem Topf zerlassen. Zwiebelwürfel, Kümmel und Kohlstreifen darin fast gar schmoren, mit Salz und Pfeffer würzen und etwas abkühlen lassen.

3. Den Backofen vorheizen.
Ober-/Unterhitze: etwa 180 °C
Heißluft: etwa 160 °C

4. Das Brötchen in kaltem Wasser einweichen. Die Hälfte der Weißkohlblätter in einem länglichen Bräter (gefettet) oder einer längliche Auflaufform (gefettet) etwas übereinanderlappend auslegen.

5. Das Brötchen gut ausdrücken. Gehacktes in eine Schüssel geben. Eier, Brötchen, Petersilie und den geschmortem Kohl hinzugeben. Die Zutaten gut vermengen, mit Salz und Pfeffer würzen.

6. Die Hackfleisch-Kohl-Masse zu einem länglichen Laib formen und auf die Kohlblätter in den Bräter oder die Form legen. Die restlichen Kohlblätter wieder etwas übereinanderlappend darauflegen, fest andrücken (evtl. das Ganze mit Küchengarn zusammenbinden) und mit den Speckscheiben belegen.

7. Den Bräter oder die Form auf dem Rost in den vorgeheizten Backofen schieben. Den Krautbraten **etwa 60 Minuten garen.**

8. Den Krautbraten in Scheiben schneiden und mit den Speckscheiben servieren.

Tipp: Zu dem Krautbraten nach Belieben eine **Tomatensauce** reichen. Dazu 2 Zwiebeln abziehen, würfeln und in 2 Esslöffeln heißem Speiseöl andünsten. Dann 800 g geschälte Tomaten (aus der Dose) hinzugeben und etwa 15 Minuten bei schwacher Hitze kochen lassen. Die Sauce mit etwas Tomatenmark, Salz und Pfeffer abschmecken und pürieren. Evtl. noch etwas Schmand unterrühren.

Beergötzen I

Eierkuchen nach sächsischer Art

4–6 Stück

Pro Stück: E: 20 g, F: 17 g, Kh: 130 g,
kJ: 3197, kcal: 764, BE: 11,0

> 150 g geschälte, gegarte Kartoffeln
> (vom Vortag)
> 3 Eier (Größe M)
> 250 g Weizenmehl
> 500 ml Milch (3,5 % Fett)
> 1 Prise Salz
> 500 g Heidelbeeren (frisch
> oder aus dem Glas)
> 6 EL Speiseöl, z. B. Sonnenblumenöl
> etwa 50 g Zucker (je nach Süße
> der Heidelbeeren)

Zubereitungszeit: 25 Minuten, ohne Ruhezeit

1. Die Kartoffeln fein reiben. Mehl in eine Schüssel geben, in die Mitte eine Vertiefung drücken. Eier mit Milch und Salz verschlagen. Die Eiermilch nach und nach in die Mehlvertiefung gießen und von der Mitte ausgehend mit dem Mehl verrühren. Die geriebenen Kartoffeln unterrühren. Den Teig 30–60 Minuten ruhen lassen.

2. Frische Heidelbeeren abspülen und trocken tupfen. Heidelbeeren aus dem Glas in einem Sieb gut abtropfen lassen.

3. Etwas von dem Speiseöl in einer beschichteten Pfanne erhitzen. Den Teig gut durchrühren und eine Teiglage mit einer drehenden Bewegung gleichmäßig auf dem Boden der Pfanne verteilen.

4. Wenn die Unterseite des Eierkuchens leicht gebräunt und die Oberseite noch leicht „flüssig" ist, etwa 2 Esslöffel Heidelbeeren darauf verteilen. Den Eierkuchen backen, bis die Oberseite „trocken" ist, dann vorsichtig mithilfe eines flachen großen Deckels bzw. Teller wenden und fertig backen. Vor dem Wenden etwas Speiseöl in die Pfanne geben.

5. Den gebackenen Eierkuchen herausnehmen, mit etwas Zucker bestreuen und servieren oder warm halten. Aus dem restlichen Teig weitere Eierkuchen zubereiten.

Birnen, Bohnen und Speck I

Deftiges aus dem Norden

4 Portionen

Pro Portion: E: 21 g, F: 28 g, Kh: 29 g,
kJ: 1874, kcal: 449, BE: 2,5

750 ml	Wasser
½ TL	schwarze Pfefferkörner
375 g	durchwachsener, magerer Speck
1 kg	grüne Bohnen
einige	
Stängel	Bohnenkraut
	Salz, gem. Pfeffer
4	Kochbirnen oder feste Birnen
1 gestr. EL	Speisestärke
	gem. Pfeffer
1 EL	gehackte Petersilie

Zubereitungszeit: 30 Minuten
Garzeit: 55–60 Minuten

1. Das Wasser in einem großen Topf zum Kochen bringen. Die Pfefferkörner und den Speck hinzugeben, bei mittlerer Hitze etwa 40 Minuten köcheln lassen.

2. Inzwischen von den Bohnen die Enden abschneiden. Die Bohnen evtl. abfädeln, abspülen, abtropfen lassen und in Stücke schneiden oder brechen.

3. Bohnenkraut abspülen und abschütteln. Bohnen und Bohnenkraut zum Speck in den Topf geben. Das Ganze mit Salz und Pfeffer würzen.

4. Die Birnen abspülen, abtrocknen, vierteln, Kerngehäuse und Stängel herausschneiden. Die Birnenviertel ebenfalls in den Topf geben und alles noch weitere etwa 20 Minuten garen, evtl. noch etwas Wasser hinzufügen.

5. Den Speck, die Birnen und das Bohnenkraut herausnehmen. Speck und Birnen warm stellen. Speisestärke mit 1 Esslöffel kaltem Wasser anrühren, in die Brühe einrühren und aufkochen.

6. Den Speck in Scheiben oder Stücke schneiden, mit den Birnen und Bohnen in einer vorgewärmten Schüssel anrichten.

7. Die Brühe nochmals abschmecken, in die Schüssel geben und mit Petersilie bestreuen.

Bohneneintopf mit Tafelspitz I
Etwas aufwendiger
4 Portionen

Pro Portion: E: 49 g, F: 17 g, Kh: 44 g,
kJ: 2242, kcal: 535, BE: 3,5

750 g	Tafelspitz
	Salz, gem. Pfeffer
4	Schalotten
2 EL	Butter
200 g	Schneidebohnen
300 g	grüne Bohnen (Brechbohnen)
1 kg	festkochende Kartoffeln
2–3 Stängel	Bohnenkraut
200 g	gepulte, dicke Bohnenkerne (ohne weiße Haut)

Zubereitungszeit: 35 Minuten
Garzeit: etwa 75 Minuten

1. Den Tafelspitz von Fett und Sehnen befreien. Das Fleisch mit Küchenpapier trocken tupfen. Tafelspitz in etwa 2 cm große Würfel schneiden und mit Salz und Pfeffer würzen. Schalotten abziehen, zuerst in Scheiben schneiden, dann in Ringe teilen.

2. Butter in einem großen Topf zerlassen. Schalottenringe darin andünsten. Fleischwürfel hinzugeben und von allen Seiten leicht anbraten. So viel kaltes Wasser hinzugießen, dass die Fleischwürfel bedeckt sind. Das Wasser zum Kochen bringen und abschäumen. Die Fleischwürfel zugedeckt etwa 45 Minuten bei schwacher Hitze kochen lassen.

3. In der Zwischenzeit von den Schneidebohnen die Enden abschneiden. Die Schneidebohnen abfädeln, abspülen, abtropfen lassen und schräg in etwa 3 cm lange Stücke schneiden. Von den grünen Bohnen ebenfalls die Enden abschneiden. Bohnen evtl. abfädeln, abspülen, abtropfen lassen und halbieren. Die Kartoffeln schälen, abspülen, abtropfen lassen und in kleine Würfel schneiden.

4. Nach etwa 45 Minuten Garzeit Schneidebohnen, grüne Bohnen und Kartoffelwürfel zu den Fleischwürfeln in den Topf geben. Wieder so viel heißes Wasser hinzugießen, dass die Zutaten bedeckt sind. Den Eintopf mit Salz würzen.

5. Das Bohnenkraut abspülen und trocken tupfen. Den Eintopf wieder zum Kochen bringen und zugedeckt weitere etwa 30 Minuten bei schwacher Hitze kochen lassen.

6. Kurz vor Ende der Garzeit die Bohnenkerne hinzufügen und miterhitzen. Bohnenkraut entfernen. Den Eintopf mit Salz und Pfeffer abschmecken.

Bratäpfel (Puttäpfel, gebackene Äpfel) I

Mit Alkohol
8 Portionen

Pro Portion: E: 2 g, F: 7 g, Kh: 23 g, kJ: 814, kcal: 194, BE: 2,0

1 EL	Rosinen
etwa 100 ml	Rum
8	Äpfel, z. B. Holsteiner Cox oder Boskop
20 g	Butter (zimmerwarm)
20 g	Zucker
1 Pck.	Dr. Oetker Vanillin-Zucker
2 EL	abgezogene, gem. Mandeln
2 EL	gestiftelte Mandeln

Zubereitungszeit: 20 Minuten, ohne Einweichzeit
Garzeit: etwa 40 Minuten

1. Rosinen in 2 Esslöffeln von dem Rum über Nacht einweichen.

2. Den Backofen vorheizen.
Ober-/Unterhitze: etwa 200 °C
Heißluft: etwa 180 °C

3. Äpfel entstielen, abspülen, abtrocknen. Von der Blütenseite her mit einem Apfelausstecher das Kerngehäuse ausstechen, aber nicht ganz durchstechen. Die Äpfel in eine Auflaufform (gefettet) setzen.

4. Butter mit Zucker, Vanillin-Zucker, gemahlenen Mandeln und eingeweichten Rosinen mit einem Löffel verrühren und mit einem Teelöffel in die Äpfel füllen. Mandelstifte darauf verteilen und leicht andrücken. Restlichen Rum zu den Äpfeln in die Form gießen.

5. Die Form auf dem Rost in den vorgeheizten Backofen (unteres Drittel) schieben. Die Bratäpfel **etwa 40 Minuten garen.**

6. Die Form aus dem Backofen nehmen. Die Bratäpfel in der Form heiß servieren.

Tipps: Die Bratäpfel mit Vanillesauce oder halb steif geschlagener Schlagsahne servieren. Bratäpfel eignen sich als Dessert oder zum Tee.

Rezeptvariante: Für **Bratäpfel ohne Alkohol** die Rosinen in 2 Esslöffeln Orangen- oder Apfelsaft einweichen, abtropfen lassen und wie im Rezept beschrieben verwenden. Anstelle des Rums Orangen- oder Apfelsaft in die Auflaufform gießen.

Brathähnchen | Für Kinder (ohne Foto)
3–4 Portionen

Pro Portion: E: 45 g, F: 21 g, Kh: 5 g,
kJ: 1606, kcal: 384, BE: 0,0

> 1 *küchenfertiges Hähnchen*
> *(etwa 1 kg)*
> *Salz, gem. Pfeffer*
> *Paprikapulver edelsüß*
> 1 *Zwiebel*
> 2 *Möhren*
> 2 *Tomaten*
> 1 *Lorbeerblatt*
> 125 ml *Hühnerbrühe*

Zubereitungszeit: 20 Minuten
Bratzeit: etwa 60 Minuten

1. Den Backofen vorheizen.
Ober-/Unterhitze: etwa 200 °C
Heißluft: etwa 180 °C

2. Hähnchen innen und außen unter fließendem kalten Wasser abspülen, trocken tupfen, mit Salz, Pfeffer und Paprika einreiben.

3. Zwiebel abziehen, fein würfeln. Möhren putzen, schälen, abspülen, abtropfen lassen und in Scheiben schneiden. Tomaten kreuzweise einschneiden und mit kochendem Wasser übergießen. Nach 1–2 Minuten herausnehmen und mit kaltem Wasser abschrecken. Tomaten enthäuten, halbieren und die Stängelansätze herausschneiden. Tomaten vierteln.

4. Vorbereitetes Gemüse, Lorbeerblatt, Hühnerbrühe und Hähnchen in einen Bräter geben. Den Bräter auf dem Rost im unteren Drittel in den vorgeheizten Backofen schieben. Das Hähnchen **etwa 60 Minuten braten.**

5. Das Hähnchen aus dem Bräter nehmen und warm stellen. Oder das Hähnchen auf eine hitzebeständige Platte legen. Diese auf dem Rost in den Backofen schieben. Das Hähnchen unter dem vorgeheizten Backofengrill (etwa 240 °C) 5–10 Minuten knusprig grillen. Dabei das Hähnchen einmal wenden.

6. In der Zwischenzeit den Bratensud evtl. mit etwas Hühnerbrühe verlängern, zum Kochen bringen. Das Lorbeerblatt entfernen. Die Sauce pürieren oder durch ein Sieb passieren, mit Salz, Pfeffer und Paprika abschmecken. Das Hähnchen mit einer Geflügelschere in Stücke teilen und mit der Sauce servieren.

Bratheringe (Grüne gebratene Heringe) |
Klassisch (im Foto links)
8 Stück

Pro Stück: E: 28 g, F: 33 g, Kh: 2 g,
kJ: 1730, kcal: 413, BE: 0,5

> 8 *frische, küchenfertige Heringe*
> *(ohne Kopf, je 150–160 g)*
> *Salz, gem. Pfeffer*
> 2 EL *Weizenmehl*
> 5 EL *Speiseöl, z. B. Sonnenblumenöl*

Zubereitungszeit: 30 Minuten

1. Die Heringe innen und außen unter fließendem kalten Wasser abspülen und trocken tupfen. Die Heringe mit Salz und Pfeffer würzen.

2. Mehl auf einen flachen Teller geben. Die Heringe darin wenden, nicht anhaftendes Mehl abschütteln.

3. Das Speiseöl in einer großen Pfanne erhitzen. Die Heringe darin evtl. in 2 Portionen von beiden Seiten 6–8 Minuten braten. Die Bratheringe servieren.

Rezeptvariante: Für **eingelegte Bratheringe** (im Foto rechts) die gebratenen Heringe in eine flache Schale (z. B. Auflaufform) legen und mit folgender Marinade begießen: 4 rote Zwiebeln abziehen und in Scheiben schneiden. Zwiebelscheiben mit 1 Liter Wasser, 1 ¼ Liter Weißweinessig, 150 g Zucker, 2 Esslöffeln Salz, 1 Esslöffel Senfkörner, 1 Esslöffel Wacholderbeeren, 1 Esslöffel weiße Pfefferkörner, 3 Gewürznelken und 3 Lorbeerblätter in einen Topf geben und kurz aufkochen. Dabei umrühren, bis sich der Zucker aufgelöst hat. Die Bratheringe mit der

Marinade begießen. Die Marinade erkalten lassen. Die eingelegten Bratheringe zugedeckt im Kühlschrank 1–2 Tage durchziehen lassen.

Tipp: Die gebratenen Heringe oder die eingelegten Bratheringe mit Pellkartoffeln, Bratkartoffeln oder Kartoffelsalat servieren.

Bratkartoffeln I
Preiswert
4 Portionen

Pro Portion: E: 5 g, F: 15 g, Kh: 35 g,
kJ: 1252, kcal: 299, BE: 3,0

> 1 kg *festkochende Kartoffeln*
> 5–7 EL *Speiseöl, z. B. Raps-*
> *oder Sonnenblumenöl*
> *Salz*
> *gem. Pfeffer*
> 2 *große Zwiebeln*
> 1 EL *Schnittlauchröllchen*

Zubereitungszeit: 20 Minuten, ohne Abkühlzeit
Garzeit für die Kartoffeln: 20–25 Minuten
Bratzeit für die Kartoffeln: etwa 15 Minuten

1. Kartoffeln gründlich waschen, in einem Topf knapp mit Wasser bedeckt zum Kochen bringen und zugedeckt 20–25 Minuten garen.

2. Die Kartoffeln abgießen, abdämpfen, erkalten lassen und pellen. Die Kartoffeln in Scheiben schneiden.

3. Das Speiseöl in einer großen Pfanne erhitzen. Die Kartoffelscheiben hinzufügen, mit Salz und Pfeffer würzen. Kartoffeln unter gelegentlichem Wenden etwa 15 Minuten bei schwacher bis mittlerer Hitze goldbraun braten.

4. In der Zwischenzeit Zwiebeln abziehen und fein würfeln. Die Zwiebelwürfel zu den Kartoffeln geben und weitere etwa 2 Minuten unter gelegentlichem Wenden braten. Die Bratkartoffeln mit Salz und Pfeffer abschmecken und mit Schnittlauchröllchen bestreuen.

Tipps: Bratkartoffeln zu Spiegelei oder Rührei, Gemüse- oder Fleischsülzen, Salaten, Würsten oder zu Roastbeef mit Remouladensauce servieren. Die Bratkartoffeln zusätzlich mit Paprikapulver edelsüß oder 1–2 Teelöffeln getrockneten Kräutern (z.B. Majoran, Thymian oder Rosmarin) würzen. Bratkartoffeln sind auch eine gute Resteverwertung für übrig gebliebene Pell- oder Salzkartoffeln vom Vortag.

Rezeptvariante: Für **Bratkartoffeln aus dem Backofen** den Backofen vorheizen (Ober-/Unterhitze: etwa 220 °C, Heißluft: etwa 200 °C). 1 kg Kartoffeln schälen, abspülen, trocken tupfen und in etwa 3 mm dünne Scheiben schneiden (Messer, Gemüsehobel oder Aufschnittmaschine). Die Kartoffelscheiben nochmals trocken tupfen. 2 Zwiebeln abziehen und fein würfeln. Die Kartoffelscheiben und Zwiebelwürfel mit 5–7 Esslöffeln Speiseöl in einer Schüssel vermengen. Mit Salz und Pfeffer würzen. Die Kartoffeln auf einem Backblech (mit Backpapier belegt) verteilen und das Backblech in den vorgeheizten Backofen schieben. Kartoffeln etwa 25 Minuten garen, dabei nach der Hälfte der Garzeit wenden. Die Kartoffelscheiben sollen goldgelb und knusprig sein.

Bratwurst | Einfach

4 Portionen

Pro Portion: E: 15 g, F: 26 g, Kh: 0 g,
kJ: 1427, kcal: 341, BE: 0,0

4 vorgebrühte oder frische
Bratwürste (je etwa 120 g)
2 EL Speiseöl, z. B. Sonnenblumenöl

Zubereitungszeit: 15 Minuten

1. Die Bratwürste mit Küchenpapier trocken tupfen.
Frische Bratwürste rundherum mehrmals mit einer
Gabel einstechen.

2. Öl in einer Pfanne erhitzen. Die Bratwürste darin
ohne Deckel unter gelegentlichem Wenden von beiden Seiten bei mittlerer Hitze etwa 10 Minuten braun
braten.

Beilage: Kartoffelpüree, Möhren-Kohlrabi-Gemüse,
Ketchup und Senf.

Rezeptvariante: Für **Berliner Currywurst** 150 ml
Wasser in einem Topf mit 1 Teelöffel Currypulver, je

½ Teelöffel Paprikapulver rosenscharf und edelsüß,
1 Teelöffel Zucker, je 1 Messerspitze Piment, Kreuzkümmel (Cumin) und Chilipulver verrühren. Alles zum
Kochen bringen und 3–4 Minuten köcheln lassen. Den
Topf vom Herd nehmen. 2 Esslöffel Worcestersauce
und 250 g Ketchup einrühren und unter ständigem
Rühren kurz aufkochen lassen. Die Sauce warm halten, aber nicht mehr kochen lassen. 4 Bockwürste
(mit Darm, gegart und geräuchert, je etwa 100 g) mit
Küchenpapier trocken tupfen und 5–6-mal einritzen
(um ein Aufplatzen zu verhindern). Etwas Speiseöl
(z. B. Sonnenblumenöl) in einer tiefen Pfanne erhitzen. (Es sollte so viel Öl in der Pfanne sein, dass die
Würste zu etwa einem Viertel in dem Öl „schwimmen".) Die Würste bei mittlerer Hitze von jeder Seite
knusprig goldgelb braten. Die Würste in mundgerechte Stücke schneiden, in eine Schale geben, mit der
noch warmen Currysauce übergießen, mit etwas
Currypulver bestreuen.

Tipps: Sie können auch 4 Bratwürste ohne Darm (je
etwa 100 g) statt der Bratwürste oder Bockwürste
verwenden. Diese wie beschrieben braten, bis sich
eine geschlossene, nussbraune Hülle gebildet hat. Die
Wurst ohne Haut bleibt kross, wenn Sie die Sauce
daneben gießen.

Brotsuppe I
Preiswert
4 Portionen

Pro Portion: E: 6 g, F: 10 g, Kh: 55 g,
kJ: 1430, kcal: 342, BE: 4,5

200 g	*altbackenes, trockenes Brot*
1 l	*Wasser*
3	*Gewürznelken*
½ Stange	*Zimt*
75 g	*Rosinen*
2 EL	*Apfelsaft*
3 EL	*Zucker*
1 Prise	*Salz*
1 kleines Bund	*Schnittlauch*
1	*Apfel*
1 TL	*Zitronensaft*
200 g	*saure Sahne*
3 EL	*Schlagsahne*
1–2 EL	*Zitronensaft*
50 g	*saure Sahne*

Zubereitungszeit: 20 Minuten, ohne Einweichzeit
Garzeit: etwa 30 Minuten

1. Das Brot in kleine Stücke schneiden und in einem Topf mit dem Wasser etwa 30 Minuten einweichen.

2. Nelken und Zimt in einen Papier-Teebeutel geben und diesen zubinden. Gewürze zum Brot in den Topf geben und alles bei schwacher Hitze etwa 30 Minuten kochen lassen.

3. Inzwischen die Rosinen im Apfelsaft einweichen.

4. Den Papier-Teebeutel mit den Gewürzen aus dem Topf nehmen. Die Brotsuppe durch ein Sieb streichen oder pürieren. Etwa zwei Drittel der eingeweichten Rosinen, Zucker und Salz in die Suppe geben. Die Suppe unter Rühren nochmals aufkochen lassen.

5. Den Schnittlauch abspülen, trocken tupfen und in Stücke schneiden. Den Apfel abspülen, abtrocknen, vierteln, entkernen, in kleine Stücke schneiden und mit dem Zitronensaft mischen.

6. Zum Schluss die saure und süße Sahne unter die Suppe rühren. Die Suppe aber nicht mehr kochen lassen und mit Zitronensaft abschmecken.

7. Die Suppe jeweils mit einem Klecks saurer Sahne sowie den restlichen Rosinen, den Apfelstückchen und dem Schnittlauch bestreut servieren.

Tipp: Zusätzlich die Suppe mit **Laugencroûtons** servieren. Dazu 20 g Butter in einer Pfanne zerlassen. Eine Laugenstange oder Laugenbrezel in kleine Stücke schneiden und in der Pfanne unter gelegentlichem Rühren von allen Seiten knusprig braten.

Rezeptvariante: Für eine herzhafte **Brotsuppe nach fränkischer Art** etwa 250 g altbackene Brotscheiben in kleine Stücke schneiden. 125 g durchwachsene Speckwürfel in einem Topf auslassen. 2 fein gewürfelte Zwiebeln darin glasig dünsten. 750 ml kräftige Fleischbrühe hinzugießen, zum Kochen bringen, mit Salz, Pfeffer, Majoran oder Kümmel würzen. Gehackte Petersilie unterrühren. Die Brotstücke hinzugeben und kurz durchziehen lassen.

Buchteln I
Böhmisch-österreichische Mehlspeise
12 Stück

Pro Portion: E: 6 g, F: 11 g, Kh: 39 g,
kJ: 1165, kcal: 278, BE: 3,5

Für den Hefeteig:
250 ml	Milch (3,5 % Fett)
75 g	Butter oder Margarine
500 g	Weizenmehl
1 Pck.	Dr. Oetker Trockenbackhefe
50 g	Zucker
1 Pck.	Dr. Oetker Vanillin-Zucker
4 Tropfen	Zitronen-Aroma
1 Prise	Salz
1	Ei (Größe M)

Zum Bestreichen:
50 g Butter

Zum Bestäuben:
evtl. etwas Puderzucker

Zubereitungszeit: 25 Minuten, ohne Teiggehzeit
Backzeit: etwa 25 Minuten

1. Für den Teig die Milch in einem kleinen Topf erwärmen. Die Butter oder Margarine darin zerlassen.

2. Das Mehl in eine Rührschüssel geben und mit Trockenbackhefe sorgfältig vermischen. Dann Zucker, Vanillin-Zucker, Aroma, Salz, Ei und die warme Milch-Fett-Mischung hinzufügen. Die Zutaten mit einem Mixer (Knethaken) zunächst kurz auf niedrigster, dann auf höchster Stufe in etwa 5 Minuten zu einem glatten Teig verarbeiten. Den Teig zugedeckt so lange an einem warmen Ort gehen lassen, bis er sich sichtbar vergrößert hat (etwa 20 Minuten).

3. Den Backofen vorheizen.
Ober-/Unterhitze: etwa 200 °C
Heißluft: etwa 180 °C

4. Den gegangenen Teig leicht mit Mehl bestäuben, aus der Schüssel nehmen und auf einer leicht bemehlten Arbeitsfläche nochmals kurz durchkneten und zu einer Rolle formen. Die Teigrolle in 12 gleich große Stücke schneiden.

5. Die Teigstücke zu Bällchen formen und nicht zu dicht nebeneinander in eine Auflaufform (gefettet) setzen.

6. Zum Bestreichen die Butter zerlassen. Die Teigbällchen damit bestreichen und nochmals so lange an einem warmen Ort gehen lassen, bis sie sich sichtbar vergrößert haben (etwa 20 Minuten).

7. Die Form auf dem Rost in den vorgeheizten Backofen schieben. Buchteln **etwa 25 Minuten backen.**

8. Die Form aus dem Backofen nehmen. Die Buchteln nach Belieben mit Puderzucker bestäuben und in der Form warm servieren.

Tipp: Zu den Buchteln Kompott und warme Vanillesauce servieren.

Rezeptvariante: Für **Buchteln mit Pflaumenmusfüllung** die Teigbällchen in Punkt 5 flach drücken, je 1 Teelöffel Pflaumenmus (aus dem Glas) daraufgeben, mit dem Teig umschließen und wieder zu einer Kugel formen.

Buttermilchplinsen **|** Einfach
6 Stück

Pro Stück: E: 13 g, F: 14 g, Kh: 46 g,
kJ: 1547, kcal: 370, BE: 4,0

Für den Plinsenteig:

250 g	Weizenmehl
5	Eier (Größe M)
500 ml	Buttermilch
125 ml	Wasser
1 TL	Zucker
1 Prise	Salz
5 EL	Sonnenblumenöl

Für die Füllung:

½ TL	gem. Zimt
2 TL	Zucker
365 g	Apfelkompott

Zubereitungszeit: 40 Minuten, ohne Teigruhezeit

1. Für den Plinsenteig das Mehl in eine Rührschüssel geben. Eier mit Buttermilch, Wasser, Zucker und Salz verschlagen, nach und nach unter Rühren zum Mehl geben. Darauf achten, dass keine Klümpchen entstehen. Den Teig 20–30 Minuten ruhen lassen.

2. Etwas von dem Sonnenblumenöl in einer beschichteten Pfanne (Ø 28 cm) erhitzen. Den Teig gut durchrühren und eine dünne Teiglage mit einer drehenden Bewegung gleichmäßig auf dem Boden der Pfanne verteilen. Plinsen bei mittlerer Hitze etwa 2 Minuten goldbraun backen, bis die Teigoberfläche nicht mehr feucht ist.

3. Plinsen wenden, wieder etwas Öl in die Pfanne geben und den Plinsen fertig backen. Aus dem restlichen Teig weitere 5 Plinsen backen. In der Zwischenzeit die gebackenen Plinsen warm stellen.

4. Für die Füllung Zimt und Zucker mischen und die Plinsen damit bestreuen, Apfelkompott darauf verteilen und zu Taschen zusammenklappen.

Cordon bleu I

Klassisch – beliebt

4 Portionen

Pro Portion: E: 55 g, F: 29 g, Kh: 9 g,
kJ: 2173, kcal: 520, BE: 0,5

8	*Kalbsschnitzel (je etwa 75 g)*
	Salz
	gem. Pfeffer
4 Scheiben	*Käse (in Größe der*
	Fleischscheiben, je etwa 40 g)
4 Scheiben	*Kochschinken (in Größe der*
	Fleischscheiben, je etwa 50 g)
2	*Eier (Größe M)*
60 g	*Semmelbrösel*
60 g	*Margarine oder*
	5 EL Speiseöl

Außerdem:

         4 *Holzstäbchen*

Zubereitungszeit: 25 Minuten
Bratzeit: etwa 10 Minuten

1. Die Kalbsschnitzel mit Küchenpapier trocken tupfen. Die Schnitzel leicht klopfen und mit Salz und Pfeffer bestreuen.

2. Vier Schnitzel mit jeweils 1 Scheibe Käse und 1 Scheibe Schinken belegen, mit je einem zweiten Schnitzel belegen und mit Holzstäbchen feststecken.

3. Eier in einem tiefen Teller verschlagen. Die gefüllten Schnitzel zunächst durch die verschlagenen Eier ziehen und am Tellerrand abstreifen, dann in Semmelbröseln wenden.

4. Margarine oder Öl in einer großen Pfanne erhitzen. Die Schnitzel von beiden Seiten etwa 10 Minuten darin braten.

Beilage: Paprikareis mit Erbsen.

Tipps: Damit die in Semmelbröseln gewendeten Fleischscheiben für das Cordon bleu nicht zu schnell bräunen, sollten die nicht festhaftenden Semmelbrösel vor dem Braten leicht abgeschüttelt werden. Cordon bleu bei nicht zu starker Hitze braten.

Dicke Bohnen mit Speck I
Deftig
4 Portionen

Pro Portion: E: 13 g, F: 8 g, Kh: 17 g,
kJ: 819, kcal: 195, BE: 1,5

500 g	frische dicke, ausgepalte Bohnen (2 1/2–3 kg mit Hülsen)
1 Stängel	Bohnenkraut
100 g	durchwachsener Speck
2–3	Zwiebeln
gut 125 ml	Wasser
	Salz, gem. Pfeffer
1 EL	Schnittlauchröllchen

Zubereitungszeit: 15 Minuten
Garzeit: etwa 40 Minuten

1. Bohnen und Bohnenkraut abspülen und trocken tupfen. Den Speck in Würfel schneiden.

2. Eine Pfanne erhitzen, die Speckwürfel darin auslassen. Zwiebeln abziehen und in Scheiben schneiden. Zwiebelscheiben zu den Speckwürfeln in die Pfanne geben und goldgelb dünsten.

3. Die Bohnen hinzufügen und mitdünsten lassen.

4. Bohnenkraut und Wasser hinzugeben, mit Salz und Pfeffer würzen. Die Bohnen in etwa 40 Minuten gar dünsten.

5. Dicke Bohnen mit Speck anrichten und mit Schnittlauchröllchen bestreut servieren.

Beilage: Frisches Bauernbrot.

Dicke Rippe mit grünen Bohnen I
Deftig – dauert länger
4 Portionen

Pro Portion: E: 35 g, F: 47 g, Kh: 23 g,
kJ: 2721, kcal: 651, BE: 2,0

Für das Fleisch:
> etwa 1 kg dicke Rippe
> Salz
> gem. Pfeffer
> 3 EL Speiseöl,
> z. B. Olivenöl

Für das Gemüse:
> 600 g grüne Bohnen
> 1 Stängel Bohnenkraut
> 1 gestr. TL Salz
> 500 g Kartoffeln
> 1 gestr. TL Salz
> 40 g Butterschmalz
> 50 ml Gemüsebrühe

Zubereitungszeit: 20 Minuten
Garzeit: etwa 5 Stunden

1. Den Backofen bei Ober-/Unterhitze auf 80 °C vorheizen. Von der dicken Rippe das Fett abschneiden. Dicke Rippe trocken tupfen, mit Salz und Pfeffer bestreuen.

2. Speiseöl in einem großen, flachen Bräter erhitzen. Dicke Rippe darin von allen Seiten in etwa 10 Minuten gut anbraten. Dann den Bräter auf dem Rost in den Backofen schieben und die Dicke Rippe **etwa 5 Stunden garen.**

3. Etwa 40 Minuten vor Ende der Garzeit von den Bohnen die Enden abschneiden. Die Bohnen evtl. abfädeln, abspülen, abtropfen lassen und in etwa 3 cm lange Stücke schneiden.

4. Bohnenkraut abspülen und abtropfen lassen.

5. Wasser mit Salz in einem Topf zum Kochen bringen. Bohnenstücke und Bohnen in ein Sieb geben, mit eiskaltem Wasser übergießen und abtropfen lassen.

6. Kartoffeln schälen, abspülen, abtropfen lassen und in Würfel schneiden. Die Kartoffelwürfel in einem Topf mit Salzwasser bedeckt zum Kochen bringen und etwa 15 Minuten kochen lassen. Die Kartoffelwürfel abgießen und warm stellen.

7. Butterschmalz in einer großen Pfanne zerlassen. Bohnenstücke und Kartoffelwürfel darin andünsten. Gemüsebrühe hinzugießen, zum Kochen bringen und etwa 5 Minuten dünsten lassen. Bohnen-Kartoffelgemüse mit Salz und Pfeffer abschmecken.

8. Die Dicke Rippe aus dem Backofen nehmen. Das Fleisch vom Knochen lösen und in Scheiben schneiden. Dicke Rippe mit Kartoffelwürfeln und Bohnengemüse servieren.

Tipp: Niedertemperaturgaren (mit der 80 °C- oder 95 °C-Methode) – Ist das sanfte Garen im Backofen bei einer Temperatur von 80 °C oder 95 °C (Ober-/Unterhitze).

Wichtig: Kontrollieren Sie bei dieser Garmethode die Backofentemperatur mit einem Ofenthermometer und regeln Sie die Temperatur wenn nötig nach. Die Backofentür sollte zwischendurch möglichst nicht geöffnet werden, um einen Temperaturabfall im Backofen zu vermeiden.

Eier in Senfsauce I
Für Kinder
4 Portionen

Pro Portion: E: 16 g, F: 28 g, Kh: 8 g,
kJ: 1465, kcal: 350, BE: 0,5

8	Eier (Größe M)

30 g	Butter
20 g	Weizenmehl
125 ml	Gemüsebrühe
125 ml	Milch (3,5 % Fett)
125 g	Schlagsahne
1 EL	mittelscharfer Senf
1 EL	körniger Senf
	Salz
	gem. Pfeffer

Zubereitungszeit: 20 Minuten

1. Eier an der Unterseite einpicken, in kochendes Wasser geben und in etwa 8 Minuten hart kochen. Eier mit kaltem Wasser abschrecken, damit die Eier nicht nachgaren.

2. In der Zwischenzeit Butter in einem Topf zerlassen. Das Mehl dazugeben und unter Rühren so lange darin erhitzen, bis es goldgelb ist.

3. Brühe, Milch und Sahne nach und nach unter Rühren mit dem Schneebesen hinzugeben, dabei darauf achten, dass keine Klümpchen entstehen.

4. Die Sauce zum Kochen bringen und unter Rühren 3–5 Minuten bei schwacher Hitze köcheln lassen. Beide Senfsorten unterrühren. Die Sauce mit Salz und Pfeffer würzen. Eier pellen, nach Belieben halbieren und kurz vor dem Servieren in die Sauce geben.

Beilage: Petersilienkartoffeln.

Eierschwammerlgulasch (Pfifferlingsgulasch) I

Vegetarisch
4 Portionen

Pro Portion: E: 5 g, F: 29 g, Kh: 6 g,
kJ: 1261, kcal: 302, BE: 0,5

750 g	*Eierschwammerl*
	(Pfifferlinge)
2	*Schalotten*
50 g	*Butter*
	Paprikapulver edelsüß
2 TL	*Zitronensaft*
	Salz, gem. Pfeffer
1 EL	*Weizenmehl*
150 ml	*Gemüsebrühe*
250 g	*Schmand (Sauerrahm)*
	oder Schlagsahne
1 EL	*gehackter Kerbel oder*
	gehackte Petersilie

Zubereitungszeit: 45 Minuten

1. Schwammerl putzen, evtl. kurz abspülen und trocken tupfen. Schalotten abziehen und in kleine Würfel schneiden. Butter in einem großen Topf zerlassen. Schalottenwürfel darin andünsten.

2. Schwammerl darin portionsweise anbraten, mit Paprikapulver, Zitronensaft, Salz und Pfeffer würzen.

3. Die Schwammerln mit dem Mehl bestäuben und gut durchrühren. Zuerst die Brühe unter Rühren hinzugießen und kurz aufkochen. Dann den Sauerrahm oder die Sahne unterrühren und das Ganze zum Kochen bringen. Das Gulasch etwa 5 Minuten unter gelegentlichem Rühren köcheln lassen.

4. Kerbel oder Petersilie unter das Gulasch rühren. Eierschwammerlgulasch nochmals mit den Gewürzen abschmecken und servieren.

Beilage: Spätzle oder deftiges Bauernbrot.

Tipp: Außerhalb der Pilzsaison können Sie Pfifferlinge aus der Dose verwenden.

Eisbein mit Sauerkraut I
Klassisch
4 Portionen

Pro Portion: E: 46 g, F: 25 g, Kh: 36 g,
kJ: 2388, kcal: 570, BE: 3,0

> 1 ½ kg *gepökeltes Eisbein*
>   *(4 Stück, evtl. beim Metzger*
>   *vorbestellen)*
> etwa 1 ¼ l *Wasser*

Für das Sauerkraut:
> 750 g *frisches Sauerkraut*
>   1 *Zwiebel*
>   1 *Lorbeerblatt*
>   3 *Gewürznelken*
>   5 *Wacholderbeeren*
> 250 ml *Fleischbrühe*
>   1 *mehligkochende Kartoffel*
>   *Salz, gem. Pfeffer*
> etwas *Zucker*

Zubereitungszeit: 20 Minuten
Garzeit: 1 ½–2 Stunden

1. Eisbeine kurz unter fließendem kalten Wasser abspülen. Wasser mit den Eisbeinen in einen großen Topf geben, zum Kochen bringen und zugedeckt 1 ½–2 Stunden bei schwacher bis mittlerer Hitze kochen lassen.

2. In der Zwischenzeit das Sauerkraut locker zupfen. Zwiebel abziehen. Sauerkraut, Zwiebel, Lorbeerblatt, Gewürznelken und Wacholderbeeren mit der Brühe in einen Topf geben und zum Kochen bringen. Das Sauerkraut zugedeckt etwa 30 Minuten garen. Nach Bedarf noch etwas Brühe von den Eisbeinen hinzugeben.

3. Kartoffel schälen, abspülen, abtropfen lassen, auf einer Haushaltsreibe reiben und zum Sauerkraut geben.

4. Sauerkraut nochmals kurz aufkochen, sodass es sämig wird. Das Sauerkraut mit Salz, Pfeffer und Zucker würzen.

5. Die Eisbeine aus dem Topf nehmen, von den Knochen lösen und in Scheiben schneiden. Eisbein mit dem Sauerkraut anrichten und servieren.

Beilage: Kartoffelpüree oder Salzkartoffeln.

Tipp: Für **Eisbein „Berliner Art"** servieren Sie Erbspüree dazu. Dafür 375 g getrocknete, ungeschälte Erbsen in reichlich kaltem Wasser über Nacht einweichen. Vor der Zubereitung Wasser wieder abgießen und die Erbsen abtropfen lassen. 750 ml Gemüsebrühe zum Kochen bringen und abgetropfte Erbsen darin etwa 1 Stunde kochen. Inzwischen 1 Bund Suppengrün putzen, abspülen, abtropfen lassen und klein schneiden. Suppengrün zu den Erbsen in den Topf geben und alles weitere 30–45 Minuten kochen, bis die Erbsen weich sind. 1 Zwiebel abziehen und in Scheiben schneiden. 20 g Butter in einer Pfanne zerlassen oder 50 g Speckwürfel in einer Pfanne ausbraten. Die Zwiebelscheiben darin anbraten. Die weich gekochten Erbsen durch ein Sieb streichen. Das Erbspüree in einem Topf unter Rühren erwärmen, mit Salz und Pfeffer abschmecken. Das Püree mit den angebratenen Zwiebelscheiben servieren.

Ente I Klassisch
4 Portionen

Pro Portion: E: 71 g, F: 33 g, Kh: 3 g,
kJ: 2479, kcal: 593, BE: 0,5

>   1 *küchenfertige Ente (2–2 1/2 kg)*
>   *Salz*
>   *gem. Pfeffer*
> *etwa 900 ml Wasser*
>   *1 geh. EL Speisestärke*
>   *50 ml kaltes Wasser*

Außerdem:

>   *Küchengarn*

Zubereitungszeit: 30 Minuten
Bratzeit: 2 1/4–2 1/2 Stunden

1. Den Backofen vorheizen.
Ober-/Unterhitze: etwa 180 °C
Heißluft: etwa 160 °C

2. Ente unter fließendem kalten Wasser von außen und innen abspülen, trocken tupfen, evtl. Fett aus der Bauchhöhle entfernen. Die Ente von innen und außen mit Salz und Pfeffer einreiben.

3. Keulen und Flügel zusammenbinden. 50 ml von dem Wasser in einen Bräter geben. Die Ente mit der Brust nach unten hineinlegen und den Bräter ohne Deckel auf dem Rost im unteren Drittel in den vorgeheizten Backofen schieben. Die Ente **2 1/4–2 1/2 Stunden braten.**

4. Inzwischen Magen, Herz und Hals kalt abspülen, mit 750 ml Wasser in einen Kochtopf geben. 1 Teelöffel Salz zufügen, zum Kochen bringen und etwa 30 Minuten bei schwacher Hitze kochen. Dann durch ein Sieb gießen, dabei die Kochbrühe auffangen.

5. Die Ente während der Bratzeit mehrmals unterhalb der Flügel und Keulen einstechen, damit das Fett besser ausbraten kann. Nach etwa 30 Minuten Bratzeit das angesammelte Fett abschöpfen (den Vorgang wiederholen). Sobald der Bratensatz bräunt, etwas von der Kochbrühe zugießen. Die verdampfte Flüssigkeit

nach und nach durch Kochbrühe ersetzen. Nach etwa 60 Minuten Bratzeit die Ente umdrehen.

6. 100 ml Wasser mit 1/2 Teelöffel Salz verrühren. Die Ente etwa 10 Minuten vor Ende der Bratzeit damit bestreichen und die Backofentemperatur um etwa 20 °C erhöhen, damit die Haut kross wird. Die gegarte Ente aus dem Bräter nehmen und zugedeckt 5–10 Minuten ruhen lassen.

7. Bratensatz mit etwas Wasser loskochen, durch ein Sieb gießen, entfetten, mit Wasser auf 375 ml auffüllen und zum Kochen bringen. Stärke mit Wasser anrühren, mit einem Schneebesen einrühren, dabei darauf achten, dass keine Klümpchen entstehen. Die Sauce zum Kochen bringen und etwa 5 Minuten köcheln lassen, dabei gelegentlich umrühren. Die Sauce mit Salz und Pfeffer abschmecken.

8. Die Ente in Portionsstücke schneiden, auf einer vorgewärmten Platte anrichten und mit der Sauce servieren.

Beilage: Semmelknödel, Kartoffelklöße und Spitzkohl.

Erbseneintopf
mit Mettwürstchen **I**

Klassisch
4 Portionen

Pro Portion: E: 49 g, F: 45 g, Kh: 56 g,
kJ: 3447, kcal: 826, BE: 4,5

375 g	*getrocknete, ungeschälte*
	Erbsen
1 ½ l	*Wasser*
150 g	*Schinkenschwarte oder*
	250 g Schweinebauch
1 Bund	*Suppengrün*
	(Möhren, Sellerie, Porree)
	Salz
	gem. Pfeffer
	gerebelter Liebstöckel
375 g	*Kartoffeln*
4	*geräucherte Mettwürstchen*
	(Räucherenden, Knacker,
	je etwa 85 g)

Zubereitungszeit: 40 Minuten, ohne Einweichzeit
Garzeit: etwa 90 Minuten

1. Erbsen abspülen und abtropfen lassen. Erbsen in kaltem Wasser über Nacht einweichen.

2. Schinkenschwarte oder Schweinebauch kurz unter fließendem kalten Wasser abspülen und trocken tupfen. Die eingeweichten Erbsen mit dem Einweichwasser und der Schinkenschwarte oder dem Schweinebauch in einem Topf zum Kochen bringen und zugedeckt etwa 70 Minuten bei schwacher Hitze kochen.

3. Suppengrün putzen, abspülen, abtropfen lassen und in Stücke schneiden. Die Gemüsestücke nach etwa 70 Minuten Garzeit zu dem Fleisch und den Erbsen in den Topf geben. Mit Salz, Pfeffer und Liebstöckel würzen. Die Zutaten zum Kochen bringen. Den Eintopf zugedeckt weitere etwa 20 Minuten garen.

4. In der Zwischenzeit Kartoffeln schälen, abspülen, abtropfen lassen und würfeln. Salzwasser in einem Topf zum Kochen bringen. Kartoffelwürfel hinzugeben und in etwa 20 Minuten gar kochen. Kartoffelwürfel abgießen, abdämpfen und etwas zerstampfen.

5. Die Schinkenschwarte oder den Schweinebauch aus dem Eintopf nehmen. Die zerstampften Kartoffeln in den Eintopf geben und unterrühren.

6. Die Schinkenschwarte oder den Schweinebauch in Stücke schneiden, mit den Mettwürstchen wieder in den Eintopf geben und erhitzen. Den Eintopf nochmals mit den Gewürzen abschmecken.

Erbsensuppe mit Blutwurst (Ähzezupp met Flöns) I

Traditionelle rheinische Küche
4 Portionen

Pro Portion: E: 45 g, F: 43 g, Kh: 48 g, kJ: 3180, kcal: 759, BE: 3,5

300 g	getrocknete, geschälte Erbsen
1 ½ l	Fleischbrühe
1 Bund	Suppengrün (Möhren, Sellerie, Porree)
350 g	Kartoffeln
125 g	durchwachsener Speck
1	Zwiebel
1 TL	gerebelter Majoran
	Salz, gem. Pfeffer
500 g	Blutwurst

Zubereitungszeit: 40 Minuten, ohne Einweichzeit
Garzeit: etwa 1 Stunde

1. Die Erbsen in reichlich kaltem Wasser über Nacht einweichen. Vor der Zubereitung das Wasser wieder abgießen und die Erbsen abtropfen lassen.

2. Die Brühe zum Kochen bringen und die abgetropften Erbsen darin etwa 1 Stunde garen.

3. Inzwischen das Suppengrün putzen, abspülen, abtropfen lassen und klein schneiden. Kartoffeln schälen, abspülen, abtropfen lassen und in kleine Würfel schneiden.

4. Den Speck fein würfeln. Die Zwiebel abziehen und in kleine Würfel schneiden. Das Suppengemüse, Kartoffeln und Majoran nach 45 Minuten Garzeit zu den Erbsen geben und weitere etwa 15 Minuten kochen lassen.

5. Den Speck in einer Pfanne kross anbraten, die gewürfelte Zwiebel hinzugeben und glasig dünsten. Speck und Zwiebeln zu der Suppe geben und die Suppe mit Salz und Pfeffer abschmecken.

6. Von der Blutwurst die Pelle abziehen und Blutwurst in Scheiben schneiden. Die Scheiben kurz von jeder Seite in einer beschichteten Pfanne braten.

7. Die Suppe mit den Blutwurstscheiben in Tellern verteilen und servieren.

Falscher Hase (Hackbraten) I

Beliebt

6 Portionen

Pro Portion: E: 33 g, F: 28 g, Kh: 16 g,
kJ: 1868, kcal: 446, BE: 1,0

> 2 *Brötchen (Semmeln) vom Vortag*
> 2 *mittelgroße Zwiebeln*
> 750 g *Gehacktes (halb Rind-,*
> *halb Schweinefleisch)*
> 2 *Eier (Größe M)*
> 1 geh. TL *mittelscharfer Senf*
> 1 EL *gehackte Petersilie*
> *Salz*
> *gem. Pfeffer*
> 1 EL *Semmelbrösel*
> 3 *weich gekochte Eier*
> 40 g *durchwachsener Speck,*
> *in dünnen Scheiben*
> 500 ml *heiße Fleischbrühe*
> 1 *mittelgroße Zwiebel*
> 1 *mittelgroße Tomate*
> 25 g *Speisestärke*
> 3 EL *Wasser*
> evtl. etwas *Petersilie*

Zubereitungszeit: 25 Minuten
Garzeit: etwa 60 Minuten

1. Die Brötchen in kaltem Wasser einweichen und gut ausdrücken. Die Zwiebeln abziehen, klein würfeln. Gehacktes in eine Schüssel geben. Brötchen, Zwiebelwürfel, Eier, Senf und Petersilie hinzugeben. Die Zutaten gut unterkneten, mit Salz und Pfeffer würzen.

2. Den Backofen vorheizen.
Ober-/Unterhitze: etwa 200 °C
Heißluft: etwa 180 °C

3. Semmelbrösel auf die Arbeitsfläche streuen. Die Hackfleischmasse daraufgeben und zu einem Rechteck (etwa 20 x 30 cm) formen. Gekochte Eier pellen und längs hintereinander in die Mitte des Fleischteiges legen. Den Fleischteig von der längeren Seite aus aufrollen und zu einem Laib formen. Den Fleischlaib in einen Bräter (gefettet) legen.

4. Speckscheiben nebeneinander auf den Fleischlaib legen und etwas eindrücken. Den Bräter auf dem Rost in den vorgeheizten Backofen (unteres Drittel) schieben. Den Hackbraten **etwa 60 Minuten garen.**

5. Sobald der Bratensatz anfängt zu bräunen, heiße Brühe hinzugießen. Den Fleischlaib ab und zu mit dem Bratensatz begießen. Verdampfte Flüssigkeit nach und nach durch heiße Brühe ersetzen.

6. Zwiebel abziehen und vierteln. Tomate abspülen, abtropfen lassen, vierteln und den Stängelansatz herausschneiden. Zwiebel- und Tomatenviertel nach etwa 30 Minuten Garzeit zum Hackbraten in den Bräter geben und mitgaren lassen.

7. Den garen Hackbraten aus dem Bräter nehmen und zugedeckt warm stellen.

8. Den Bratensatz evtl. mit etwas Wasser loskochen, durch ein Sieb gießen, mit Wasser auf etwa 500 ml auffüllen und in einem Topf zum Kochen bringen.

9. Die Speisestärke mit 3 Esslöffeln Wasser anrühren und in die Sauce rühren. Die Sauce unter Rühren aufkochen, mit Salz und Pfeffer würzen.

10. Den Hackbraten in Scheiben schneiden, auf einer Platte anrichten und nach Belieben mit abgespülter, trocken getupfter Petersilie garnieren. Die Sauce dazureichen.

Filetspitzen vom Kalb mit Waldpilzen I

Raffiniert – mit Alkohol
4 Portionen

Pro Portion: E: 31 g, F: 24 g, Kh: 4 g, kJ: 1743, kcal: 418, BE: 0,2

2	Schalotten
½ Bund	Schnittlauch
½ Bund	glatte Petersilie
1–2 TL	eingelegter, grüner Pfeffer
150 g	Tomaten
150 g	Waldpilze, z. B. Pfifferlinge oder Steinpilze
150 g	Champignons
500 g	Kalbsfiletspitzen
2 EL	Butterschmalz
	Salz
	gem. Pfeffer
125 ml	Kalbsfond oder -brühe
8 cl	Calvados (Apfelbranntwein)
150 g	Crème fraîche

Zubereitungszeit: 40 Minuten

1. Die Schalotten abziehen und in Würfel schneiden. Schnittlauch und Petersilie abspülen und trocken tupfen. Schnittlauch in Röllchen schneiden. Petersilienblätter, bis auf einige zum Garnieren, von den Stängeln zupfen und klein schneiden. Die Pfefferkörner abtropfen lassen und hacken.

2. Tomaten kreuzweise einschneiden und mit kochendem Wasser übergießen. Nach 1–2 Minuten herausnehmen und mit kaltem Wasser abschrecken. Tomaten enthäuten, halbieren, die Stängelansätze herausschneiden. Tomatenhälften in kleine Würfel schneiden.

3. Die Waldpilze und Champignons putzen, evtl. mit Küchenpapier abreiben, kurz abspülen und gut abtropfen lassen. Pfifferlinge je nach Größe ganz lassen oder halbieren. Champignons und evtl. Steinpilze in Scheiben schneiden.

4. Filetspitzen mit Küchenpapier trocken tupfen und in dünne Scheiben schneiden.

5. Butterschmalz in einer Pfanne zerlassen. Die Filetscheiben darin portionsweise von beiden Seiten kurz anbraten, mit einer Schaumkelle herausnehmen, mit Salz und Pfeffer bestreuen, zugedeckt warm stellen.

6. Schalottenwürfel in dem verbliebenen Bratfett andünsten. Pilze, grünen Pfeffer, Kalbsfond oder -brühe und Calvados hinzugeben, zum Kochen bringen und etwa 10 Minuten bei schwacher Hitze köcheln lassen. Tomatenwürfel und die Hälfte der fein geschnittenen Kräuter dazugeben.

7. Etwa zwei Drittel der Crème fraîche unter die Pilzsauce rühren, mit Salz und Pfeffer abschmecken.

8. Die warm gestellten Fleischscheiben in die Sauce geben und erhitzen. Filetspitzen mit restlicher Crème fraîche anrichten und mit Kräutern garnieren.

Tipp: Statt Waldpilzen und Tomaten können Sie auch 2 Äpfel verwenden. Dafür die Äpfel schälen, vierteln, entkernen und in kleine Stücke schneiden.

Fischerfrühstück I

Schmeckt auch abends

Pro Portion: E: 24 g, F: 14 g, Kh: 11 g,
kJ: 1121, kcal: 268, BE: 1,0

6	*Eier (Größe M)*
6 EL	*Milch (3,5 % Fett)*
	Salz, gem. Pfeffer
1 EL	*Butter*
4 Scheiben	*Vollkorn-Toast*
250 g	*Nordseekrabbenfleisch*
1 TL	*frisch gehackte Dillspitzen*

Zubereitungszeit: 15 Minuten

1. Eier mit Milch verschlagen, mit Salz und Pfeffer würzen. Die Butter in einer beschichteten Pfanne zerlassen.

2. Eiermilch hinzugeben und die Masse bei schwacher Hitze stocken lassen. Wenn die Masse zu stocken beginnt, diese mit einem Holzlöffel vorsichtig durchrühren.

3. Toastscheiben toasten. Zuerst das Rührei, dann das Krabbenfleisch auf die Toastbrote geben und mit Pfeffer und Dill bestreuen.

Flädlesuppe I
Klassisch
4 Portionen

Pro Portion: E: 16 g, F: 20 g, Kh: 30 g,
kJ: 1533, kcal: 368, BE: 2,5

Für die Rindsbrühe:
750 g	*Fleischknochen vom Rind*
1 ½ l	*kaltes Wasser*
1	*Zwiebel*
1 Bund	*Suppengrün*
	(Sellerie, Porree, Möhren)

Für die Flädle:
125 g	*Weizenmehl*
¼ gestr. TL	*Salz*
2	*Eier (Größe M)*
250 ml	*kalte Milch (3,5 % Fett)*
3–4 EL	*Speiseöl, z. B. Sonnenblumenöl*

Außerdem:
evtl. 1–2 TL	*Instant-Fleischbrühenpulver*
2 EL	*gehackte Petersilie*

Zubereitungszeit: 45 Minuten, ohne Ruhezeit
Garzeit: etwa 2 Stunden

1. Für die Rindsbrühe Rinderknochen kurz unter fließendem kalten Wasser abspülen, in einen Topf geben, Wasser hinzugießen und zum Kochen bringen. Die Knochen zugedeckt etwa 60 Minuten bei schwacher bis mittlerer Hitze kochen lassen.

2. Zwiebel abziehen. Suppengrün putzen, abspülen, abtropfen lassen und in kleine Stücke schneiden. Suppengrün und Zwiebel zum Fleisch in den Topf geben und weitere etwa 60 Minuten kochen lassen.

3. Inzwischen für die Flädle Mehl in eine Schüssel geben, in die Mitte eine Vertiefung eindrücken. Salz und Eier hineingeben und von der Mitte aus Eier und Mehl verrühren.

4. Nach und nach die Milch hinzufügen, dabei darauf achten, dass keine Klümpchen entstehen. Den Teig etwa 10 Minuten ruhen lassen.

5. Etwas von dem Speiseöl in einer beschichteten Pfanne erhitzen. Den Teig nochmals gut durchrühren und eine dünne Teiglage mit einer drehenden Bewegung gleichmäßig auf dem Boden der Pfanne verteilen. Den Pfannkuchen von beiden Seiten goldgelb backen.

6. Aus dem restlichen Teig weitere Pfannkuchen backen. Die Pfannkuchen halbieren und in schmale kurze Streifen schneiden.

7. Die Rindfleischbrühe durch ein Sieb in einen Topf gießen, nach Belieben mit Instant-Fleischbrühe abschmecken.

8. Die Flädle erst kurz vor dem Servieren in die heiße Rindsbrühe geben und kurz erwärmen. Die Suppe mit Petersilie bestreut servieren.

Tipps: Rösten Sie die Zwiebel ungeschält, abgespült und abgetropft in einer Pfanne ohne Fett so lange, bis sie fast schwarz ist. Geben Sie dann die geröstete Zwiebel mit dem Suppengrün in den Topf. So bekommt die Suppe eine schöne Farbe. Etwas bunter wird die Suppe, wenn Sie zusätzlich fein geschnittene Gemüsestreifen (Julienne-Gemüsestreifen) kurz in der Rindfleischbrühe mitkochen, bevor Sie die Flädle in die Suppe geben. Dafür reichen 1–2 Möhren, ½ Stange Porree und evtl. ein kleines Stück Sellerie.

Fleischsalat I Einfach

4–6 Portionen

Pro Portion: E: 9 g, F: 31 g, Kh: 4 g,
kJ: 1385, kcal: 331, BE: 0,2

> 300 g *Lyoner Fleischwurst, in Scheiben*
> 360 g *abgetropfte Gewürzgurken*
> *(aus Gläsern)*

Für die Marinade:
> ½ Bund *glatte Petersilie*
> 150 g *Salatmayonnaise*
> 100 g *Joghurt (3,5 % Fett)*
> etwa 25 ml *Gurkensud (aus dem Glas)*
> *Salz*
> *gem. Pfeffer*

Zubereitungszeit: 40 Minuten

1. Die Fleischwurstscheiben halbieren und in feine Streifen schneiden. Von den Gewürzgurken den Sud auffangen, etwa 25 ml abmessen und beiseitestellen. Die Gurken zunächst längs in Scheiben, dann in Streifen schneiden.

2. Für die Marinade Petersilie abspülen und trocken tupfen. Die Blättchen von den Stängeln zupfen. Blättchen klein schneiden. Mayonnaise mit Joghurt und Gurkensud in einer Salatschüssel gut verrühren. Die Marinade mit Salz und Pfeffer würzen.

3. Die Fleischwurst-, Gurkenstreifen und Petersilie zu der Marinade in die Schüssel geben und gut untermischen. Den Fleischsalat nochmals mit den Gewürzen abschmecken.

Tipp: Die Marinade zusätzlich mit 1 Teelöffel mittelscharfem Senf abschmecken.

Forelle blau I

Mit Alkohol

4 Portionen

Pro Portion: E: 27 g, F: 8 g, Kh: 1 g,
kJ: 776, kcal: 185, BE: 0,0

4	*küchenfertige Forellen*
	(je etwa 200 g)
1	*Zwiebel*
375 ml	*Weißwein*
750 ml	*Salzwasser*
5 EL	*Weißweinessig*
1	*Lorbeerblatt*
5	*Pfefferkörner*
4–5	*Wacholderbeeren*
3–4 Stängel	*glatte Petersilie*
1–2	*Bio-Zitronen*
	(unbehandelt, ungewachst)
1–2 EL	*Olivenöl*

Zubereitungszeit: 30 Minuten

1. Die Forellen innen und außen unter fließendem kalten Wasser abspülen. Dabei darauf achten, dass die äußere Schleimschicht nicht verletzt wird (sonst werden die Forellen nicht blau). Die Forellen mit Küchenpapier trocken tupfen. Zwiebel abziehen und vierteln.

2. Weißwein mit Salzwasser, Zwiebelvierteln, Essig, Lorbeerblatt, Pfefferkörnern und Wacholderbeeren in einem großen Topf zum Kochen bringen. Den Sud 2–3 Minuten kochen lassen.

3. Die Forellen in den siedenden Sud geben, alles wieder zum Kochen bringen. Die Forellen zugedeckt bei mittlerer Hitze in 15–20 Minuten gar ziehen lassen. Sobald sich die Rückenflosse herausziehen lässt, sind die Forellen gar.

4. In der Zwischenzeit Petersilie abspülen und trocken tupfen. Die Blättchen von den Stängeln zupfen.

5. Die Zitrone bzw. Zitronen heiß abwaschen, abtrocknen und in dünne Scheiben schneiden.

6. Die garen Forellen aus dem Sud nehmen, abtropfen lassen und auf Tellern anrichten. Die Forellen mit etwas Olivenöl beträufeln, mit Petersilienblättchen und Zitronenscheiben garniert servieren.

Beilagen: Während die Forellen gar ziehen, haben Sie noch Zeit, einen leckeren **Schnittlauchjoghurt** als Beilage zuzubereiten. Dafür 1 Bund Schnittlauch abspülen, trocken tupfen, in feine Röllchen schneiden. 300 g Joghurt (3,5 % Fett) mit den Schnittlauchröllchen verrühren. Schnittlauchjoghurt mit Salz und gemahlenem Pfeffer würzen.
Als klassische Beilage bereiten Sie aus 750 g Kartoffeln (Rohgewicht, ungeschält) und 1 Teelöffel Salz Salzkartoffeln zu und bestreuen diese mit etwas Petersilie.

Forellen „Müllerin" I
Klassisch
4 Portionen

Pro Portion: E: 28 g, F: 12 g, Kh: 6 g,
kJ: 1019, kcal: 243, BE: 0,5

4	*küchenfertige Forellen*
	(je etwa 200 g)
	Salz, gem. Pfeffer
40 g	*Weizenmehl*
3 EL	*Speiseöl, z. B. Sonnenblumenöl*
40 g	*Butter*
1	*Bio-Zitrone*
	(unbehandelt, ungewachst)

Zubereitungszeit: 20 Minuten

1. Forellen innen und außen unter fließendem kalten Wasser abspülen, trocken tupfen und von innen und außen mit Salz und Pfeffer einreiben. Die Forellen in Mehl wenden, überschüssiges Mehl abklopfen.

2. Speiseöl in einer großen Pfanne erhitzen. Die Forellen darin von beiden Seiten bei mittlerer Hitze anbraten. Butter hinzufügen und zerlassen.

3. Die Forellen in etwa 10 Minuten unter mehrmaligem Wenden gar braten.

4. Zitrone heiß abwaschen, abtrocknen und in Scheiben schneiden. Die Forellen auf Tellern anrichten und mit Zitronenscheiben garniert servieren.

Beilage: Petersilienkartoffeln und ein gemischter Blattsalat.

Tipp: Für **Mandelforellen** können Sie 50–75 g gehobelte Mandeln in der Pfanne mitbräunen lassen und vor dem Servieren über die Forellen geben.

Försterpfanne I

Schnell

4 Portionen

Pro Portion: E: 15 g, F: 28 g, Kh: 39 g,
kJ: 1967, kcal: 471, BE: 3,0

750 g	*gekochte Salzkartoffeln*
100 g	*fetter Speck*
1	*Zwiebel*
250 g	*TK-Champignonscheiben*
	Salz
	gem. Pfeffer
4	*Eier (Größe M)*
5 EL	*Milch (3,5 % Fett)*
	ger. Muskatnuss
2 EL	*TK-Gemischte Kräuter*
evtl. etwas	*Butter*
je 1 EL	*Schnittlauchröllchen und klein geschnittene Petersilie*

Zubereitungszeit: 25 Minuten

1. Kartoffeln in Scheiben und Speck in Würfel schneiden. Speckwürfel in einer großen Pfanne ohne Fett knusprig ausbraten.

2. Zwiebel abziehen, zuerst in Scheiben schneiden, dann in Ringe teilen. Die Zwiebelringe zu den Speckwürfeln in die Pfanne geben und glasig dünsten. Die Kartoffel- und die gefrorenen Champignonscheiben hinzufügen, unter Wenden braun braten, mit Salz und Pfeffer würzen.

3. Eier mit Milch verschlagen, mit Salz und Muskat würzen. Kräuter unterrühren. Die Eiermilch auf der Kartoffel-Champignon-Masse verteilen und bei mittlerer Hitze stocken lassen. Evtl. etwas Butter in die Pfanne geben (die Eiermasse darf nicht trocken werden). Die Försterpfanne ist fertig, wenn die untere Seite leicht gebräunt ist.

4. Die Försterpfanne mit Schnittlauchröllchen und Petersilie bestreuen, nach Belieben in der Pfanne servieren.

Frankfurter Grüne Sauce I

Einfach

4 Portionen

Pro Portion: E: 4 g, F: 14 g, Kh: 7 g,
kJ: 735, kcal: 176, BE: 0,5

etwa 150 g	*frische Kräuter für*
	Frankfurter Grüne Sauce
150 g	*Crème fraîche oder saure Sahne*
1	*kleine Zwiebel*
150 g	*Joghurt (3,5 % Fett)*
1–2 EL	*Olivenöl*
1 TL	*mittelscharfer Senf*
1 Spritzer	*Zitronensaft*
½ TL	*Zucker*
	Salz, gem. Pfeffer

Zubereitungszeit: 20 Minuten

1. Die Kräuter abspülen und trocken tupfen. Die Blättchen von den Stängeln zupfen. Blättchen grob zerschneiden und mit 2 Esslöffeln Crème fraîche oder saurer Sahne in einer Rührschüssel pürieren. Oder die Kräuter sehr klein schneiden und mit Crème fraîche oder saurer Sahne verrühren. Die Zwiebel abziehen und fein würfeln.

2. Restliche Crème fraîche oder saure Sahne, Joghurt, Zwiebelwürfel, Olivenöl und den Senf mit der Kräuter-Crème-fraîche-Masse verrühren. Die Sauce mit Zitronensaft, Zucker, Salz und Pfeffer würzen und bis zum Servieren zugedeckt in den Kühlschrank stellen.

Verwendung: Die Frankfurter Grüne Sauce zu neuen Kartoffeln mit hart gekochten Eiern oder zu gekochtem Rindfleisch reichen.

Tipps: In die „echte" Frankfurter Grüne Sauce gehören 7 frische Kräuter. Je nach Jahreszeit kann die Zusammenstellung variiert werden. Es gibt abgepackte Kräutermischungen für die Sauce zu kaufen (etwa 150 g). Sie können auch 1 Bund gemischte Kräuter, z. B. Petersilie, Schnittlauch, Kerbel, Pimpinelle, Borretsch, Zitronenmelisse und Kresse oder Sauerampfer, verwenden.

Fränkisches Schäufele I
Deftig
4–6 Portionen

Pro Portion: E: 55 g, F: 52 g, Kh: 3 g,
kJ: 2938, kcal: 703, BE: 0,2

1,8 kg	*Schweineschulter*
	(ungepökelt, mit Knochen
	und Schwarte)
	Salz
	gem. Pfeffer
1 TL	*Kümmelsamen*
600 ml	*Wasser oder Fleischbrühe*
2	*Zwiebeln*
1 EL	*Weizenmehl*

Zubereitungszeit: 30 Minuten
Garzeit: etwa 3 Stunden

1. Das Fleisch unter fließendem kalten Wasser abspülen und trocken tupfen. Die Schwarte mit einem scharfen Messer in einem Abstand von etwa ½ cm rautenförmig einschneiden. Die Schweineschulter kräftig mit Salz, Pfeffer und Kümmel würzen.

2. Den Backofen vorheizen.
Ober-/Unterhitze: etwa 200 °C
Heißluft: etwa 180 °C

3. Die Schweineschulter mit der Schwarte nach oben in einen Bräter legen und etwa 200 ml vom Wasser oder der Fleischbrühe hinzufügen. Bräter auf dem Rost in den vorgeheizten Backofen schieben. Die Schweineschulter **30–45 Minuten garen**.

4. Die Zwiebeln abziehen und in Scheiben schneiden. Die Zwiebelscheiben mit dem restlichen Wasser oder der restlichen Brühe ebenfalls in den Bräter geben. Die Schweineschulter **bei gleicher Backofeneinstellung weitere 2–2 ½ Stunden garen.** Dabei etwa aller 30 Minuten mit der Bratflüssigkeit übergießen. Das Fleisch ist gar, wenn es sich leicht vom Knochen löst.

5. Die gare Schweineschulter aus dem Bräter nehmen und warm stellen. Die Bratenflüssigkeit durch ein Sieb in einen Topf gießen und zum Kochen bringen. Das Mehl mit etwas kaltem Wasser anrühren und in die Sauce rühren. Die Sauce kurz aufkochen und dann etwa 5 Minuten leicht köcheln lassen.

6. Die Sauce nochmals mit Salz und Pfeffer abschmecken. Schäufele in Scheiben schneiden und mit der Sauce servieren.

Beilage: Kartoffelklöße.

Tipp: Ersetzen Sie einen Teil des Wassers oder der Brühe durch dunkles Bier.

Friesisches Pökelfleisch I
Dauert länger
4–6 Portionen

Pro Portion: E: 33 g, F: 48 g, Kh: 10 g,
kJ: 2511, kcal: 600, BE: 1,0

1 ¾ l	*Wasser*
1 kg	*gepökelte Ochsenbrust*
	(beim Metzger vorbestellen)
1	*mittelgroße Zwiebel*
1	*Lorbeerblatt*
1	*Petersilienwurzel*
2	*Wacholderbeeren*
einige	*weiße Pfefferkörner*
1	*Möhre*
1	*Knollensellerie*
1 Stange	*Porree (Lauch)*

Für die Meerrettichsahne:

125 g	*Schlagsahne (mind. 30 % Fett)*
4–5 EL	*geriebener Meerrettich*
	(aus dem Glas)
	Zitronensaft
	Salz
	gem. Pfeffer
1 Prise	*Zucker*

Zubereitungszeit: 30 Minuten
Garzeit: etwa 2 Stunden

1. Das Wasser in einem großen Topf zum Kochen bringen. Die Ochsenbrust mit Küchenpapier trocken tupfen, in den Topf geben.

2. Das Ganze wieder zum Kochen bringen, dabei ab und zu mit einer Schaumkelle den Schaum abschöpfen.

3. Zwiebel abziehen und mit dem Lorbeerblatt spicken. Petersilienwurzel putzen, schälen, abspülen und abtropfen lassen.

4. Gespickte Zwiebel, Petersilienwurzel, Wacholderbeeren und Pfefferkörner zu dem Fleisch geben. Das Fleisch etwa 1 ½ Stunden bei schwacher Hitze kochen lassen.

5. Möhre und Sellerie putzen, schälen, abspülen und abtropfen lassen. Porree putzen, die Stangen längs halbieren, gründlich waschen und abtropfen lassen.

6. Das Gemüse klein schneiden und zum Fleisch in den Topf geben, alles weitere etwa 30 Minuten kochen lassen, bis das Fleisch gar ist.

7. Das Fleisch aus der Brühe nehmen, etwa 10 Minuten zugedeckt stehen lassen.

8. Inzwischen für die Meerrettichsahne Sahne fast steif schlagen. Den Meerrettich unterrühren, mit Zitronensaft, Salz, Pfeffer und Zucker abschmecken.

9. Das Pökelfleisch in etwa 1 ½ cm dicke Scheiben schneiden, auf einer vorgewärmten Platte anrichten, mit etwas Brühe und dem Gemüse übergießen. Die Meerrettichsahne dazureichen.

Tipps: Das Pökelfleisch zusätzlich mit hauchdünnen Meerrettichstreifen (von 1 geputzten, geschälten Meerrettichwurzel mit einem Sparschäler abgeschält) und Kerbel oder Petersilie garniert servieren. Oder reichen Sie statt der selbst gemachten Merrettichsahne einfach Sahne-Meerrettich aus dem Glas zum Fleisch. Oder wenn Sie es schärfer mögen, einfach frischen Meerrettich auf das Fleisch reiben.

Frikadellen mit Möhrengemüse I

Für Kinder

4 Portionen

Pro Portion: E: 41 g, F: 51 g, Kh: 19 g, kJ: 2940, kcal: 702, BE: 1,5

Für die Frikadellen:

> 1 Brötchen (Semmel)
> vom Vortag
> 2 Zwiebeln
> 2 EL Speiseöl,
> z. B. Sonnenblumenöl
> 750 g Gehacktes (halb Rind-,
> halb Schweinefleisch)
> 1 Ei (Größe M)
> 2 TL scharfer Senf
> 1 EL fein gehackte Petersilie
> 1 Msp. gerebelter Majoran
> Salz
> gem. Pfeffer
>
> 30 g Butterschmalz, Margarine
> oder 3 EL Speiseöl,
> z. B. Sonnenblumenöl

Für das Möhrengemüse:

> 750 g junge Möhren
> 50 g Butter
> 100 ml Wasser
> 1–2 EL gehackte Petersilie

Zubereitungszeit: 35 Minuten

1. Für die Frikadellen Brötchen in kaltem Wasser einweichen. Zwiebeln abziehen und fein würfeln. Speiseöl in einer Pfanne erhitzen, die Zwiebelwürfel darin unter Rühren 2–3 Minuten glasig dünsten.

2. Die Zwiebelwürfel aus der Pfanne nehmen und auf Küchenpapier abtropfen lassen.

3. Das Brötchen gut ausdrücken, mit Gehacktem, gedünsteten Zwiebelwürfeln, Ei, Senf und Kräutern gut verkneten. Die Masse mit Salz und Pfeffer würzen. Aus der Hackfleischmasse mit angefeuchteten Händen 8 Frikadellen formen.

4. Butterschmalz, Margarine oder Speiseöl in einer Pfanne erhitzen. Die Frikadellen darin von beiden Seiten unter gelegentlichem Wenden bei mittlerer Hitze in etwa 10–15 Minuten braun und gar braten.

5. Inzwischen für das Möhrengemüse Möhren putzen, schälen, abspülen und abtropfen lassen, je nach Größe evtl. halbieren oder vierteln.

6. Butter in einem Topf zerlassen, die Möhren darin 2–3 Minuten andünsten.

7. Das Wasser hinzugießen, mit wenig Salz würzen. Die Möhren zugedeckt etwa 10 Minuten garen, dabei gelegentlich umrühren. Möhren mit Salz und Pfeffer abschmecken, die Petersilie unterrühren.

Beilage: Kartoffelpüree.

Tipps: Besonders knusprig werden die Frikadellen, wenn Sie sie vor dem Braten in Semmelbröseln wenden. Bleiben Frikadellen übrig, schmecken sie auch kalt sehr lecker oder Sie schneiden die Frikadellen in Scheiben und genießen Sie als Brotbelag. Kneten Sie kleine Paprikawürfel unter den Hackfleischteig. Oder füllen Sie die Frikadellen mit kleinen Schafskäsewürfeln oder Mini-Mozzarella-Bällchen.

Gänsebrust mit glasierten Apfelspalten I

Raffiniert

6 Portionen

Pro Portion: E: 32 g, F: 58 g, Kh: 25 g, kJ: 3124, kcal: 746, BE: 1,5

Für die Gänsebrust:

2 Gänsebrüste mit Haut
(je etwa 1 kg)
Salz
gem. Pfeffer
2 Zwiebeln
400 ml Gefügelfond
5 Gewürznelken
1 TL gerebelter Beifuß

Für die glasierten Apfelspalten:

3 Bund Frühlingszwiebeln
4 rote Äpfel
40 g Butter
2 EL brauner Zucker
gem. Zimt
2 EL Schlagsahne

einige
Stängel Rosmarin

Zubereitungszeit: 40 Minuten
Garzeit: etwa 3 Stunden

1. Den Backofen bei Ober-/Unterhitze auf 80 °C vorheizen.

2. Gänsebrüste kurz unter fließendem kalten Wasser abspülen und trocken tupfen. Die Gänsebrüste von den Knochen lösen. Jeweils den äußeren Fettrand etwa 1 cm breit abschneiden und die Haut der Gänsebrüste 2–3-mal etwa ½ cm tief einschneiden. Gänsebrüste mit Salz und Pfeffer würzen.

3. Die Gänsebrüste mit der Hautseite nach unten in einer großen Pfanne etwa 10 Minuten anbraten, dann die Gänsebrüste wenden und die zweite Seite etwa 5 Minuten anbraten. Das angesammelte Fett jeweils abgießen.

4. Zwiebeln abziehen und in kleine Würfel schneiden. Zwiebelwürfel zu den Gänsebrüsten in die Pfanne geben und kurz andünsten. Mit Geflügelfond ablöschen, kurz aufkochen lassen.

5. Die Gänsebrüste herausnehmen und mit der Hautseite nach oben in eine Fettpfanne legen. Den Geflügelfond hinzugießen. Gewürznelken und Beifuß hinzufügen.

6. Die Fettpfanne in den vorgeheizten Backofen schieben (untere Schiene). Die Gänsebrüste etwa 3 Stunden garen.

7. Etwa 30 Minuten vor Ende der Garzeit die Frühlingszwiebeln putzen, abspülen, abtropfen lassen und in dünne Scheiben schneiden.

8. Die Äpfel abspülen, abtrocknen, vierteln und entkernen. Apfelviertel nochmals durchschneiden.

9. Butter in einer Pfanne zerlassen. Die Apfelspalten hinzugeben, mit Zucker und Zimt würzen. Die Apfelspalten etwa 5 Minuten dünsten.

10. Frühlingszwiebelscheiben und Sahne hinzugeben. Die glasierten Apfelspalten mit den Frühlingszwiebelscheiben warm halten.

11. Nach etwa 2 ½ Stunden Garzeit der Gänsebrüste den Backofengrill einschalten. Die Gänsebrusthaut 6–10 Minuten knusprig braun grillen. Die Fettpfanne aus dem Backofen nehmen.

12. Die Gänsebrüste herausnehmen, in Scheiben schneiden, mit den Apfelspalten und Frühlingszwiebelscheiben auf einer großen Platte anrichten. Das Ganze mit abgespülten und trocken getupften Rosmarinstängeln garnieren.

Beilage: Kartoffelpüree.

Tipps: Kontrollieren Sie beim Niedertemperaturgaren die Backofentemperatur mit einem Ofenthermometer. Regeln Sie die Temperatur wenn nötig nach. Die Backofentür zwischendurch nicht öffnen, um einen Temperaturabfall im Backofen zu vermeiden.

Geflügelsalat I
Für Gäste
4 Portionen

Pro Portion: E: 31 g, F: 15 g, Kh: 12 g,
kJ: 1308, kcal: 313, BE: 1,0

> 375 g *gebratenes Geflügelfleisch,*
> *z. B. Hähnchenbrustfilet*
> 200 g *abgetropfte Spargelstücke*
> *(aus der Dose)*

Für die Sauce:
> 3 EL *Salatmayonnaise*
> 75 g *Joghurt (3,5 % Fett)*
> 2 EL *Mandarinensaft*
> *(aus der Dose)*
> *Salz, gem. Pfeffer*
> 1 Prise *Zucker*

> 175 g *abgetropfte Mandarinen*
> *(aus der Dose)*
> 215 g *abgetropfte Champignonscheiben*
> *(aus der Dose)*

Zum Bestreuen:
> 20 g *gehackte Walnusskerne*

Zubereitungszeit: 20 Minuten, ohne Durchziehzeit

1. Geflügelfleisch in Streifen schneiden. Die Spargel-stücke kleiner schneiden.

2. Für die Sauce Mayonnaise mit Joghurt und Man-darinensaft verrühren und mit Salz, Pfeffer und Zucker würzen. Sauce mit den Salatzutaten in einer Schüssel vermengen und zugedeckt mindestens 30 Minuten im Kühlschrank durchziehen lassen.

3. Den Salat vor dem Servieren mit Walnusskernen bestreuen.

Tipps: Der Geflügelsalat eignet sich als Vorspeise (auf Blattsalat angerichtet), als Teil eines kalten Büf-fets, als Partysalat oder mit Brot serviert als kleine Mahlzeit. Für das gebratene Geflügelfleisch können Sie auch Fleisch von einem fertigen Grillhähnchen

(Imbiss) verwenden. Das Hähnchen enthäuten und das Fleisch von den Knochen lösen. Den Salat anstelle der Walnusskerne mit je 1 Esslöffel Schnittlauchröllchen und gehackter Petersilie bestreuen.

Rezeptvariante 1: Für einen **Geflügelsalat mit Erbsen** (Foto) die Champignons durch 200 g TK-Erb-sen ersetzen. Die gefrorenen Erbsen in wenig kochen-des Salzwasser geben, 3–5 Minuten kochen, mit kal-tem Wasser abschrecken, abtropfen lassen und mit den übrigen Salatzutaten mischen.

Rezeptvariante 2: Für einen **Geflügelsalat mit gebratenen Champignons** die Champignonscheiben aus dem Glas durch 300 g geputzte, in Scheiben geschnittene, frische Champignons ersetzen. Diese in 2 Esslöffeln Speiseöl goldbraun braten, mit Salz und Pfeffer würzen, abkühlen lassen und mit den übrigen Salatzutaten mischen.

Gemüseeintopf I

Vegetarisch
4 Portionen

Pro Portion: E: 7 g, F: 12 g, Kh: 22 g,
kJ: 931, kcal: 222, BE: 1,0

>   375 g *Möhren*
>   375 g *mehligkochende Kartoffeln*
>   375 g *grüne Bohnen*
>   250 g *Blumenkohl*
>   250 g *Tomaten*
>   2 *Zwiebeln*
>   50 g *Butter oder*
>   *4–5 EL Sonnenblumenöl*
>   *Salz, gem. Pfeffer*
> 750 ml *heiße Gemüsebrühe*
>   2 EL *gehackte Kräuter,*
>   *z. B. Petersilie, Basilikum*

Zubereitungszeit: 45 Minuten
Garzeit: etwa 25 Minuten

1. Möhren putzen, schälen, abspülen und abtropfen lassen. Kartoffeln schälen, abspülen und abtropfen lassen. Beide Zutaten in Würfel schneiden. Von den Bohnen die Enden abschneiden, evtl. Fäden abziehen. Bohnen abspülen, abtropfen lassen und in Stücke schneiden oder brechen.

2. Von dem Blumenkohl Blätter entfernen, den Strunk abschneiden. Blumenkohl in Röschen teilen, abspülen und abtropfen lassen.

3. Die Tomaten kreuzweise einschneiden und mit kochendem Wasser übergießen. Nach 1–2 Minuten herausnehmen und mit kaltem Wasser abschrecken. Tomaten enthäuten, vierteln und die Stängelansätze herausschneiden.

4. Zwiebeln abziehen und würfeln. Butter oder Öl in einem Topf erhitzen. Zwiebel-, Kartoffelwürfel und Bohnen etwa 5 Minuten unter Rühren dünsten, mit Salz und Pfeffer würzen. Brühe zufügen, zum Kochen bringen und zugedeckt etwa 5 Minuten bei mittlerer Hitze kochen.

5. Möhrenwürfel und Blumenkohlröschen zufügen, zugedeckt etwa 10 Minuten mitkochen.

6. Tomatenviertel zum Eintopf geben und noch etwa 2 Minuten miterhitzen. Den Eintopf mit Salz und Pfeffer abschmecken, mit Kräutern bestreut servieren.

Rezeptvariante: Für einen **Gemüseeintopf mit Fleischklößchen** etwa 300 g frische Bratwurstmasse aus der Haut drücken. Formen Sie die Masse zu kleinen Klößchen und garen Sie diese die letzten 5 Minuten im Eintopf mit.

Gemüseeintopf aus Vierlanden I

Etwas teurer – für Kinder
6 Portionen

Pro Portion: E: 57 g, F: 32 g, Kh: 42 g,
kJ: 2868, kcal: 684, BE: 3,0

1 kg	Kalbsbrust
100 g	Kalbsknochen
	Salz
	grob zerdrückte Pfefferkörner
1	Lorbeerblatt
1 Bund	Möhren
1 Bund	gelbe Möhren
1 kg	weißer Spargel

Für die Hackbällchen:

500 g	Kalbsgehacktes
	gem. Pfeffer
1	Ei (Größe M)
1 TL	mittelscharfer Senf
1 Bund	Schnittlauch

Für die Nudeln:

2 1/2 l	Wasser
2 1/2 gestr. TL	Salz
250 g	kleine Muschelnudeln

1 Bund	Petersilie

Zubereitungszeit: 60 Minuten
Garzeit: etwa 2 Stunden

1. Kalbsbrust und -knochen kurz unter fließendem kalten Wasser abspülen, abtropfen lassen und in einen hohen Topf geben. So viel kaltes Wasser hinzugießen, dass das Fleisch gut bedeckt ist. Zum Kochen bringen und abschäumen. Salz, Pfefferkörner und Lorbeerblatt hinzugeben. Dann die Kalbsbrust und -knochen ohne Deckel etwa 90 Minuten bei schwacher Hitze leicht kochen lassen. Dabei ab und zu die Brühe abschäumen.

2. In der Zwischenzeit Möhren putzen, schälen, abspülen, abtropfen lassen und in Scheiben schneiden. Den Spargel von oben nach unten schälen. Darauf achten, dass die Schalen vollständig entfernt, die

Köpfe aber nicht verletzt werden. Die unteren Enden abschneiden (die holzigen Stellen vollständig entfernen). Die Spargelstangen in etwa 3 cm lange Stücke schneiden.

3. Für die Hackbällchen das Kalbsgehackte in eine Schüssel geben. Salz, Pfeffer, Ei und Senf hinzugeben und gut unterkneten. Schnittlauch abspülen, trocken tupfen und in feine Röllchen schneiden. Schnittlauchröllchen unter die Hackfleischmasse arbeiten. Aus der Hackfleischmasse mit angefeuchteten Händen kleine Bällchen formen.

4. Für die Nudeln Wasser in einem Topf zugedeckt zum Kochen bringen. Dann Salz und Nudeln hinzugeben. Die Nudeln im geöffneten Topf bei mittlerer Hitze nach Packungsanleitung bissfest kochen, dabei gelegentlich umrühren. Anschließend die Nudeln in ein Sieb geben, mit heißem Wasser abspülen und abtropfen lassen.

5. Petersilie abspülen und trocken tupfen. Die Blättchen von den Stängeln zupfen und klein schneiden.

6. Nach etwa 90 Minuten Garzeit der Kalbsbrust prüfen (durch Einstechen mit einem Holzspieß), ob das Fleisch weich ist. Falls nicht, die Garzeit um etwa 30 Minuten verlängern. Das gare Fleisch aus der Brühe nehmen, in Scheiben schneiden und warm stellen.

7. Die Brühe durch ein Sieb passieren und wieder in den Topf geben. Die Hackbällchen in die Brühe geben und etwa 10 Minuten ziehen lassen.

8. Die Möhrenscheiben und Spargelstücke hinzugeben und evtl. etwas Wasser hinzugießen. Den Eintopf wieder zum Kochen bringen und ohne Deckel weitere etwa 20 Minuten bei schwacher bis mittlerer Hitze kochen lassen, mit Salz und Pfeffer abschmecken.

9. Die Muschelnudeln und Petersilie unter den Eintopf rühren, kurz erwärmen. Warm gestelltes Fleisch in den Eintopf legen oder dazureichen.

Beilage: Krustenbrot, mit Butter bestrichen und mit Schnittlauchröllchen bestreut.

Gemüsesuppe mit Mettenden ▮
Einfach
4 Portionen

Pro Portion: E: 12 g, F: 15 g, Kh: 16 g,
kJ: 1045, kcal: 251, BE: 1,0

250 g	*festkochende Kartoffeln*
1 l	*Gemüsebrühe*
500 g	*frisches Gemüse, z. B. Möhren,*
	Kohlrabi, Blumenkohl, grüne
	Bohnen
2 Stangen	*Porree (Lauch)*
1 Bund	*Petersilie*
2	*Mettenden (Mettwürstchen,*
	Rauchenden, Knacker,
	je etwa 85 g)
	Salz, gem. Pfeffer
1 EL	*gehackte Petersilie*

Zubereitungszeit: 35 Minuten
Garzeit: 25–30 Minuten

1. Kartoffeln schälen, abspülen, abtropfen lassen und in kleine Würfel schneiden. Brühe in einem Topf zum Kochen bringen. Kartoffelwürfel hinzufügen, wieder zum Kochen bringen und zugedeckt etwa 15 Minuten kochen lassen.

2. Möhren und Kohlrabi putzen, schälen, abspülen, abtropfen lassen und in Würfel schneiden. Von dem Blumenkohl die Blätter und schlechten Stellen entfernen. Den Blumenkohl in Röschen teilen, abspülen und abtropfen lassen. Von den Bohnen die Enden abschneiden. Bohnen evtl. abfädeln, abspülen, abtropfen lassen und in Stücke schneiden oder brechen. Porree putzen, die Stangen längs halbieren, gründlich waschen, abtropfen lassen und in Streifen schneiden.

3. Das vorbereitete Gemüse zu den Kartoffelwürfeln in den Topf geben und wieder zum Kochen bringen. Die Suppe zugedeckt weitere 10–15 Minuten bei schwacher Hitze garen.

4. In der Zwischenzeit Petersilie abspülen und trocken tupfen. Die Blättchen von den Stängeln zupfen, klein schneiden. Die Mettenden in Scheiben schneiden.

5. Etwa 5 Minuten vor Ende der Garzeit die Wurstscheiben in die Suppe geben und miterhitzen. Die Suppe mit Salz und Pfeffer abschmecken. Die Suppe in Tellern verteilen und mit Petersilie bestreuen.

Graupeneintopf „Blauer Heinrich" I

Dauert länger
4 Portionen

Pro Portion: E: 38 g, F: 13 g, Kh: 39 g, kJ: 1799, kcal: 430, BE: 3,0

800 g	*Hohe Rippe*
1 l	*kaltes Wasser*
125 g	*Perlgraupen*
1 l	*kaltes Wasser*
500 g	*Kartoffeln*
1 Stange	*Porree (Lauch)*
	Salz
	gem. Pfeffer
2 EL	*gehackte, glatte Petersilie*

Zubereitungszeit: 35 Minuten
Garzeit: etwa 2 ½ Stunden

1. Hohe Rippe mit Küchenpapier trocken tupfen und mit dem Wasser in einen Topf geben, zum Kochen bringen. Das Fleisch etwa 1 ½ Stunden kochen lassen, dabei ab und zu mit einer Schaumkelle den Schaum abschöpfen.

2. Das Fleisch herausnehmen und etwas abkühlen lassen. Die Brühe mit Wasser auf 1 Liter auffüllen und beiseitestellen.

3. Graupen mit 1 Liter kaltem Wasser zum Kochen bringen, einmal aufkochen lassen, in ein Sieb geben und abtropfen lassen. Die Perlgraupen in die Brühe geben und bei schwacher Hitze etwa 30 Minuten kochen lassen (dabei die Packungsanleitung beachten).

4. Die Kartoffeln schälen, abspülen, abtropfen lassen, in Würfel schneiden und in den Eintopf geben, etwa 10 Minuten mitgaren. Porree putzen, längs halbieren, gründlich waschen, abtropfen lassen und in Streifen schneiden. Porree ebenfalls in den Eintopf geben. Den Eintopf weitere 5–10 Minuten kochen lassen.

5. Inzwischen das Fleisch von den Knochen lösen, in kleine Würfel schneiden und in den Eintopf geben, nochmals erhitzen. Graupeneintopf mit Salz und Pfeffer abschmecken und mit Petersilie garniert servieren.

Grießauflauf mit Obst I

Süße Mahlzeit
6 Portionen

Pro Portion: E: 10 g, F: 20 g, Kh: 55 g,
kJ: 1865, kcal: 445, BE: 4,5

500 ml Milch (3,5 % Fett), Salz
125 g Weichweizen
1 Pck. Dr. Oetker Pudding-Pulver
Vanille-Geschmack
75 g Butter, 60 g Zucker
1 Pck. Dr. Oetker Vanillin-Zucker
3 Eier (Größe M)
1 gestr. TL Dr. Oetker Backin
500 g abgetropfte Mirabellen
2 EL gestiftelte, geröstete Mandeln
1 EL Puderzucker

Zubereitungszeit: 15 Minuten
Garzeit: etwa 35 Minuten

1. Den Backofen vorheizen.
Ober-/Unterhitze: etwa 180 °C
Heißluft: etwa 160 °C

2. Von der Milch 3 Esslöffel abnehmen und beiseitestellen. Restliche Milch mit Salz in einem Topf zum
Kochen bringen.

3. Grieß in die von der Kochstelle genommene Milch
rühren und zum Quellen stehen lassen. Das Pudding-
Pulver mit der beiseitegestellten Milch anrühren.

4. Butter schaumig rühren, nach und nach Zucker,
Vanillin-Zucker, Eier, Backpulver und den noch warmen Grießbrei mit dem angerührten Pudding-Pulver
unterrühren.

5. Mirabellen unter die Grießmasse heben und in eine
Auflaufform (gefettet) oder 6 Portionsauflaufförmchen
(gefettet) geben. Die Form oder Förmchen auf dem
Rost in den vorgeheizten Backofen schieben. Den
Auflauf **etwa 35 Minuten garen.**

6. Zum Servieren den Auflauf mit Mandeln bestreuen
und Puderzucker bestäuben.

Grießbrei I

Für Kinder (ohne Foto)
4 Portionen

Pro Portion: E: 12 g, F: 13 g, Kh: 53 g,
kJ: 1596, kcal: 381, BE: 4,5

1 l Milch (3,5 % Fett)
1 EL Butter
1 Prise Salz
75 g Zucker
1 Pck. Dr. Oetker Finesse
geriebene Zitronenschale
125 g Weizengrieß

Zubereitungszeit: 15 Minuten
Garzeit: 10–15 Minuten

1. Die Milch mit Butter, Salz, Zucker und Zitronenschale in einem Topf zum Kochen bringen.

2. Weizengrieß hineinstreuen. Den Grieß unter häufigem Umrühren bei schwacher Hitze in 10–15 Minuten
ausquellen lassen.

Tipps: Die Zitronenschale kann durch 1 aufgeschnittene, ausgekratzte Vanilleschote oder das Vanillemark
oder durch 1 Stange Zimt ersetzt werden. Den Grießbrei mit Apfel-, Kirsch- oder Pflaumenkompott servieren. Oder etwas zerlassene Butter mit Zimt-Zucker
abschmecken und auf den Grießbrei geben.

Grießnockerlnsuppe I

Klassisch

4–6 Portionen

Pro Portion: E: 35 g, F: 19 g, Kh: 13 g,
kJ: 1512, kcal: 361, BE: 1,0

Für die Rindfleischbrühe:

750 g **Rindfleisch zum Kochen,**
z. B. Bugschaufel, Beinfleisch
2 l **kaltes Wasser**
Salz
1 Bund **Suppengrün**
(Sellerie, Möhren, Porree)
2 **Zwiebeln**
1 **Lorbeerblatt**
3 **Gewürznelken**
5 **Pfefferkörner**

Für die Grießnockerln:

50 g **Butter (zimmerwarm)**
1 **Ei (Größe S)**
1 **Eigelb (Größe S)**
75 g **Hartweizengrieß**
ger. Muskatnuss

Zum Bestreuen:

1–2 EL **fein gehackte Petersilien-**
blättchen

Zubereitungszeit: 30 Minuten
Garzeit: 2 1/2–3 Stunden

1. Rindfleisch mit kaltem Wasser und 2 Teelöffeln Salz in einen großen Topf geben. Das Ganze zum Kochen bringen und ohne Deckel etwa 60 Minuten bei mittlerer Hitze kochen, dabei ab und zu mit einer Schaumkelle den Schaum abschöpfen.

2. Inzwischen Sellerie schälen. Möhren putzen und schälen. Sellerie und Möhren abspülen, abtropfen lassen. Porree putzen, die Stange längs halbieren, gründlich waschen und abtropfen lassen. Vorbereitetes Suppengrün grob würfeln.

3. Die Zwiebeln abziehen, 1 Zwiebel mit Lorbeerblatt und Gewürznelken spicken.

4. Suppengrün, Zwiebeln und Pfefferkörner zu dem Rindfleisch geben, wieder zum Kochen bringen und ohne Deckel 1 1/2–2 Stunden bei schwacher Hitze kochen.

5. Inzwischen für die Grießnockerln Butter mit Ei und Eigelb schaumig rühren. Grieß, Salz und Muskat untermischen und alles schön schaumig schlagen. Den Teig in Frischhaltefolie einwickeln und für etwa 1 Stunde im Kühlschrank ruhen lassen.

6. Salzwasser in einem großen Topf zum Kochen bringen. Dann das Wasser bei schwacher Hitze sieden lassen. Mit 2 angefeuchteten Teelöffeln aus der Teigmasse Nockerln formen, portionsweise in das leicht siedende Salzwasser geben. Die Nockerln darin 5–8 Minuten ziehen lassen. Die Nockerln mit einem Schaumlöffel herausnehmen.

7. Das gare Fleisch herausnehmen und die Brühe durch ein feines Sieb oder durch ein mit einem Geschirrtuch ausgelegtes Sieb gießen. Die Brühe mit Salz abschmecken. Das Fleisch in kleine Stücke schneiden und wieder in die Brühe geben.

8. Die Brühe in Teller füllen, die Grießnockerln hinzugeben und die Suppe mit Petersilie bestreut servieren.

Tipps: Sie können die Rindfleischbrühe als Grundlage für viele Rezepte verwenden, in denen Fleischbrühe benötigt wird. Kochen Sie noch ein paar Fleisch- oder Markknochen in der Brühe mit. Die Brühe ist gefriergeeignet.

Grießpudding | Für Kinder

4 Portionen

Pro Portion: E: 7 g, F: 6 g, Kh: 35 g,
kJ: 949, kcal: 227, BE: 3,0

> ½ *Vanilleschote*
> 500 ml *Milch (3,5 % Fett)*
> 75 g *Zucker*
> *abgeriebene Schale von*
> ½ *Bio-Zitrone*
> *(unbehandelt, ungewachst)*
> *abgeriebene Schale von*
> ½ *Bio-Orange*
> *(unbehandelt, ungewachst)*
> 50 g *Weichweizengrieß*
> 1 *Eigelb (Größe M)*
> 1 *Eiweiß (Größe M)*

Zubereitungszeit: 20 Minuten, ohne Kühlzeit

1. Vanilleschote mit einem Messer längs aufschneiden und das Mark mit dem Messerrücken herausschaben. Milch mit Zucker, Zitronen- und Orangenschale, Vanilleschote und -mark in einem Topf zum Kochen bringen. Grieß unter Rühren einstreuen, wieder zum Kochen bringen und etwa 1 Minute unter Rühren kochen lassen.

2. Den Topf von der Kochstelle nehmen und die Vanilleschote entfernen. Das Eigelb zügig unterrühren. Eiweiß steif schlagen und unter den heißen Pudding rühren.

3. Den Grießpudding in eine mit kaltem Wasser ausgespülte Puddingform, Schale oder in Portionförmchen füllen. Den Grießpudding abkühlen lassen und zugedeckt etwa 3 Stunden in den Kühlschrank stellen.

4. Vor dem Servieren den Pudding mit einem Messer vorsichtig vom Rand lösen und auf Teller stürzen.

Hinweis: Nur ganz frische Eier verwenden, die nicht älter als 5 Tage sind (Legedatum beachten!). Den fertigen Pudding im Kühlschrank aufbewahren und innerhalb von 24 Stunden verzehren.

Tipps: Den Grießpudding mit Rhabarberkompott, frischem Obst und Schlagsahne oder Aprikosenhälften servieren. Da die Grießmasse beim Kochen spritzen kann, eignet sich ein Löffel oder Schneebesen mit langem Stiel besonders gut zum Umrühren.

Gröstlpfanne I
Deftig
4 Portionen

Pro Portion: E: 18 g, F: 25 g, Kh: 29 g,
kJ: 1752, kcal: 418, BE: 2,5

800 g	**festkochende Kartoffeln**
2	**Zwiebeln**
2 Paar	**Wiener Würstchen**
	(etwa 200 g)
2	**Gewürzgurken**
2 ½–3 EL	**Speiseöl,**
	z. B. Sonnenblumenöl
4	**Eier (Größe M)**
	Salz
½ Bund	**Schnittlauch**
	gem. Pfeffer
½ TL	**gerebelter Majoran**

Zubereitungszeit: 25 Minuten, ohne Abkühlzeit
Garzeit: 35–40 Minuten

1. Die Kartoffeln unter fließendem Wasser abbürsten und abtropfen lassen. Die Kartoffeln knapp mit Wasser bedeckt in einem Topf zum Kochen bringen und 20–25 Minuten zugedeckt kochen.

2. Die gegarten Kartoffeln abgießen, kurz mit kaltem Wasser abspülen, abtropfen lassen, noch heiß pellen und abkühlen lassen.

3. Kartoffeln in Würfel schneiden. Zwiebeln abziehen und würfeln. Würstchen in Scheiben schneiden. Die Gewürzgurken in Würfel schneiden.

4. Zwei Esslöffel Speiseöl in einer großen Pfanne erhitzen. Die Kartoffelwürfel hinzufügen und unter gelegentlichem Wenden goldbraun braten.

5. Zwiebelwürfel, Würstchenscheiben und Gurkenwürfel zu den Kartoffeln geben und alles etwa 10 Minuten weiterbraten, dabei ab und zu wenden.

6. In einer zweiten Pfanne das restliche Speiseöl erhitzen. Die Eier vorsichtig aufschlagen und nebeneinander in die Pfanne gleiten lassen. Die Eier mit etwas Salz bestreuen und etwa 5 Minuten bei mittlerer Hitze braten, bis das Eiweiß fest ist.

7. Schnittlauch abspülen, trocken tupfen und in Röllchen schneiden. Die Gröstlpfanne mit Salz, Pfeffer und Majoran abschmecken. Die Spiegeleier aus der Pfanne nehmen und die Gröstlpfanne damit belegen, mit Schnittlauchröllchen bestreuen und servieren.

Grüne-Bohnen-Eintopf I

Klassisch
4 Portionen

Pro Portion: E: 33 g, F: 15 g, Kh: 22 g,
kJ: 1500, kcal: 357, BE: 2,0

>   500 g Rindfleisch zum Kochen
>   (ohne Knochen, mager)
>   40 g Margarine oder 4 EL Speiseöl,
>   z. B. Olivenöl
>   1 Zwiebel
>   Salz
>   gem. Pfeffer
>   750 ml Gemüsebrühe
>   800 g grüne Bohnen
>   500 g Kartoffeln
> 2 Stängel Bohnenkraut

Zubereitungszeit: 25 Minuten
Garzeit: etwa 45 Minuten

1. Rindfleisch mit Küchenpapier trocken tupfen und in etwa 2 cm große Würfel schneiden.

2. Margarine oder Öl in einem Topf erhitzen. Die Fleischwürfel darin unter Rühren leicht anbraten. Zwiebel abziehen und würfeln. Die Zwiebelwürfel in den Topf geben und kurz andünsten.

3. Fleisch mit Salz und Pfeffer würzen, etwa die Hälfte der Brühe hinzugießen und das Fleisch zugedeckt etwa 20 Minuten schmoren.

4. Von den Bohnen die Enden abschneiden. Bohnen evtl. abfädeln, abspülen, abtropfen lassen und in kleine Stücke schneiden oder brechen. Kartoffeln schälen, abspülen, abtropfen lassen und in Würfel schneiden.

5. Bohnenkraut abspülen und trocken tupfen. Bohnenkraut, Bohnenstücke, Kartoffelwürfel und die restliche Brühe in den Topf geben. Das Ganze zum Kochen bringen und in weiterer 25 Minuten gar kochen.

6. Den Eintopf mit Salz und Pfeffer abschmecken. Das Bohnenkraut vor dem Servieren entfernen.

Tipp: Verfeinern Sie den Eintopf zusätzlich mit 250 g enthäuteten, entkernten und gewürfelten Tomaten.

Grünkernsuppentopf I

Mit Alkohol

4 Portionen

Pro Portion: E: 17 g, F: 23 g, Kh: 38 g,
kJ: 1842, kcal: 440, BE: 3,0

1 Bund	*Suppengrün*
	(Möhren, Sellerie, Porree)
2	*Knoblauchzehen*
100 g	*Bauernspeck*
2 EL	*Olivenöl*
200 g	*Grünkern*
100 ml	*trockener Weißwein*
1 ½ l	*Fleischbrühe*
	Salz
	gem. Pfeffer
400 g	*Steinpilze*
1 Bund	*glatte Petersilie*
2 EL	*Butter*

Zubereitungszeit: 30 Minuten
Garzeit: etwa 30 Minuten

1. Möhren und Sellerie putzen, schälen, abspülen, abtropfen lassen und in Würfel schneiden. Porree put-

zen, die Stange längs halbieren, gründlich waschen, abtropfen lassen und in kleine Stücke schneiden. Den Knoblauch abziehen und durch eine Knoblauchpresse drücken. Speck in dünne Streifen schneiden.

2. Olivenöl in einem Topf erhitzen. Möhren-, Selleriewürfel, Porreestücke und Knoblauch darin unter Rühren andünsten. Die Speckstreifen hinzugeben und mitdünsten lassen. Grünkern unterrühren und kurz mit andünsten. Mit Weißwein ablöschen. Die Fleischbrühe hinzugießen. Mit Salz und Pfeffer würzen. Die Zutaten zum Kochen bringen. Die Suppe etwa 30 Minuten bei mittlerer Hitze garen.

3. In der Zwischenzeit die Steinpilze putzen, evtl. kurz abspülen und gut trocken tupfen. Kleinere Pilze halbieren, größere Pilze in Stücke schneiden. Petersilie abspülen und trocken tupfen. Die Blättchen von den Stängeln zupfen. Blättchen klein schneiden.

4. Butter in einer Pfanne zerlassen. Pilze darin unter Wenden dünsten, mit Salz und Pfeffer würzen. Petersilie hinzugeben und untermischen.

5. Den Suppentopf in tiefen Tellern anrichten. Die Steinpilze darauf verteilen.

Grünkohl mit Kasseler und Pinkel I Deftig

4 Portionen

Pro Portion: E: 43 g, F: 46 g, Kh: 22 g, kJ: 2823, kcal: 673, BE: 1,5

4 l	*Wasser*
4 gestr. TL	*Salz*
1 ½ kg	*Grünkohl*
2	*Zwiebeln*
50 g	*Schweineschmalz*
2 EL	*Haferflocken*
500 g	*Kasseler Rippenspeer*
200 g	*durchwachsener Speck*
375 ml	*Wasser*
	Salz
4	*geräucherte Grützwürste (Pinkel) oder Kohlwürste (je etwa 80 g)*
	gem. Pfeffer
	ger. Muskatnuss
1 Prise	*Zucker*

Zubereitungszeit: 40 Minuten, ohne Abkühlzeit
Garzeit: 1 Stunde und 20 Minuten

1. Das Wasser in einem großen Topf zugedeckt zum Kochen bringen, Salz hinzufügen. In der Zwischenzeit von dem Grünkohl die äußeren Blätter und die Blattrippen entfernen. Den Grünkohl gründlich waschen und abtropfen lassen. Den Grünkohl evtl. portionsweise in das kochende Salzwasser geben, zum Kochen bringen und 1–2 Minuten blanchieren. Anschließend kurz mit kaltem Wasser abschrecken, in einem Sieb abtropfen und etwas abkühlen lassen. Den Grünkohl grob hacken.

2. Zwiebeln abziehen und würfeln. Schmalz in einem großen Topf zerlassen. Die Zwiebelwürfel darin unter Rühren glasig dünsten und den Grünkohl hinzufügen. Haferflocken unterrühren und erhitzen.

3. Kasseler kurz unter fließendem kalten Wasser abspülen, mit Küchenpapier trocken tupfen und den Knochen herauslösen. Das Fleisch mit dem Knochen zum Grünkohl geben. Speck und Wasser hinzufügen, mit Salz würzen, zum Kochen bringen und zugedeckt etwa 1 Stunde kochen lassen.

4. Die Grützwürste oder Kohlwürste zu dem Grünkohl in den Topf geben und zugedeckt weitere etwa 20 Minuten mitkochen lassen.

5. Fleisch, Knochen und Würste herausnehmen und zugedeckt warm stellen.

6. Den Grünkohl mit Salz, Pfeffer, Muskat und Zucker abschmecken. Das Fleisch und den Speck in Scheiben schneiden, mit den Grützwürsten und dem Grünkohl auf einer Platte anrichten.

Beilage: Salz- oder Bratkartoffeln.

Grünkohleintopf **|** Gut vorzubereiten
4 Portionen

Pro Portion: E: 34 g, F: 41 g, Kh: 24 g,
kJ: 2525, kcal: 603, BE: 2,0

    500 g *vorbereiteter Grünkohl*
       2 *Zwiebeln*
     4 EL *Olivenöl*
     60 g *geräucherte Schinkenwürfel*
           (aus dem Kühlregal)
       1 l *Fleischbrühe*
     1 EL *mittelscharfer Senf*
       6 *Pimentkörner*
         Salz, gem. Pfeffer
    500 g *Kartoffeln*
    200 g *Möhren*
       4 *geräucherte Mettwürstchen*
         (je etwa 100 g)

Zubereitungszeit: 20 Minuten
Garzeit: etwa 65 Minuten

1. Grünkohl gründlich waschen und in kochendem Wasser etwa 2 Minuten blanchieren. Anschließend kurz mit kaltem Wasser abschrecken, in einem Sieb abtropfen und etwas abkühlen lassen. Grünkohl fein hacken.

2. Zwiebeln abziehen und in kleine Würfel schneiden. Das Olivenöl in einem Topf erhitzen, die Zwiebelwürfel darin andünsten, die Schinkenwürfel hinzugeben und anbraten. Fleischbrühe hinzugießen. Grünkohl hinzugeben. Den Grünkohl zum Kochen bringen, mit Senf, Pimentkörnern, Salz und Pfeffer würzen und etwa 30 Minuten kochen.

3. In der Zwischenzeit Kartoffeln schälen, abspülen, abtropfen lassen und in kleine Würfel schneiden. Die Möhren putzen, schälen, abspülen, abtropfen lassen und in Scheiben schneiden. Die Kartoffelwürfel und Möhrenscheiben zum Grünkohl in den Topf geben, mit Salz und Pfeffer würzen. Den Eintopf weitere etwa 30 Minuten kochen lassen.

4. Mettwürstchen in Scheiben schneiden und etwa 5 Minuten vor Ende der Garzeit in den Eintopf geben und miterhitzen. Den Grünkohleintopf nochmals abschmecken und servieren.

Tipps: Sie können auch TK-Grünkohl (angetaut) verwenden. Die Erntezeit für Grünkohl, auch Braunkohl, ist von Ende September bis Februar/März. Wird er nach dem ersten Frost geerntet, schmeckt er feiner und wird bekömmlicher. Grünkohl liefert viel Eisen, Kalium und Kalzium sowie Beta-Carotin, B-Vitamine und Vitamin C.

Grützwurst mit Kartoffelbrei und Sauerkraut **|** Einfach
4–6 Portionen

Pro Portion: E: 31 g, F: 37 g, Kh: 46 g, kJ: 2752, kcal: 657, BE: 4,0

Für das Sauerkraut:

2	Zwiebeln
1 EL	Speiseöl, z. B. Rapsöl
850 g	abgetropftes Sauerkraut
1	Lorbeerblatt
6	Pfefferkörner
4	Wacholderbeeren
etwa 250 ml	Wasser

Für den Kartoffelbrei:

1 kg	mehligkochende Kartoffeln
	Salz
etwa 250 ml	Milch (3,5 % Fett)
50 g	Butter
	ger. Muskatnuss
1	Kartoffel
	gem. Pfeffer
	Zucker

etwa 800 g Grützwurst

Zubereitungszeit: 30 Minuten
Garzeit: 40–45 Minuten

1. Für das Sauerkraut Zwiebeln abziehen und in kleine Würfel schneiden. Speiseöl in einem Topf erhitzen. Die Zwiebelwürfel darin andünsten. Sauerkraut mit einer Gabel auseinanderzupfen, zu den Zwiebelwürfeln geben und mitdünsten lassen.

2. Lorbeerblatt, Pfefferkörner, Wacholderbeeren und Wasser hinzufügen und zum Kochen bringen. Sauerkraut zugedeckt etwa 25 Minuten garen.

3. In der Zwischenzeit für den Kartoffelbrei Kartoffeln schälen, abspülen, abtropfen lassen, in Stücke schneiden und in einem Topf knapp mit Wasser bedeckt zum Kochen bringen. 1 Teelöffel Salz hinzugeben. Die Kartoffelstücke zugedeckt in 15–20 Minuten gar

kochen, abgießen und mit einem Kartoffelstampfer zerdrücken.

4. Milch in einem kleinen Topf erhitzen. Die Milch mit einem Schneebesen oder Kochlöffel nach und nach unter die Kartoffelmasse rühren. Den Kartoffelbrei bei schwacher Hitze mit einem Schneebesen so lange rühren, bis eine lockere, einheitliche Masse entstanden ist. Butter hinzufügen, mit Salz und Muskat abschmecken. Kartoffelbrei warm stellen.

5. Etwa 10 Minuten vor Ende der Garzeit des Sauerkrauts die Kartoffel schälen, abspülen, abtropfen lassen, auf einer Haushaltsreibe fein reiben, zum Sauerkraut geben und mitgaren lassen. Sauerkraut mit Salz, Pfeffer und Zucker abschmecken.

6. Die Grützwurst von der Pelle befreien und in etwa 1 cm dicke Scheiben schneiden.

7. Grützwurstscheiben in einer beschichteten Pfanne verteilen und unter Wenden anbraten. Zwischendurch mit einer Gabel die Wurstscheiben zerdrücken, sodass eine einheitliche Masse entsteht. Grützwurst mit Kartoffelbrei und Sauerkraut servieren.

Gulasch I Gut vorzubereiten
4 Portionen

Pro Portion: E: 28 g, F: 16 g, Kh: 8 g,
kJ: 1183, kcal: 283, BE: 0,0

500 g Zwiebeln
500 g mageres Rindfleisch (ohne
           Knochen, aus der Unterschale)
4 EL Speiseöl, z. B. Rapsöl
           Salz, gem. Pfeffer
           Paprikapulver edelsüß
2 EL Tomatenmark
250 ml Fleischbrühe

Zubereitungszeit: 20 Minuten
Garzeit: 1–1 1/2 Stunden

1. Die Zwiebeln abziehen, halbieren und in Scheiben schneiden. Rindfleisch mit Küchenpapier trocken tupfen. Das Fleisch in Würfel schneiden.

2. Speiseöl in einem Bratentopf erhitzen. Rindfleischwürfel darin in 2 Portionen von allen Seiten gut anbraten. Zwiebeln hinzufügen und mitbräunen lassen.

3. Das Ganze mit Salz, Pfeffer und Paprika würzen. Tomatenmark unterrühren. Brühe hinzugießen. Das Fleisch zum Kochen bringen, zugedeckt 1–1 1/2 Stunden gar schmoren lassen. Gulasch mit Salz, Pfeffer und Paprika abschmecken.

Beilage: Kartoffeln oder Spätzle und Salat.

Tipps: Anstelle von Salz, Pfeffer und Paprika kann auch ein fertiges Gulaschgewürz verwendet werden. Raffinierter wird das Gulasch, wenn die Hälfte des Wassers durch Rotwein ersetzt wird. Zusätzlich 1 Glas abgetropfte Champignons (Abtropfgewicht 210 g) unter das Gulasch rühren, kurz miterwärmen. Anstelle von Rindfleisch kann auch mageres Schweinefleisch verwendet werden. Die Schmorzeit verkürzt sich dann auf etwa 45 Minuten. Gulasch kann gut vorbereitet und portionsweise eingefroren werden.

Rezeptvariante: Für eine **Gulaschsuppe** jeweils nur 250 g Rindfleisch und Zwiebeln wie angegeben verarbeiten. Das Wasser oder die Brühe auf 1 Liter erhöhen. Etwa 30 Minuten vor dem Ende der Garzeit je 1 rote und gelbe, gewürfelte Paprikaschote in die Suppe geben und mitgaren.

Hackbraten auf Kartoffelgratin I
Preiswert
4 Portionen

Pro Portion: E: 32 g, F: 27 g, Kh: 38 g,
kJ: 2196, kcal: 523, BE: 3,0

Für den Hackbraten:
    1 *Brötchen (Semmel)*
    vom Vortag
500 g *Gehacktes (halb Rind-,*
    halb Schweinefleisch)
    1 *Ei (Größe M)*
1 TL *mittelscharfer Senf*
    Salz
    gem. Pfeffer
1 geh. TL *Kräuter der Provence*

Für das Gratin:
    1 kg *mehligkochende Kartoffeln*
    ger. Muskatnuss
200 ml *Milch (3,5 % Fett)*

Zubereitungszeit: 30 Minuten
Garzeit: etwa 60 Minuten

1. Für den Hackbraten Brötchen in kaltem Wasser einweichen. Gehacktes in eine Schüssel geben.

2. Eingeweichtes Brötchen gut ausdrücken, mit Ei und Senf zum Gehackten geben. Die Zutaten gut vermengen. Die Masse mit Salz und Pfeffer kräftig würzen. Die Gehacktesmasse mit angefeuchteten Händen zu einem flachen, länglichen Laib formen.

3. Den Backofen vorheizen.
Ober-/Unterhitze: etwa 180 °C
Heißluft: etwa 160 °C

4. Für das Gratin die Kartoffeln schälen, abspülen, abtropfen lassen und in dünne Scheiben hobeln. Die Kartoffelscheiben mit Salz, Pfeffer und Muskat kräftig würzen.

5. Die Kartoffelscheiben in eine große Auflaufform (gefettet) einschichten. Die Milch zu den Kartoffelscheiben gießen. Die Form auf dem Rost in den vor-geheizten Backofen schieben. Gratin **etwa 15 Minuten vorgaren.**

6. Dann in die Mitte des Gratins eine leichte, längliche Vertiefung eindrücken. Fleischlaib in die Vertiefung legen, mit Kräutern der Provence bestreuen.

7. Die Form wieder zurück in den heißen Backofen schieben. Das Ganze **bei gleicher Backofeneinstellung weitere etwa 45 Minuten garen.**

8. Hackbraten aus der Form nehmen und in Scheiben schneiden. Die Fleischscheiben wieder auf das Gratin legen und das Ganze servieren.

Beilage: Sehr lecker schmeckt ein **Tomatensalat** dazu. Dafür 750 g Tomaten abspülen, abtrocknen, halbieren und die Stängelansätze herausschneiden. Tomaten in Scheiben schneiden und in eine Schüssel geben. Für die Sauce 1 Zwiebel abziehen und fein würfeln. 1–2 Esslöffel Weißwein- oder Kräuteressig mit Salz, Pfeffer und 1 Prise Zucker verrühren. 5 Esslöffel Olivenöl unterschlagen. Die Sauce mit den Tomatenscheiben mischen. Den Salat kurz durchziehen lassen.

Tipps: Bestreuen Sie das Gratin nach etwa 40 Minuten Garzeit mit 100 g geriebenem Käse und garen Sie dann den Hackbraten zu Ende.

Hamburger Pannfisch I
Für Gäste
4 Portionen

Pro Portion: E: 28 g, F: 61 g, Kh: 20 g,
kJ: 3137, kcal: 749, BE: 1,5

500 g	*etwa gleich große Kartoffeln*
150 g	*Butter*
500 g	*gemischte Fischfilets,*
	z. B. Schellfisch, Scholle und
	Kabeljau (ohne Haut und Gräten)
4	*Schalotten*
2 TL	*mittelscharfer Senf*
250 g	*junger Wirsing*
	Salz
	gem. Pfeffer

Für die Senfsauce:

2	*Schalotten*
1 EL	*Sonnenblumenöl*
100 ml	*Fisch- oder Gemüsefond*
100 g	*Schlagsahne*
2 EL	*mittelscharfer Senf*
80 g	*kalte Butter*
1 Prise	*Chilipulver*

Zubereitungszeit: 50 Minuten, ohne Abkühlzeit
Garzeit: etwa 15 Minuten

1. Kartoffeln schälen, abspülen und trocken tupfen. Kartoffeln in etwa ½ cm dicke Scheiben schneiden.

2. Von der Butter 50 g in einer Pfanne zerlassen. Kartoffelscheiben darin unter mehrmaligem Wenden anbraten.

3. Den Backofen vorheizen.
Ober-/Unterhitze: etwa 200 °C
Heißluft: etwa 180 °C

4. Fischfilets unter fließendem kalten Wasser abspülen, trocken tupfen und in etwa 2 cm dicke Scheiben schneiden.

5. Schalotten abziehen, zuerst in Scheiben schneiden, dann in Ringe teilen. 50 g von der restlichen Butter

in einer zweiten Pfanne zerlassen. Schalottenringe darin glasig dünsten, abkühlen lassen und mit Senf verrühren.

6. Den Wirsing putzen, waschen, abtropfen lassen und in feine Streifen schneiden. Die Wirsingstreifen in kochendem Salzwasser etwa 2 Minuten blanchieren, mit eiskaltem Wasser abschrecken und in einem Sieb abtropfen lassen.

7. Ein Drittel der Kartoffelscheiben kreisförmig in eine Springform (Ø 24 cm, gefettet, eventuell außen einen Streifen Alufolie darumlegen) legen und mit Salz und Pfeffer bestreuen.

8. Die Hälfte der Wirsingstreifen daraufgeben und die Hälfte der Fischfiletscheiben darauf verteilen, mit Salz und Pfeffer bestreuen. Die Hälfte der Schalotten-Senf-Masse daraufstreichen.

9. Den Vorgang wiederholen und mit den restlichen Kartoffelscheiben abschließen. Die Kartoffelscheiben mit Salz und Pfeffer bestreuen. Restliche Butter zerlassen, abkühlen lassen und daraufträufeln.

10. Die Form auf dem Rost in den vorgeheizten Backofen schieben und den Hamburger Pannfisch **etwa 15 Minuten garen.**

11. Die Form auf einen Rost stellen. Den Pannfisch in der Form etwas abkühlen lassen.

12. Für die Senfsauce die Schalotten abziehen und fein würfeln. Das Öl in einem Topf erhitzen, die Schalottenwürfel darin glasig dünsten.

13. Fond und Sahne dazugießen, den Senf einrühren und die Sauce erhitzen.

14. Die Butter in grobe Würfel schneiden und in die Sauce einmixen. Die Sauce mit Salz, Pfeffer und Chili abschmecken. Den Topf vom Herd nehmen und die Sauce warm halten.

15. Den Springformrand entfernen. Den Pannfisch auf einer vorgewärmten Platte anrichten und in Tortenstücke schneiden. Die Senfsauce dazureichen.

Handkäs mit Musik I
Nicht nur in Hessen beliebt
4 Portionen

Pro Portion: E: 30 g, F: 16 g, Kh: 2 g,
kJ: 1151, kcal: 275, BE: 0,0

400 g Harzer Käse (2 Rollen)

Für die Marinade:
6 EL *Speiseöl, z. B. Rapsöl*
8 EL *Essig*
        Salz, gem. Pfeffer
        Kümmelsamen
   2 *Zwiebeln*
1 EL *fein gehackte, glatte Petersilie*
etwas *grob gem. Pfeffer*

Zubereitungszeit: 15 Minuten, ohne Durchziehzeit

1. Harzer Käse in 8 Scheiben schneiden. Den Käse in eine Keramik- oder Steingutschüssel geben.

2. Für die Marinade Öl mit Essig, Salz, Pfeffer und Kümmel verschlagen.

3. Zwiebeln abziehen, halbieren und in feine Würfel schneiden. Zwiebelwürfel unter die Marinade rühren.

4. Die Marinade über den Käse geben. Den Handkäs zugedeckt etwa 12 Stunden im Kühlschrank durchziehen lassen.

5. Den Handkäs vor dem Servieren mit Petersilie und grob gemahlenem Pfeffer bestreuen.

Beilage: Frisches kräftiges Bauernbrot mit Butter.

Tipp: Dazu ganz traditionell Apfelwein reichen.

Hanseatische Schinkensuppe I

Preiswert
4 Portionen

Pro Portion: E: 18 g, F: 20 g, Kh: 42 g,
kJ: 1804, kcal: 431, BE: 3,0

2 Bund	Suppengrün
	(Möhren, Sellerie, Porree)
1	Zwiebel
50 g	Butter
etwas	Zucker
1–2 EL	Weißweinessig
1 ½ l	Rinderfond oder -brühe
100 g	Kochschinken
	Salz

Für die Einlage:

12	entsteinte Backpflaumen
1	Kochbirne oder feste Birne

Für die Schwemmklößchen:

125 ml	Milch (3,5 % Fett)
20 g	Butter
80 g	Weizenmehl
2	Eier (Größe M)

Zubereitungszeit: 60 Minuten
Garzeit: etwa 30 Minuten

1. Möhren und Sellerie putzen, schälen, abspülen, abtropfen lassen und in kleine Würfel schneiden. Den Porree putzen. Die Stangen längs halbieren, gründlich waschen, abtropfen lassen und in Streifen schneiden. Zwiebel abziehen, zuerst in feine Scheiben schneiden, dann in Ringe teilen.

2. Butter in einem großen Topf zerlassen. Möhren-, Selleriewürfel, Zwiebelringe und Porreestreifen darin portionsweise andünsten. Mit Zucker und Essig ablöschen. Anschließend Fond oder Brühe hinzugießen, zum Kochen bringen und zugedeckt 15–20 Minuten kochen lassen.

3. Den Kochschinken in kleine Würfel schneiden und in die Suppe geben. Dann die Schinkensuppe mit Salz abschmecken.

4. In der Zwischenzeit für die Einlage Backpflaumen in Würfel schneiden. Kochbirne schälen, vierteln, entkernen und ebenfalls in Würfel schneiden.

5. Für die Schwemmklößchen die Milch und Butter in einem kleinen Topf zum Kochen bringen. Den Topf von der Kochstelle nehmen. Mehl auf einmal in die Flüssigkeit geben. Mit einem Kochlöffel zu einem glatten Teigkloß verrühren und unter Rühren etwa 1 Minute erhitzen. Den Teigkloß in eine Rührschüssel geben. Eier und Salz nacheinander mit einem Mixer (Knethaken) auf höchster Stufe unter den Teig arbeiten.

6. Dann von dem Teig mit 2 Teelöffeln walnussgroße Klößchen abstechen und in leicht kochendem Salzwasser etwa 10 Minuten pochieren. Die Klößchen mit einer Schaumkelle herausnehmen.

7. Die Schinkensuppe nochmals erhitzen. Pflaumen-, Birnenwürfel und die Klößchen hinzugeben. Die Suppe nicht mehr kochen lassen.

Hefeklöße I **Für Kinder**
8 Stück

Pro Portion: E: 12 g, F: 14 g, Kh: 77 g,
kJ: 2033, kcal: 486, BE: 6,5

125 ml	Milch (3,5 % Fett)
50 g	Butter oder Margarine
300 g	Weizenmehl
1 Pck.	Dr. Oetker Trockenbackhefe
50 g	Zucker
1 Pck.	Dr. Oetker Vanillin-Zucker
1 gestr. TL	Salz
1	Ei (Größe M)
etwas	Weizenmehl

Zubereitungszeit: 20 Minuten, ohne Teiggehzeit
Garzeit: 20–25 Minuten

1. Milch in einem Topf erwärmen, die Butter oder Margarine darin zerlassen.

2. Das Mehl in eine Rührschüssel geben und sorgfältig mit der Trockenbackhefe vermischen. Zucker, Vanillin-Zucker, Salz, Ei und die Milch-Fett-Mischung hinzugeben.

3. Die Zutaten mit einem Mixer (Knethaken) zunächst kurz auf niedrigster, dann auf höchster Stufe in etwa 5 Minuten zu einem glatten Teig verarbeiten.

4. Den Teig zugedeckt so lange an einem warmen Ort gehen lassen, bis er sich sichtbar vergrößert hat (etwa 40 Minuten).

5. Den gegangenen Teig leicht mit Mehl bestäuben, aus der Schüssel nehmen und auf der leicht bemehlten Arbeitsfläche nochmals kurz durchkneten.

6. Den Teig zu einer Rolle formen, die Teigrolle in 8 gleich große Stücke schneiden, mit bemehlten Händen zu Klößen formen und auf ein bemehltes Brett legen.

7. Die Klöße nochmals zugedeckt so lange an einem warmen Ort gehen lassen, bis sie sich sichtbar vergrößert haben (etwa 15 Minuten).

8. Ein Tuch straff über einen breiten Topf mit kochendem Wasser spannen. Das Tuch mit einem Band (Paketband) festbinden und mit Mehl bestäuben.

9. Die Klöße darauflegen und eine hitzebeständige Schüssel als Deckel daraufsetzen. Achtung: Die Schüssel kann sehr heiß werden.

10. Klöße bei mittlerer Hitze 20–25 Minuten garen (zur Garprobe mit einem Holzstäbchen in die Klöße stechen, es darf kein Teig mehr daran kleben).

Tipp: Die Hefeklöße mit zerlassener, gebräunter Butter, Zimt-Zucker oder Kompott servieren.

Rezeptvariante: Für **gefüllte Rohrnudeln** den Backofen vorheizen (Ober-/Unterhitze: etwa 180 °C, Heißluft: etwa 160 °C). Den Teig wie im Rezept beschrieben (aber nur mit 1 Prise Salz) zubereiten und zu einer Rolle formen. Die Teigrolle in 12 Scheiben schneiden. Auf jede Scheibe 1 Teelöffel Pflaumenmus (aus dem Glas) geben und den Teig über dem Mus beutelartig zusammendrücken. 40–50 g zerlassene Butter in eine Auflaufform (etwa 20 x 30 cm) geben. Die Rohrnudeln mit der zusammengedrückten Seite nach unten in die Form legen und etwa 10 Minuten an einem warmen Ort gehen lassen, bis sie sich sichtbar vergrößert haben. Die Form auf dem Rost in den vorgeheizten Backofen schieben. Die gefüllten Rohrnudeln 25–30 Minuten backen. Die Rohrnudeln heiß servieren.

Heidschnuckenbraten mit Birnenrotkohl I
Dauert länger – mit Alkohol
6 Portionen

Pro Portion: E: 44 g, F: 46 g, Kh: 25 g, kJ: 2972, kcal: 711, BE: 2,0

1 ½ kg	Heidschnuckenkeule (mit ausgelöstem und zersägtem Knochen)
	Salz, gem. Pfeffer
4 EL	Rapsöl
3	Zwiebeln
2	Knoblauchzehen
1	große Möhre (100 g)
100 g	Knollensellerie
2 EL	Tomatenmark
250 ml	Rotwein
400 ml	Wildfond
3	Wacholderbeeren
3	Gewürznelken
1	Lorbeerblatt

Für den Birnenrotkohl:

1 kg	Rotkohl
3	mittelgroße Birnen
2	mittelgroße Zwiebeln
50 g	Schweineschmalz
1	Lorbeerblatt
3	Gewürznelken
2 EL	Essig
2 EL	Quittengelee
125 ml	Wasser
	Zucker

125 g	saure Sahne

Zubereitungszeit: 1 Stunde
Garzeit: etwa 2 Stunden

1. Das Fleisch und die Knochen unter fließendem kalten Wasser abspülen und trocken tupfen. Das Fleisch mit Salz und Pfeffer würzen.

2. Öl in einem großen Bräter erhitzen und das Fleisch mit den Knochen darin rundherum anbraten.

3. Den Backofen vorheizen.
Ober-/Unterhitze: etwa 180 °C
Heißluft: etwa 160 °C

4. Zwiebeln und Knoblauch abziehen, würfeln. Möhre und Sellerie putzen, schälen, abspülen, abtropfen lassen und würfeln. Zwiebel- und Knoblauchwürfel, Möhren- und Selleriewürfel mit in den Bräter geben und kurz mit anbraten. Tomatenmark unterrühren.

5. Rotwein und Wildfond hinzugießen. Wacholderbeeren, Gewürznelken und Lorbeerblatt hinzugeben. Das Ganze kurz aufkochen.

6. Den Bräter auf dem Rost in den vorgeheizten Backofen schieben. Den Braten **etwa 2 Stunden garen.** Dabei den Braten ab und zu wenden. Die verkochte Flüssigkeit evtl. durch Wasser ersetzen.

7. Nach etwa 1 Stunde Bratzeit für den Birnenrotkohl vom Rotkohl die groben, äußeren Blätter ablösen. Den Kohl vierteln. Den Strunk herausschneiden. Kohlviertel abspülen, abtropfen lassen und fein hobeln.

8. Birnen schälen, vierteln und entkernen. Zwiebeln abziehen. Birnen und Zwiebeln in Würfel schneiden. Schweineschmalz in einem Topf zerlassen. Die Zwiebelwürfel darin andünsten, Kohl und Birnen dazugeben und unter gelegentlichem Rühren andünsten. Lorbeerblatt, Gewürznelken, Essig, Quittengelee und Wasser hinzufügen.

9. Den Rotkohl etwa 45 Minuten garen, dabei gelegentlich umrühren und mit etwas Zucker, Salz und Pfeffer abschmecken.

10. Den garen Braten aus dem Bräter nehmen und warm stellen. Den Bratensatz durch ein Sieb streichen, mit saurer Sahne verrühren, kurz aufkochen und mit Salz und Pfeffer abschmecken.

11. Das Fleisch zum Servieren in Scheiben schneiden, mit der Sauce und dem Birnenrotkohl (z. B. in Dessertringen angerichtet) servieren.

Tipp: Servieren Sie als Beilage kleine Rosmarin-Thymian-Kartoffeln dazu.

Helgoländer Fischertopf I
Für Gäste – mit Alkohol
4–6 Portionen

Pro Portion: E: 27 g, F: 42 g, Kh: 43 g,
kJ: 2741, kcal: 660, BE: 3,5

4	*Schalotten*
1 kg	*festkochende Kartoffeln*
2 EL	*Butter*
2 l	*Wasser*
	Krebspaste für
	2 l Flüssigkeit
1	*Salatgurke*
200 g	*Lachswürfel*
200 g	*Miesmuschelfleisch*
200 g	*Nordseekrabbenfleisch*
evtl. etwas	*Weinbrand*
	Salz
	gem. Pfeffer
150 g	*Crème fraîche*
2–3 Stängel	*Dill*

Zubereitungszeit: 30 Minuten
Garzeit: etwa 20 Minuten

1. Schalotten abziehen, zuerst in Scheiben schneiden, dann in Ringe teilen. Die Kartoffeln waschen, schälen, abspülen, abtropfen lassen und in 2 cm große Würfel schneiden.

2. Die Butter in einem Topf zerlassen. Schalottenringe darin glasig dünsten. Kartoffelwürfel hinzugeben und kurz mit andünsten. Das Wasser hinzugießen und zum Kochen bringen. Krebspaste unterrühren. Die Flüssigkeit damit leicht binden. Die Kartoffelwürfel zugedeckt etwa 20 Minuten garen.

3. Salatgurke schälen, längs halbieren und mit einem Teelöffel die Kerne herauskratzen. Die Gurkenhälften in mundgerechte Stücke schneiden und kurz vor Ende der Garzeit in den Eintopf geben.

4. Lachswürfel, Miesmuscheln und Nordseekrabbenfleisch in den Eintopf geben (den Eintopf nicht mehr kochen lassen, die Krabben werden sonst hart). Den Eintopf erhitzen, dabei möglichst wenig umrühren. Den Eintopf nach Belieben mit etwas Weinbrand, Salz und Pfeffer abschmecken.

5. Crème fraîche mit Salz und Pfeffer glatt rühren. Dill abspülen und trocken tupfen. Die Spitzen von den Stängeln zupfen und klein schneiden. Den Eintopf mit Dill bestreut servieren. Crème fraîche dazureichen.

Beilage: Geröstetes Brot.

Heringssalat I

Klassisch

6 Portionen

Pro Portion: E: 34 g, F: 35 g, Kh: 33 g,
kJ: 2448, kcal: 585, BE: 2,5

4	abgetropfte doppelte Bismarck-Heringsfilets (je etwa 250 g, aus dem Glas)
450 g	Kartoffeln
350 g	gegarte Rote Bete (vakuumverpackt)
2–3	Äpfel, z. B. Holsteiner Cox
400 g	abgetropfte Gewürzgurken (aus dem Glas)
2–3	rote Zwiebeln
2 Stängel	Dill
2–3 EL	Salatmayonnaise
100 g	Joghurt (3,5 % Fett)
2–3 EL	Gurkensud (aus dem Glas)
1–2 TL	ger. Meerrettich
1 TL	mittelscharfer Senf
1 gestr. TL	Salz
	gem. Pfeffer
	Zucker
2	hart gekochte Eier

Zubereitungszeit: 25 Minuten, ohne Abkühlzeit
Garzeit: etwa 20 Minuten

1. Heringsfilets etwa 30 Minuten in kaltes Wasser legen.

2. In der Zwischenzeit die Kartoffeln gründlich waschen, knapp mit Wasser bedeckt in einem Topf, zugedeckt zum Kochen bringen und in etwa 20 Minuten gar kochen. Kartoffeln abgießen, mit kaltem Wasser abschrecken, abtropfen lassen, noch warm pellen. Kartoffeln abkühlen lassen und in Würfel schneiden.

3. Die Heringsfilets aus dem Wasser nehmen, abtropfen lassen und in Streifen schneiden.

4. Rote Bete in Würfel schneiden. Äpfel schälen, vierteln, entkernen und in Stücke schneiden. Von den

Gewürzgurken den Sud auffangen, 2–3 Esslöffel abmessen und beiseitestellen. Die Gurken in Würfel schneiden. Zwiebeln abziehen, halbieren und in feine Streifen schneiden.

5. Die Kartoffelwürfel, Heringsfiletstreifen, Rote-Bete-Würfel, Apfelstücke, Gurkenwürfel und Zwiebelstreifen in einer großen Schüssel mischen. Dill abspülen und trocken tupfen. Die Spitzen von den Stängeln zupfen. Einige Spitzen zum Garnieren beiseitelegen. Restliche Spitzen klein schneiden und unter die Salatzutaten heben.

6. Mayonnaise mit Joghurt, Gurkensud, Meerrettich und Senf gut verrühren, mit Salz, Pfeffer und Zucker abschmecken. Die Sauce unter den Salat heben. Die Eier pellen, vierteln und ebenfalls unterheben.

7. Den Heringssalat mit den beiseitegelegten Dillspitzen garnieren.

Heringsstipp **|** Beliebt

4 Portionen

Pro Portion: E: 29 g, F: 48 g, Kh: 17 g,
kJ: 2585, kcal: 618, BE: 1,0

8	abgetropfte Bismarck-Heringsfilets (etwa 600 g, aus dem Glas)
2	rote Zwiebel
1–2	säuerliche Äpfel, z. B. Cox Orange
3–4	abgetropfte Gewürzgurken (aus dem Glas)
300 g	saure Sahne
200 g	Schlagsahne
etwa 4 EL	Gurkensud (aus dem Glas)
	gem. Pfeffer
	Zucker

Zubereitungszeit: 30 Minuten, ohne Durchziehzeit

1. Heringsfilets in kleine Stücke schneiden. Zwiebeln abziehen und in Scheiben schneiden.

2. Die Äpfel schälen, vierteln und das Kerngehäuse entfernen. Äpfel und Gewürzgurken in kleine Stücke schneiden.

3. Saure Sahne mit Schlagsahne und Gurkensud verrühren, mit Salz, Pfeffer und Zucker abschmecken. Zwiebelscheiben, Apfel- und Gurkenstückchen unterrühren.

4. Die Heringsfiletstücke mit der Sauce vermengen, zugedeckt in den Kühlschrank stellen und über Nacht (etwa 12 Stunden) in der Sauce durchziehen lassen.

5. Zum Servieren den Heringsstipp nochmals mit Salz, Pfeffer, Zucker und Gurkensud abschmecken.

Tipp: Als Beilage Bratkartoffeln (siehe Seite 32) servieren.

Himmel und Erde mit Blutwurst I

Nicht nur im Rheinland beliebt

4 Portionen

Pro Portion: E: 27 g, F: 51 g, Kh: 48 g,
kJ: 3184, kcal: 761, BE: 4,0

800 g	*mehligkochende Kartoffeln*
	Salz
500 g	*mürbe Äpfel*
1 EL	*Zucker*
200–250 ml	*Milch (3,5 % Fett)*
	abgeriebene Schale von
½	*Bio-Zitrone*
	(unbehandelt, ungewachst)
30 g	*Butter (zimmerwarm)*
	gem. Pfeffer
	ger. Muskatnuss
100 g	*Frühstücksspeck in Scheiben*
	(Bacon)
2	*Zwiebeln*
500 g	*Blutwurst*
etwas	*Weizenmehl*
2 EL	*Sonnenblumenöl*

Zubereitungszeit: 20 Minuten
Garzeit: etwa 35 Minuten

1. Kartoffeln schälen, abspülen, abtropfen lassen und in kleine Würfel schneiden. Die Kartoffelwürfel knapp mit Wasser bedeckt in einem Topf zugedeckt zum Kochen bringen. Salz hinzufügen. Die Kartoffelwürfel in etwa 15 Minuten gar kochen.

2. In der Zwischenzeit die Äpfel schälen, vierteln, entkernen und in etwa 1 cm große Würfel schneiden. Die Apfelwürfel mit dem Zucker in einem Topf zugedeckt bei mittlerer Hitze weich dünsten.

3. Die garen Kartoffelwürfel in ein Sieb geben, abtropfen lassen und anschließend mit einem Kartoffelstampfer zerdrücken. Die Milch in einem Topf erhitzen. Kartoffelmasse mit Apfelwürfeln, warmer Milch, Zitronenschale und Butter vermengen. Die Kartoffel-Apfel-Masse mit Salz, Pfeffer und Muskat würzen.

4. Den Speck in Würfel schneiden. Zwiebeln abziehen, zuerst in Scheiben schneiden, dann in Ringe teilen. Eine Pfanne erhitzen, den Speck darin auslassen. Die Zwiebelringe hinzugeben und goldbraun braten.

5. Von der Blutwurst die Pelle abziehen. Blutwurst in etwa 1 cm dicke Scheiben schneiden und in Mehl wenden. Sonnenblumenöl in einer Pfanne erhitzen. Die Blutwurstscheiben darin von beiden Seiten anbraten. Den Kartoffel-Apfel-Stampf mit den Blutwurstscheiben und der Speck-Zwiebel-Masse anrichten und servieren.

Tipps: Himmel und Erde schmeckt auch zu gebratener Leber, Brühwurst, zu gebratener Ente oder zu Wildgerichten. Sie können die Kartoffeln auch durch eine Kartoffelpresse geben und anschließend mit den Äpfeln vermengen.

Hochzeitssuppe I
Etwas aufwendiger
12 Portionen

Pro Portion: E: 21 g, F: 22 g, Kh: 22 g,
kJ: 1539, kcal: 367, BE: 1,5

1 ½ kg	*Rinderknochen*
3	*Beinscheiben*
	(etwa 900 g)
12	*Markknochen*
6 l	*Salzwasser*
3 Bund	*Suppengrün*
	(Möhren, Sellerie, Lauch)
3	*Zwiebeln*
2 Bund	*Petersilie*
2	*Lorbeerblätter*
	Salz
	gem. Pfeffer

Für die Markklößchen:

90 g	*Knochenmark*
	(aus den Markknochen)
60 g	*Butter*
3	*Eier (Größe M)*
3	*Eigelb (Größe M)*
210–270 g	*Semmelbrösel*

Für den Eierstich:

6	*Eier (Größe M)*
375 ml	*kalte Milch*
	ger. Muskatnuss

Zubereitungszeit: 90 Minuten
Garzeit: etwa 2 Stunden

1. Knochen und Fleisch unter fließendem kalten Wasser abspülen. Das Mark aus den Knochen lösen und für die Klößchen beiseitelegen. Fleisch und Knochen in einen großen Topf geben. Salzwasser hinzugießen und das Ganze zum Kochen bringen, dabei ab und zu mit einer Schaumkelle den Schaum abschöpfen.

2. Suppengrün putzen, abspülen, abtropfen lassen und klein schneiden. Anschließend Zwiebeln abziehen, vierteln und mit dem Suppengrün zum Fleisch in den Topf geben.

3. Petersilie abspülen, trocken tupfen, die Blättchen abzupfen. Lorbeerblätter und Petersilienstängel in die Suppe geben. Petersilienblättchen klein schneiden, beiseitestellen.

4. Die Brühe bei schwacher Hitze etwa 90 Minuten köcheln lassen. Dann die Beinscheiben herausnehmen, von Sehnen und Fett befreien. Das Fleisch in Stücke schneiden und beiseitestellen. Die Brühe mit den Knochen weitere etwa 30 Minuten kochen lassen.

5. Inzwischen für die Markklößchen das beiseitegelegte Knochenmark ganz fein würfeln, mit der Butter bei schwacher Hitze in einer Pfanne zerlassen, durch ein Sieb streichen und erkalten lassen.

6. Dann Mark mit Eiern und Eigelb schaumig rühren. So viel Semmelbrösel unterziehen, bis eine geschmeidige Masse entsteht. Diese etwa 20 Minuten stehen lassen.

7. Für den Eierstich Eier mit Milch, Salz und Muskat verschlagen. Eiermilch in eine hitzebeständige, verschließbare Form (gefettet) füllen. Form verschließen, in einen weiten, hohen Topf stellen. So viel heißes Wasser angießen, bis die Form halb im Wasser steht. Den Topf verschließen und die Eiermilch bei schwacher Hitze 25–30 Minuten stocken lassen.

8. Aus der Markklößchenmasse mit angefeuchteten Händen kleine Klößchen formen, in kochendem Salzwasser etwa 3 Minuten gar ziehen lassen.

9. Den gestockten Eierstich aus der Form lösen, stürzen und etwas abkühlen lassen. Eierstich in Würfel oder Rauten schneiden.

10. Die Brühe durch ein feines Sieb abgießen, mit Salz und Pfeffer abschmecken.

11. Beiseitegestelltes Fleisch, Eierstich und Markklößchen in die Brühe geben, die Hochzeitssuppe mit Petersilie bestreuen und servieren.

Tipp: Sie können die Suppe zusätzlich mit feinen, blanchierten Gemüsestreifen und Suppennudeln servieren.

Hochzeitssuppe nach altmärkischer Art I

Klassisch

12 Portionen

Pro Portion: E: 30 g, F: 25 g, Kh: 14 g,
kJ: 1666, kcal: 399, BE: 1,0

2 Bund	Suppengrün
	(Sellerie, Möhren, Porree)
2	Zwiebeln
3–3 ½ l	Wasser
1	großes, küchenfertiges
	Suppenhuhn
	(etwa 2 kg)
2 TL	Salz

Für den Eierstich:

6	Eier (Größe M)
375 ml	kalte Milch
	Salz
	ger. Muskatnuss
1 ½ kg	weißer Spargel
500 ml	Salzwasser
1 TL	Zucker

Für die Hackklößchen:

375 g	Gehacktes (halb Rind-,
	halb Schweinefleisch)
	gem. Pfeffer
150 g	Suppennudeln
1–2 Bund	glatte Petersilie

Zubereitungszeit: 90 Minuten
Garzeit: etwa 2 Stunden

1. Suppengrün putzen, abspülen, abtropfen lassen und in grobe Würfel schneiden. Zwiebeln abziehen.

2. Wasser in einem großen Topf zum Kochen bringen. Das Suppenhuhn innen und außen unter fließendem kalten Wasser abspülen, abtropfen lassen und in das kochende Wasser geben. Salz hinzufügen. Das Ganze nochmals kurz aufkochen und abschäumen.

3. Das vorbereitete Suppengrün und die Zwiebeln in die Brühe geben. Das Huhn etwa 2 Stunden bei schwacher Hitze gar kochen.

4. In der Zwischenzeit für den Eierstich Eier mit Milch, Salz und Muskat verschlagen. Die Eiermilch in eine hitzebeständige, verschließbare Form (gefettet) füllen. Form verschließen, in einen weiten, hohen Topf stellen. So viel heißes Wasser hinzugießen, bis die Form halb im Wasser steht. Den Topf verschließen und die Eiermilch bei schwacher Hitze 25–30 Minuten stocken lassen.

5. Den gestockten Eierstich aus der Form lösen, auf einen Teller stürzen und etwas abkühlen lassen. Eierstich in Würfel schneiden und beiseitestellen.

6. Den Spargel von oben nach unten schälen. Darauf achten, dass die Schalen vollständig entfernt, die Köpfe aber nicht verletzt werden (holzige Stellen vollständig entfernen). Spargel abspülen, abtropfen lassen und in Stücke schneiden. Salzwasser und Zucker in einem Topf zum Kochen bringen.

7. Die Spargelstücke darin etwa 12 Minuten garen. Anschließend die Spargelstücke in einem Sieb abtropfen lassen, dabei die Spargelflüssigkeit auffangen. Die Spargelstücke beiseitestellen.

8. Für die Hackklößchen das Gehackte mit Salz und Pfeffer würzen. Aus der Masse mit angefeuchteten Händen kirschgroße Klößchen formen. Die Hackklößchen in leicht kochendem Salzwasser in etwa 15 Minuten gar ziehen lassen. Danach die Hackklößchen mit einer Schaumkelle herausnehmen und beiseitestellen.

9. Die Suppennudeln in einem kleinen Topf in kochendem Salzwasser nach Packungsanleitung garen. Anschließend die Nudeln in ein Sieb geben, mit heißem Wasser abspülen, gut abtropfen lassen und beiseitestellen.

10. Das gare Suppenhuhn aus der Brühe nehmen. Die Brühe durch ein feines Sieb in einen großen Topf gießen. Die Brühe evtl. entfetten. Das aufgefangene Spargelwasser in die Brühe geben.

11. Eierstich, Spargelstücke, Hackklößchen und Suppennudeln in die Brühe geben und erhitzen. Die Suppe mit Salz und Pfeffer abschmecken.

12. Petersilie abspülen, trocken tupfen. Die Blättchen von den Stängeln zupfen. Blättchen klein schneiden.

13. Die Suppe in Tellern oder in eine große Suppenterrine füllen und mit Petersilie bestreut servieren.

Tipps: Sie können das Hühnerfleisch von den Knochen lösen, die Haut entfernen und das Fleisch in kleine Stücke geschnitten mit der Suppe erhitzen. Oder Sie bereiten daraus ein Hühnerfrikassee oder einen Geflügelsalat zu. Die Suppenterrine oder die Teller zum Servieren vorwärmen, damit die Suppe nicht zu schnell auskühlt. Sehr lecker schmeckt es auch, wenn Sie zusätzlich noch etwa 150 g junge Erbsen mit in die Suppe geben.

Holsteiner Flussfischeintopf I

Mit Alkohol

6 Portionen

Pro Portion: E: 30 g, F: 40 g, Kh: 25 g,
kJ: 2617, kcal: 625, BE: 2,0

4	Schalotten
300 g	rosé Champignons
4 EL	Butter
4 EL	Weizenmehl
400 ml	trockener Riesling
1,4 l	Fischfond
	Salz
	gem. Pfeffer
2 Stangen	Porree (Lauch)
4	große, festkochende Kartoffeln
250 g	Schlagsahne
400 g	Zanderfilet
350 g	küchenfertiger Aal
1 Bund	Petersilie
1 Bund	Schnittlauch
2 Stängel	Dill

Zubereitungszeit: 45 Minuten
Garzeit: etwa 45 Minuten

1. Schalotten abziehen und in kleine Würfel schneiden. Champignons putzen, mit Küchenpapier abreiben. Große Champignons halbieren.

2. Butter in einem Topf zerlassen. Schalottenwürfel darin glasig dünsten. Champignons hinzugeben und mit andünsten. Mehl daraufstäuben, kurz mitdünsten lassen. Das Ganze mit Wein ablöschen und zum Kochen bringen. Das klebende Mehl mit einem Spatel vom Topfboden lösen. Den Fischfond unter Rühren hinzugießen, mit Salz und Pfeffer würzen. Die Zutaten unter Rühren zum Kochen bringen und etwa 20 Minuten bei schwacher Hitze leicht kochen lassen. Dabei ab und zu umrühren.

3. Den Porree putzen, die Stangen längs halbieren, gründlich waschen, abtropfen lassen und in Streifen schneiden. Kartoffeln schälen, abspülen, abtropfen lassen und in etwa 2 cm große Würfel schneiden. Die Porreestreifen und Kartoffelwürfel in den Eintopf

geben. Den Eintopf wieder zum Kochen bringen und weitere etwa 15 Minuten bei mittlerer Hitze kochen lassen. Sahne hinzugießen.

4. In der Zwischenzeit Zander und Aal unter fließendem kalten Wasser abspülen und trocken tupfen. Den Zander und Aal in mundgerechte Stücke schneiden. Kräuter abspülen und trocken tupfen. Von der Petersilie die Blättchen von den Stängeln zupfen. Blättchen klein schneiden. Schnittlauch in Röllchen schneiden. Von dem Dill die Spitzen von den Stängeln zupfen. Einige Spitzen klein schneiden.

5. Nach etwa 15 Minuten Garzeit die Zander- und Aalstücke und die Hälfte der Kräuter in den Eintopf geben und vorsichtig unterrühren. Die Fischstücke im Eintopf zugedeckt in etwa 10 Minuten bei schwacher Hitze gar ziehen lassen.

6. Den Eintopf vor dem Servieren mit den restlichen Kräutern und Dillspitzen bestreuen.

Holunderbeersuppe mit Äpfeln I

Preiswert
4 Portionen

Pro Portion: E: 2 g, F: 1 g, Kh: 34 g,
kJ: 657, kcal: 157, BE: 3,0

400 g	schwarze Holunderbeer-dolden
1	Bio-Zitrone (unbehandelt, ungewachst)
75 g	Zucker
½ Stange	Zimt
500 ml	Wasser
2	mittelgroße Äpfel
20 g	Speisestärke
3 EL	kaltes Wasser
etwas	Zitronensaft

Zubereitungszeit: 30 Minuten
Garzeit: etwa 20 Minuten

1. Holunderbeerdolden abspülen, abtropfen lassen und die Beeren abstreifen. Zitrone heiß abwaschen, abtrocknen und 2 Stücke von der Schale abschneiden. Zitrone halbieren, den Saft auspressen.

2. Holunderbeeren mit Zucker, 1 Stück Zitronenschale, Zimt und Wasser in einem Topf zum Kochen bringen und etwa 20 Minuten kochen lassen.

3. Holunderbeeren durch ein Sieb streichen, mit Wasser auf 750 ml auffüllen und in einen Topf geben.

4. Äpfel schälen, vierteln, entkernen und in Spalten schneiden. Apfelspalten, beiseitegestellten Zitronensaft und die restliche Zitronenschale zum Holunderbeersaft in den Topf geben und zum Kochen bringen.

5. Speisestärke mit kaltem Wasser anrühren, in die Suppe rühren und unter Rühren aufkochen lassen. Die Holunderbeersuppe mit Zitronensaft abschmecken, nach Belieben warm oder kalt servieren.

Hühnerfrikassee I

Klassisch – mit Alkohol

4 Portionen

Pro Portion: E: 49 g, F: 22 g, Kh: 8 g,
kJ: 1835, kcal: 439, BE: 0,5

        1 ½ l Wasser
     1 Bund Suppengrün
               (Sellerie, Möhren, Porree)
          1 Zwiebel
          1 Lorbeerblatt
          1 Gewürznelke
          1 küchenfertiges
               Suppenhuhn
               (1–1,2 kg)
1 ½ gestr. TL Salz

Für die Sauce:

        25 g Butter
        30 g Weizenmehl
      500 ml Hühnerbrühe
       175 g abgetropfte Spargelstücke
               (aus dem Glas)
       150 g abgetropfte Champignons
               (aus dem Glas)
        4 EL Weißwein
    etwa 1 EL Zitronensaft
        1 TL Zucker
          2 Eigelb (Größe M)
        4 EL Schlagsahne
               Salz
               gem. Pfeffer
               Worcestersauce
  evtl. etwas Zitronensaft

Zubereitungszeit: 30 Minuten, ohne Abkühlzeit
Garzeit: etwa 60 Minuten

1. Wasser in einem Topf zugedeckt zum Kochen bringen. In der Zwischenzeit Suppengrün putzen, abspülen, abtropfen lassen und in Stücke schneiden. Die Zwiebel abziehen, mit Lorbeerblatt und Gewürznelke spicken.

2. Suppenhuhn innen und außen unter fließendem kalten Wasser abspülen, abtropfen lassen, mit dem Salz in das kochende Wasser geben, wieder zum Kochen bringen und abschäumen.

3. Das vorbereitete Suppengemüse in den Topf geben und wieder zum Kochen bringen. Das Suppenhuhn zugedeckt in etwa 60 Minuten bei schwacher Hitze gar kochen.

4. Das Huhn aus der Brühe nehmen und etwas abkühlen lassen. Die Brühe durch ein Sieb gießen, evtl. entfetten und 500 ml davon für die Sauce abmessen.

5. Das Fleisch von den Knochen lösen, die Haut entfernen und das Fleisch in große Stücke schneiden.

6. Für die Sauce die Butter in einem Topf zerlassen. Mehl darin unter Rühren so lange erhitzen, bis es hellgelb ist. Die abgemessene Brühe hinzugießen und mit einem Schneebesen gut durchschlagen, dabei darauf achten, dass keine Klümpchen entstehen.

7. Die Sauce zum Kochen bringen und etwa 5 Minuten ohne Deckel leicht kochen lassen, dabei gelegentlich umrühren.

8. Spargelstücke und Champignons mit dem Fleisch in die Sauce geben und unter Rühren kurz aufkochen. Weißwein, 1 Esslöffel Zitronensaft und Zucker hinzufügen.

9. Das Eigelb mit Sahne verschlagen und vorsichtig unter das Frikassee rühren (abziehen). Frikassee nicht mehr kochen lassen.

10. Das Frikassee mit Salz, Pfeffer, Worcestersauce und Zitronensaft abschmecken.

Beilage: Reis oder Nudeln.

Tipps: Anstelle von Spargel aus dem Glas können Sie auch gekochten TK-Spargel verwenden. Champignons aus dem Glas können Sie durch 150 g frische, geputzte, in Scheiben geschnittene und in 1 Esslöffel Butter angedünstete Champignons ersetzen. Die restliche Brühe mit einer Einlage als Suppe verwenden oder als Basis für eine Sauce. Die Brühe kann auch eingefroren werden.

Hühnersuppe (Hühnerbrühe) I

Etwas aufwendiger

6 Portionen

Pro Portion: E: 32 g, F: 15 g, Kh: 6 g,
kJ: 1191, kcal: 285, BE: 0,5

Für die Hühnerbrühe:

2 l Wasser
1 Bund Suppengrün
(Sellerie, Möhren, Porree)
1 Zwiebel
1 küchenfertiges Suppenhuhn
(1–1 ½ kg)
Salz

Für die Hühnersuppe:

150 g weißer Spargel
150 g grüner Spargel
1 Prise Zucker
50 g Langkornreis
2 EL gehackte Petersilie

Zubereitungszeit: 45 Minuten
Garzeit: etwa 1 ½ Stunden

1. Für die Hühnerbrühe Wasser in einem großen Topf zum Kochen bringen. Inzwischen den Sellerie schälen. Die Möhren putzen und schälen. Sellerie und Möhren abspülen, abtropfen lassen. Porree putzen, die Stange längs halbieren, gründlich waschen und abtropfen lassen.

2. Vorbereitetes Suppengrün grob würfeln. Zwiebel abziehen. Suppenhuhn innen und außen unter fließendem kalten Wasser abspülen und in das kochende Wasser geben. 1 Teelöffel Salz zufügen, erhitzen (nicht kochen lassen) und abschäumen. Suppengrün und Zwiebel in die Brühe geben. Das Huhn ohne Deckel bei schwacher Hitze etwa 1 ½ Stunden gar kochen.

3. Für die Suppe etwa 45 Minuten vor dem Ende der Garzeit den weißen Spargel von oben nach unten schälen. Darauf achten, dass die Schalen vollständig entfernt, die Köpfe aber nicht verletzt werden. Die unteren Enden abschneiden (holzige Stellen vollkommen entfernen). Von dem grünen Spargel nur das untere

Drittel schälen und die Enden abschneiden. Spargel abspülen und abtropfen lassen. Weißen und grünen Spargel in etwa 3 cm lange Stücke schneiden.

4. Salzwasser mit Zucker in einem Topf zum Kochen bringen. Die weißen Spargelstücke hinzugeben, wieder zum Kochen bringen und etwa 5 Minuten kochen lassen. Dann die grünen Spargelstücke hinzugeben, zum Kochen bringen und weitere etwa 7 Minuten kochen lassen. Anschließend die Spargelstücke in einem Sieb abtropfen lasen.

5. Inzwischen den Langkornreis nach Packungsanleitung zubereiten.

6. Die Hühnerbrühe durch ein Sieb in einen Topf gießen, evtl. das Fett abschöpfen. Die Brühe mit Salz abschmecken.

7. Das Hühnerfleisch von den Knochen lösen, die Haut entfernen und das Fleisch in kleine Stücke schneiden. Fleisch-, Spargelstücke und Reis in die Brühe geben und erhitzen. Die Suppe mit Petersilie bestreut servieren.

Tipps: Sie können die Hühnerbrühe auch mit Eierstich, Grießklößchen, Fleischklößchen, Glasnudeln oder asiatischen Pilzen als Einlage servieren. Wenn Sie die Hühnersuppe ohne Einlage am Tag vor dem Verzehr zubereiten und erkalten lassen, können Sie am nächsten Tag ganz einfach das fest gewordene Fett mit einem Löffel abschöpfen. Die Hühnerbrühe ist ohne Einlagen gefriergeeignet.

Jagdwurstpfanne I Schnell
4 Portionen

Pro Portion: E: 27 g, F: 25 g, Kh: 22 g,
kJ: 1764, kcal: 421, BE: 1,5

                1 Zwiebel
        1 Bund Frühlingszwiebeln
           50 g Frühstücksspeck in Scheiben
                 (Bacon)
          500 g gegarte Pellkartoffeln
                 Salz, gem. Pfeffer
          ½ TL Paprikapulver edelsüß
                6 Eier (Größe M)
         125 ml Milch (1,5 % Fett)
          250 g Jagdwurst
           2 EL Schnittlauchröllchen

Zubereitungszeit: 30 Minuten

1. Zwiebel abziehen und in kleine Würfel schneiden.
Frühlingszwiebeln putzen, abspülen, abtropfen lassen
und in feine Scheiben schneiden.

2. Den Speck in feine Streifen schneiden und in einer
großen erwärmten Pfanne auslassen.

3. Die Zwiebelwürfel darin dünsten. Die Frühlingszwiebelscheiben ebenfalls unterrühren.

4. Kartoffeln pellen und in dünne Scheiben schneiden.
Kartoffelscheiben mit in die Pfanne geben, unter gele-
gentlichem Wenden anbraten. Die Kartoffeln mit Salz,
Pfeffer und Paprikapulver bestreuen.

5. Eier mit Milch verschlagen. Die Eiermilch in die
Pfanne geben.

6. Jagdwurst in Würfel schneiden und daraufstreuen.
Den Deckel auf die Pfanne legen und die Eiermasse
etwa 10 Minuten bei schwacher Hitze stocken lassen.

7. Nach etwa 8 Minuten mit dem Pfannenwender probieren, ob sich die Mischung vom Pfannenboden löst,
dann die Jagdwurstpfanne in 4 Portionen teilen, auf
vorgewärmte Teller gleiten lassen und mit Schnittlauch
bestreut servieren.

Jägerkohl (Jäger-Kappes) I

Gut vorzubereiten

4 Portionen

Pro Portion: E: 7 g, F: 13 g, Kh: 9 g,
kJ: 759, kcal: 180, BE: 1,0

1 kg	Weißkohl
1	kleine Zwiebel
100 g	durchwachsener Speck
2 EL	Speiseöl, z. B. Sonnenblumenöl
250 ml	Gemüsebrühe
	Salz, gem. Pfeffer
	Kräuteressig
1 Prise	Zucker

Zubereitungszeit: 20 Minuten
Garzeit: etwa 25 Minuten

1. Von dem Weißkohl die äußeren welken Blätter entfernen, den Kohl vierteln und den Strunk heraus- schneiden. Kohlviertel in feine Streifen schneiden, ab- spülen und abtropfen lassen. Zwiebel abziehen und würfeln. Den durchwachsenen Speck ebenfalls in Würfel schneiden.

2. Speiseöl in einem Topf erhitzen. Die Speckwürfel darin auslassen. Die Zwiebelwürfel hinzufügen und unter Rühren andünsten. Dann die Weißkohlstreifen hinzufügen und ebenfalls unter Rühren andünsten.

3. Gemüsebrühe hinzugießen, den Kohl mit Salz und Pfeffer würzen und zugedeckt bei schwacher Hitze in etwa 25 Minuten gar dünsten. Mit Salz, Pfeffer, Essig und Zucker abschmecken.

Tipps: Der Jägerkohl passt als Beilage zu Schweine- schmorbraten mit Salzkartoffeln. Anstelle von Weiß- kohl können Sie den Jägerkohl auch mit Wirsing, Spitzkohl oder Chinakohl zubereiten. Bei Spitz- oder Chinakohl verringert sich dann die Dünstzeit auf 10–15 Minuten.

Jägerschnitzel I
Evergreen der deutschen Küche
4 Portionen

Pro Portion: E: 49 g, F: 26 g, Kh: 6 g,
kJ: 1905, kcal: 457, BE: 0,5

        1   Zwiebel
    250 g   Champignons
        4   Schweineschnitzel
            (je etwa 200 g)
            Salz
            gem. Pfeffer
            Paprikapulver edelsüß
     40 g   Weizenmehl
     50 g   Margarine oder 5 EL Speiseöl,
            z. B. Sonnenblumenöl
    150 g   Crème fraîche
      1 EL gehackte Petersilie

Zubereitungszeit: 35 Minuten

1. Zwiebel abziehen und klein würfeln. Champignons putzen, evtl. kurz abspülen und trocken tupfen. Die Champignons in Scheiben schneiden.

2. Schweineschnitzel mit Küchenpapier trocken tupfen, mit Salz, Pfeffer und Paprika würzen. Die Schnitzel in Mehl wenden, dabei nicht anhaftendes Mehl abschütteln.

3. Margarine oder Speiseöl in einer großen Pfanne erhitzen. Schnitzel darin bei mittlerer Hitze 10–12 Minuten (je nach Dicke der Schnitzel) von beiden Seiten braten, dabei gelegentlich wenden. Die Schnitzel aus der Pfanne nehmen und warm stellen.

4. Die Zwiebelwürfel in dem verbliebenen Bratfett unter Rühren andünsten. Champignonscheiben hinzugeben und mitdünsten lassen, Crème fraîche unterrühren. Die Sauce mit Salz und Pfeffer würzen und 2–3 Minuten bei schwacher Hitze ohne Deckel leicht kochen lassen. Anschließend die Petersilie unterrühren. Die Sauce zu den Schnitzeln reichen.

Beilage: Pommes frites oder Bratkartoffeln und Blattsalat.

Tipp: Anstelle der Champignons können Sie auch andere Pilze, z.B. Kräutersaitlinge, Pfifferlinge und/oder Steinpilze, verwenden.

Jägerschnitzel nach sächsischer Art mit Spaghetti I

Einfach, preiswert – schnell

4–6 Portionen

Pro Portion: E: 33 g, F: 37 g, Kh: 67 g, kJ: 3059, kcal: 732, BE: 5,5

4 l	*Wasser*
4 gestr. TL	*Salz*
400 g	*Spaghetti*
500 g	*Jagdwurst, am Stück*
40 g	*Weizenmehl*
2	*Eier (Größe M)*
etwa 50 g	*Semmelbrösel*
50 g	*Margarine oder*
	4–5 EL Speiseöl
30 g	*Butter*
100 g	*ger. Emmentaler oder Gouda*

Zubereitungszeit: 30 Minuten

1. Wasser in einem großen Topf zugedeckt zum Kochen bringen. Salz und Spaghetti zugeben. Die Nudeln nach Packungsanleitung ohne Deckel bei mittlerer Hitze bissfest gar kochen, dabei gelegentlich umrühren. Anschließend die Nudeln in ein Sieb geben, abtropfen lassen und warm halten.

2. Inzwischen für die Jägerschnitzel die Pelle von der Wurst abziehen und die Wurst in 1–1 ½ cm dicke Scheiben schneiden. Das Mehl auf einen flachen Teller geben. Die Eier in einem tiefen Teller mit einer Gabel verschlagen. Die Semmelbrösel ebenfalls auf einen flachen Teller geben.

3. Die Wurstscheiben zunächst in Weizenmehl, dann in dem verschlagenen Ei und zuletzt in Semmelbröseln wenden. Die Semmelbrösel gut andrücken, nicht anhaftende Semmelbrösel leicht abschütteln.

4. Margarine oder Speiseöl in einer großen Pfanne erhitzen. Die panierten Wurstscheiben darin bei mittlerer Hitze von jeder Seite goldbraun braten. Dann die Jägerschnitzel aus der Pfanne nehmen, warm stellen und die Butter in dem verbliebenen Bratfett zerlassen. Spaghetti mit der zerlassenen Butter vermischen, mit Käse bestreuen, mit den Jägerschnitzeln servieren.

Tipp: Wer mag, serviert noch etwas Tomatensauce oder Tomatenketchup dazu.

Joghurtcreme
mit Heidelbeersauce I
Für Gäste
4–6 Portionen

Pro Portion: E: 10 g, F: 16 g, Kh: 30 g,
kJ: 1318, kcal: 315, BE: 2,5

Für die Joghurtcreme:
>   1 kg Joghurt (1,5 % Fett)
>   2 Bio-Zitronen
>   (unbehandelt, ungewachst)
>   4 TL flüssiger Honig
> 4 Blatt weiße Gelatine
>   200 g Schlagsahne
>   (mind. 30 % Fett)

Für die Heidelbeersauce:
>   200 g frische Heidelbeeren
>   (ersatzweise leicht angetaute
>   TK-Heidelbeeren)
>   100 ml roter Traubensaft
>   2 EL Johannisbeergelee

Zubereitungszeit: 30 Minuten, ohne Kühlzeit

1. Den Joghurt in eine Schüssel geben.

2. Zitronen heiß abwaschen und abtrocknen. Ein Stück Zitronenschale dünn abschneiden und für die Sauce beiseitelegen.

3. Von den restlichen Zitronen etwa 1 Teelöffel Zitronenschale fein abreiben. Die Zitronen halbieren und 4 Esslöffel Saft auspressen.

4. Abgeriebene Zitronenschale, -saft und Honig zu dem Joghurt geben. Die Zutaten mit einem Schneebesen glatt rühren.

5. Gelatine nach Packungsanleitung einweichen. Die Gelatine leicht ausdrücken und in einem kleinen Topf bei schwacher Hitze unter Rühren auflösen.

6. Die aufgelöste Gelatine zunächst mit etwa 3 Esslöffeln von der Joghurtmasse verrühren, dann unter die restliche Joghurtmasse rühren.

7. Die Sahne steif schlagen. Sobald die Joghurtmasse anfängt dicklich zu werden, die Sahne unterheben. Die Joghurtcreme in 4–6 Schalen füllen, zugedeckt etwa 3 Stunden in den Kühlschrank stellen.

8. Für die Sauce frische Heidelbeeren verlesen, vorsichtig abspülen und gut abtropfen lassen.

9. Den Traubensaft in einem kleinen Topf zum Kochen bringen. Die beiseitegelegte Zitronenschale hinzufügen, Johannisbeergelee unterrühren.

10. Heidelbeeren (frische oder leicht angetaute TK-Beeren) hinzugeben und alles bei schwacher Hitze etwa 5 Minuten unter gelegentlichem Rühren köcheln lassen. Den Topf von der Kochstelle nehmen. Die Heidelbeersauce abkühlen lassen.

11. Die Zitronenschale aus der Beerensauce entfernen. Die Joghurtcreme mit der Heidelbeersauce anrichten.

Tipps: Für eine Joghurtcreme mit Schwips können Sie den Traubensaft durch Rotwein ersetzen. Natürlich schmecken auch andere Beeren, wie z. B. Himbeeren, Erdbeeren oder Brombeeren, sehr gut zur Joghurtcreme.

Kabeljaufilet mit Senf-Zwiebel-Kruste I
Raffiniert
4 Portionen

Pro Portion: E: 31 g, F: 16 g, Kh: 24 g, kJ: 1554, kcal: 371, BE: 2,0

Für das Gemüse:

2	*Möhren (etwa 200 g)*
etwa 100 g	*Knollensellerie*
500 g	*festkochende Kartoffeln*
1 Stange	*Porree (Lauch), nur das Weiße (etwa 100 g)*
30 g	*Butter oder Margarine*
	Salz
	gem. Pfeffer
300 ml	*heiße Gemüsebrühe*
1 kleines	
Bund	*Majoran*

Für den Fisch:

4	*kleine Schalotten oder Zwiebeln (etwa 100 g)*
4	*Kabeljaufilets (je etwa 150 g)*
	Zitronensaft
2 EL	*mittelscharfer Senf*
1 EL	*Weizenmehl*
50 g	*Butter oder Margarine*

Zubereitungszeit: 35 Minuten
Garzeit: etwa 25 Minuten

1. Für das Gemüse Möhren und Sellerie putzen, schälen, abspülen und abtropfen lassen. Kartoffeln schälen, abspülen und abtropfen lassen. Porree putzen, die Stange längs halbieren, gründlich waschen, abtropfen lassen und in Streifen schneiden. Restliches Gemüse in nicht zu feine Stifte schneiden.

2. Die Butter oder Margarine in einer Pfanne erhitzen. Das Gemüse darin andünsten und mit Salz und Pfeffer würzen. Brühe zugießen und alles zugedeckt etwa 10 Minuten garen. Das Gemüse in eine Auflaufform (gefettet) geben. Majoran abspülen und trocken tupfen. Die Blättchen von den Stängeln zupfen und über das Gemüse streuen.

3. Inzwischen für den Fisch Schalotten oder Zwiebeln abziehen und in Würfel schneiden.

4. Den Backofen vorheizen.
Ober-/Unterhitze: etwa 200 °C
Heißluft: etwa 180 °C

5. Kabeljaufilets unter fließendem kalten Wasser abspülen, trocken tupfen und mit Salz, Pfeffer und Zitronensaft würzen. Die Oberseiten mit Senf bestreichen und die Schalotten- oder Zwiebelwürfel darauf verteilen, mit Mehl bestäuben und fest andrücken.

6. Butter oder Margarine in einer beschichteten Pfanne erhitzen. Die Fischfilets mit der Krustenseite vorsichtig darin anbraten. Die Filets herausnehmen und auf das Gemüse legen. Die Form auf dem Rost in den vorgeheizten Backofen schieben. Den Fisch mit dem Gemüse **etwa 25 Minuten garen.**

Beilage: Frische Blattsalate und Baguette.

Kaiserschmarren | Süße Mahlzeit
2 Portionen

Pro Portion: E: 22 g, F: 52 g, Kh: 70 g, kJ: 3574, kcal: 854, BE: 6,0

4	*Eier (Größe M)*
100 g	*Weizenmehl*
1 Prise	*Salz*
1 Pck.	*Dr. Oetker Vanillin-Zucker*
200 g	*Schlagsahne oder*
	200 ml Milch (3,5 % Fett)
50 g	*Rosinen*
etwa 50 g	*Butterschmalz oder 4 EL Speise-*
	öl, z. B. Sonnenblumenöl
etwas	*Puderzucker*

Zubereitungszeit: 30 Minuten

1. Die Eier trennen. Eiweiß steif schlagen. Eigelb mit Mehl, Salz, Vanillin-Zucker und Sahne oder Milch in eine Rührschüssel geben. Alles mit einem Mixer mit Rührbesen zu einem glatten Teig verrühren. Eischnee und Rosinen unterheben.

2. Etwas Butterschmalz oder Speiseöl in einer Pfanne (Ø 28 cm) erhitzen. Die Hälfte des Teiges hineingeben und den Teig bei mittlerer Hitze auf der Unterseite hellgelb backen.

3. Den an der Oberfläche noch etwas „flüssigen" Teig mit 2 Pfannenwendern erst vierteln, dann wenden und goldgelb backen, evtl. noch etwas Fett in die Pfanne geben.

4. Dann den Schmarren mit 2 Pfannenwendern in kleine Stücke reißen, auf einem Teller anrichten und warm stellen.

5. Den restlichen Teig auf die gleiche Weise zubereiten. Den Kaiserschmarren mit Puderzucker bestreut servieren.

Tipps: Kaiserschmarren als süßes Hauptgericht für 2 oder als Dessert für 4 Personen servieren. Reichen Sie Pflaumenkompott dazu. Wenn Sie den Schmarren im vorgeheizten Backofen bei Ober-/Unterhitze: etwa 200 °C für etwa 8 Minuten backen, geht er schön auf.

Kalbsbrust, gefüllte I

Für Gäste – mit Alkohol
6 Portionen

Pro Portion: E: 70 g, F: 55 g, Kh: 24 g,
kJ: 3624, kcal: 865, BE: 2,0

Für die Füllung:

3	Brötchen (Semmeln) vom Vortag
125 ml	heiße Milch (3,5 % Fett)
2	Eier (Größe M)
25 g	Butter
3	fein gewürfelte Schalotten
120 g	Champignons
1 TL	gehackter Thymian
1 EL	gehackte, glatte Petersilie
	Salz
	gem. Pfeffer
	ger. Muskatnuss
2 kg	Kalbsbrust
25 g	Butterschmalz
1 Bund	Suppengrün (Porree, Sellerie, Möhren)
1	große, gewürfelte Zwiebel
1 EL	Tomatenmark
etwas	Wasser oder Rindfleischbrühe
2–3 EL	trockener Rotwein
30 g	kalte Butter

Außerdem:

Küchengarn

Zubereitungszeit: 45 Minuten
Garzeit: etwa 1 ½ Stunden

1. Für die Füllung die Brötchen in Würfel schneiden und mit der heißen Milch übergießen. Milch etwas abkühlen lassen und die Mischung mit den Eiern gut vermengen. Butter in einer Pfanne zerlassen. Die Schalottenwürfel darin glasig dünsten.

2. Champignons putzen, klein schneiden und mit den Schalottenwürfeln und Kräutern zur Brötchenmasse geben. Alles gut mit der Brötchenmasse vermengen.

Die Masse mit Salz, Pfeffer und Muskat würzen und zugedeckt in den Kühlschrank stellen.

3. Die Kalbsbrust unter fließendem kalten Wasser abspülen und trocken tupfen. In die Kalbsbrust eine Tasche schneiden, von innen und außen mit Salz und Pfeffer würzen.

4. Die Füllung hineingeben, aber nicht zu viel, damit die Tasche nicht aufplatzt. Die Tasche mit Küchengarn zunähen.

5. Den Backofen vorheizen.
Ober-/Unterhitze: etwa 180 °C
Heißluft: etwa 160 °C

6. In einem Bräter das Butterschmalz zerlassen. Die Kalbsbrust bei starker Hitze rundherum darin goldbraun anbraten.

7. Suppengrün putzen, schälen, abspülen, abtropfen lassen, klein schneiden, mit den Zwiebelwürfeln dazugeben und kurz mitbraten lassen. Das Tomatenmark unterrühren. Etwas Wasser oder Brühe und den Rotwein dazugießen.

8. Den Bräter auf dem Rost in den vorgeheizten Backofen schieben. Kalbsbrust **etwa 1 ½ Stunden garen.**

9. Falls nötig, immer etwas Wasser oder Brühe nachgießen. Wenn das Fleisch gar ist, die gefüllte Kalbsbrust herausnehmen, in Alufolie wickeln und etwa 10 Minuten ruhen lassen.

10. In der Zwischenzeit die Schmorflüssigkeit durch ein feines Sieb gießen. Fett abschöpfen und die Sauce etwas einkochen lassen. Kalte Butter langsam einrühren und die Sauce mit Salz und Pfeffer abschmecken.

Tipps: Ein tolles Gericht zur Pfifferlingszeit. Verwenden Sie dann zum Füllen statt Champignons Pfifferlinge. Oder servieren Sie ein leckeres Pfifferlingsgemüse zur Kalbsbrust. Dafür 300 g geputzte Pfifferlinge mit 2 fein gewürfelten Schalotten in Butterschmalz anbraten. Grob gehackten Thymian dazugeben und je 2 Esslöffel Sherry und Crème fraîche unterrühren.

Kalbshaxe, geschmorte I

Mit Alkohol – dauert länger

6 Portionen

Pro Portion: E: 69 g, F: 29 g, Kh: 13 g,
kJ: 2765, kcal: 662, BE: 1,0

> 1 Zwiebel
> 2 Möhren
> 300 g Knollensellerie
> 1 Stange Porree (Lauch)
> je 3 Stängel Thymian und Rosmarin
> 2 Knoblauchzehen
> 2 Kalbshaxen
> (je etwa 1 ½ kg)
> Salz
> gem. Pfeffer
> 40 g Butterschmalz
> 2 Lorbeerblätter
> 1 EL Pfefferkörner
> 2 EL Tomatenmark
> 250 ml Rotwein
> 1 l Geflügelbrühe
>
> 4 rote Zwiebeln
> 500 ml Rotwein
> 1–2 EL Zucker
> 60 g kalte Butter

Zubereitungszeit: 60 Minuten
Garzeit: 2 ½–3 Stunden

1. Die Zwiebel abziehen. Möhren und Sellerie putzen, schälen, abspülen, abtropfen lassen. Porree putzen, die Stange längs halbieren, gründlich abspülen und abtropfen lassen. Das vorbereitete Gemüse in Stücke schneiden. Thymian und Rosmarin abspülen und trocken tupfen. Knoblauch abziehen.

2. Kalbshaxen unter fließendem kalten Wasser abspülen, trocken tupfen, mit Salz und Pfeffer einreiben. Butterschmalz in einem Bräter erhitzen. Die Haxen darin nacheinander von allen Seiten anbraten und herausnehmen. Zwiebel, Möhren- und Selleriestücke in den Bräter geben, in dem verbliebenen Bratfett unter mehrmaligem Wenden anbraten. Porreestücke hinzufügen und ebenfalls anbraten. Lorbeerblätter,

Pfefferkörner, Tomatenmark, Kräuter und Knoblauch zum angebratenen Gemüse geben, kurz anrösten.

3. Gemüse mit so viel Rotwein und Geflügelbrühe ablöschen, dass es etwa halbhoch in Rotwein-Geflügel-Brühe liegt. Das Ganze bei starker Hitze einkochen lassen, bis die Flüssigkeit verdampft ist. Den Backofen auf Ober-/Unterhitze: etwa 160 °C vorheizen.

4. Das Gemüse ein zweites Mal kurz rösten. Wieder die gleiche Menge Rotwein und Geflügelbrühe angießen und einkochen lassen. Das Gemüse nochmals anrösten. Restlichen Wein und restliche Geflügelbrühe hinzugeben und aufkochen.

5. Kalbshaxen auf das Gemüse legen. So viel Wasser hinzugießen, dass die Haxen zur Hälfte bedeckt sind. Den Bräter auf dem Rost in den vorgeheizten Backofen schieben und die Haxen **2 ½–3 Stunden garen.**

6. Zwiebeln abziehen, fein würfeln, mit Rotwein, etwas Salz, Pfeffer und Zucker in einen Topf geben und aufkochen. So lange im offenen Topf kochen lassen, bis keine Flüssigkeit mehr vorhanden ist. Den Topf von der Kochstelle nehmen.

7. Die garen Haxen herausnehmen und zugedeckt warm stellen. Den Bratensud durch ein feines Sieb in einen Topf gießen. Den Sud um die Hälfte einkochen lassen. Die Zwiebelmasse zum Haxensud geben und aufkochen. Die Sauce mit Salz und Pfeffer abschmecken. Topf von der Kochstelle nehmen. Butter in kleinen Stücken in die Sauce rühren. Die Haxen mit der Sauce servieren.

Kalbshaxe nach bayerischer Art I
Beliebt – deftig
4 Portionen

Pro Portion: E: 48 g, F: 24 g, Kh: 9 g,
kJ: 1851, kcal: 441, BE: 0,5

    1 *Kalbshaxe (etwa 1 ½ kg)*
        Salz, gem. Pfeffer
        gem. Kümmel
   5 EL *Speiseöl, z. B. Sonnenblumenöl*
 200 g *abgezogene Perlzwiebeln*
400 ml *Kalbsfond oder -brühe*
  1 EL *Tomatenmark*
        gem. grober Pfeffer
        ger. Meerrettich

Zubereitungszeit: 30 Minuten
Garzeit: etwa 1 ½ Stunden

1. Den Backofen vorheizen.
Ober-/Unterhitze: etwa 180 °C
Heißluft: etwa 180 °C

2. Kalbshaxe unter fließendem kalten Wasser abspülen und trocken tupfen. Haxe mit Salz, Pfeffer und Kümmel würzen.

3. Speiseöl in einem Bräter erhitzen. Die Haxe darin von allen Seiten scharf anbraten.

4. Den Bräter auf dem Rost im unteren Drittel in den vorgeheizten Backofen schieben und die Haxe **etwa 30 Minuten schmoren.**

5. Die Perlzwiebeln hinzufügen, **etwa 15 Minuten mitschmoren.** Kalbsfond oder -brühe hinzugeben. Tomatenmark unterrühren und das Ganze **weitere etwa 45 Minuten schmoren.**

6. Die Kalbshaxe aus dem Bräter nehmen und auf einer vorgewärmten Platte anrichten. Das Fleisch vom Knochen und in Scheiben schneiden. Die Sauce mit Salz, Pfeffer und Meerrettich abschmecken und dazu servieren.

Beilage: Kartoffelklöße.

Kalbstafelspitz, geschmorter ▮

Etwas teurer
4 Portionen

Pro Portion: E: 52 g, F: 13 g, Kh: 34 g,
kJ: 1941, kcal: 463, BE: 2,5

750 g	*Tafelspitz vom Kalb*
	Salz
	gem. Pfeffer
2 EL	*Olivenöl*
1 Bund	*Suppengrün*
	(Möhren, Sellerie, Porree)
1	*Zwiebel*
125 ml	*Wasser*

750 g	*kleine Kartoffeln*
750 g	*Rosenkohl*
500 ml	*Gemüsebrühe*
1	*Zwiebel*
1 EL	*Olivenöl*
150 ml	*Gemüsebrühe (vom Rosenkohl)*
	ger. Muskatnuss
2 EL	*Schnittlauchröllchen*

Zubereitungszeit: 40 Minuten
Garzeit: 1 1/2–1 3/4 Stunden

1. Fleisch mit Küchenpapier trocken tupfen, mit Salz und Pfeffer würzen. Öl in einem Bräter erhitzen. Das Fleisch darin von allen Seiten gut anbraten.

2. Suppengrün putzen, abspülen, abtropfen lassen und in Stücke schneiden. Zwiebel abziehen und vierteln. Suppengrün und Zwiebel zum Fleisch geben, andünsten und das Wasser zugeben.

3. Das Fleisch zugedeckt 1 1/2–1 3/4 Stunden schmoren lassen, dabei das Fleisch ab und zu wenden, verdampfte Flüssigkeit durch Wasser ersetzen.

4. Etwa 1 Stunde vor dem Ende der Garzeit Kartoffeln schälen, abspülen und mit Salzwasser bedeckt in einem Topf zum Kochen bringen. Die Kartoffeln etwa 8 Minuten kochen, anschließend abgießen.

5. Inzwischen Rosenkohl putzen, den Strunk kreuzförmig einschneiden, abspülen und abtropfen lassen. Gemüsebrühe in einem Topf zum Kochen bringen. Den Rosenkohl darin etwa 10 Minuten kochen. Rosenkohl in ein Sieb geben und abtropfen lassen. Von der Gemüsebrühe 150 ml abmessen und beiseitestellen.

6. Zwiebel abziehen, halbieren und fein würfeln. Speiseöl in einer großen Pfanne erhitzen. Die Zwiebelwürfel darin andünsten. Rosenkohl und Kartoffeln mit in die Pfanne geben, kurz mitdünsten. Die beiseitegestellte, abgemessene Brühe hinzufügen. Rosenkohl-Kartoffel-Pfanne etwa 10 Minuten garen, mit Salz, Pfeffer und Muskatnuss abschmecken.

7. Das Fleisch aus dem Bräter nehmen und zugedeckt etwa 10 Minuten ruhen lassen. Den Bratensatz mit dem Gemüse durch ein Sieb streichen, evtl. mit Wasser auffüllen, kurz aufkochen, mit Salz und Pfeffer würzen. Fleisch in Scheiben schneiden, mit Sauce, Rosenkohl-Kartoffel-Pfanne und Schnittlauch bestreut servieren.

Tipp: Sie können dieses Rezept auch mit 750 g Schweinekotelett am Stück (ohne Knochen) zubereiten.

Kalbsvögel (Schwalbennester) I

Beliebt – mit Alkohol

4 Portionen

Pro Portion: E: 60 g, F: 41 g, Kh: 17 g,
kJ: 2950, kcal: 706, BE: 1,5

    4 *hart gekochte Eier*
    4 *Kalbsschnitzel*
      (je etwa 150 g)
      Salz
      gem. Pfeffer
    1 EL *süßer Senf*
4 Scheiben *Kochschinken*
4 Scheiben *Schnittkäse*
    40 g *Margarine*
  125 ml *Weißwein*
  250 ml *Fleischbrühe*

Für das Gemüse:

    750 g *Möhren*
etwa 300 g *Staudensellerie*
    50 g *Butter*
  100 ml *Gemüsebrühe*

    1 EL *Speisestärke*
  125 g *saure Sahne*
  1–2 EL *gehackte Petersilienblättchen*

Außerdem:

    Küchengarn

Zubereitungszeit: 30 Minuten
Garzeit: 30–40 Minuten

1. Eier pellen. Die Kalbsschnitzel mit Küchenpapier trocken tupfen, leicht klopfen, mit Salz und Pfeffer würzen und mit Senf bestreichen.

2. Auf jedes Kalbsschnitzel je 1 Scheibe Schinken, 1 Scheibe Käse und 1 Ei legen. Die Schnitzel von der schmalen Seite her aufrollen, mit Küchengarn zusammenbinden.

3. Margarine in einem Bräter zerlassen. Die Kalbsvögel darin von allen Seiten gut anbraten. Den Weißwein und die Fleischbrühe hinzugießen, kurz aufko-chen lassen und die Kalbsvögel zugedeckt 30–40 Minuten garen.

4. Inzwischen die Möhren putzen, schälen, abspülen, abtropfen lassen, längs halbieren oder vierteln und in Stücke schneiden.

5. Staudensellerie putzen und die harten Außenfäden abziehen. Sellerie abspülen, abtropfen lassen, evtl. ebenfalls längs halbieren oder vierteln und in Stücke schneiden.

6. Die Butter in einem Topf zerlassen. Die Möhren- und Selleriestücke darin andünsten, mit Salz würzen. Die Gemüsebrühe hinzugießen und das Gemüse bei schwacher Hitze 5–10 Minuten gar dünsten.

7. Die Kalbsvögel aus dem Bräter nehmen und warm stellen.

8. Die Speisestärke mit etwas kaltem Wasser anrühren und mit der sauren Sahne in die Sauce einrühren. Sauce zum Kochen bringen und etwa 5 Minuten köcheln lassen. Die Sauce und das Gemüse mit Salz und Pfeffer abschmecken.

9. Das Küchengarn von den Kalbsvögeln entfernen. Die Kalbsvögel mit der Sauce auf dem Gemüse servieren, mit Petersilie bestreut servieren.

Kaninchen I

Mit Alkohol
4–6 Portionen

Pro Portion: E: 51 g, F: 27 g, Kh: 5 g,
kJ: 2026, kcal: 485, BE: 0,0

1	*Kaninchen (etwa 1 ½ kg, in 5 Teile zerlegt, siehe Tipp)*
	Salz
	gem. Pfeffer
1–2 Stängel	*Rosmarin*
200 g	*Möhren*
100 g	*Knollensellerie*
2	*Zwiebeln*
150 g	*Tomaten*
4 EL	*Olivenöl*
125 ml	*Weißwein*
250 ml	*Hühner- oder Gemüsebrühe*
75–150 g	*Crème fraîche*

Zubereitungszeit: 30 Minuten
Garzeit: etwa 50 Minuten

1. Kaninchenteile unter fließendem kalten Wasser abspülen und trocken tupfen. Vom Rücken die Bauchlappen abschneiden und den Rücken enthäuten. Die Kaninchenteile mit Salz und Pfeffer würzen.

2. Rosmarin abspülen, trocken tupfen und die Nadeln von den Stängeln zupfen. Möhren und Sellerie putzen, schälen, abspülen, abtropfen lassen und in Stücke schneiden. Zwiebeln abziehen und würfeln.

3. Die Tomaten kreuzweise einschneiden und mit kochendem Wasser übergießen. Nach 1–2 Minuten herausnehmen und mit kaltem Wasser abschrecken. Tomaten enthäuten, halbieren und die Stängelansätze herausschneiden. Tomaten grob würfeln.

4. Das Öl in einem Bräter erhitzen. Die Kaninchenteile darin unter Wenden von allen Seiten anbraten. Kaninchenteile herausnehmen.

5. Das vorbereitete Gemüse und Rosmarin in den Topf geben und 2–3 Minuten andünsten.

6. Weißwein und Brühe zugießen. Alles zum Kochen bringen. Die Kaninchenteile hinzufügen und zugedeckt etwa 50 Minuten schmoren.

7. Die Fleischstücke herausnehmen, auf einer Platte anrichten und zugedeckt warm stellen. Die Sauce pürieren. Crème fraîche unterrühren. Die Sauce nochmals mit Salz und Pfeffer abschmecken und zu dem Kaninchen reichen.

Beilage: Bandnudeln und Brokkoli.

Tipp: Das Zerlegen von Kaninchen. Legen Sie das küchenfertig vorbereitete Kaninchen mit dem Rücken auf ein Küchenbrett. Schneiden Sie die Vorder- und Hinterläufe (Keulen) mit einem scharfen Messer im Schulter- oder Hüftgelenk ein und trennen Sie diese ab. Durchtrennen Sie dabei das Gelenk mit einem kräftigen Druck nach unten. Trennen Sie die Bauchlappen entlang des Rückens mit einem scharfen Messer oder einer Küchenschere ab.

Kanincheneintopf I

Einfach – raffiniert

4 Portionen

Pro Portion: E: 50 g, F: 14 g, Kh: 24 g,
kJ: 1786, kcal: 427, BE: 1,5

1 kg	**Kaninchenteile,**
	z. B. Brust, Läufe, Keule
	Salz
	gem. Pfeffer
3 EL	**Olivenöl**
2	**Zwiebeln**
60 g	**Schinkenwürfel**
1 EL	**Tomatenmark**
700 ml	**Geflügelbrühe**
½ TL	**getrocknete Rosmarinnadeln**
3–4	**Pimentkörner**
2	**Gewürznelken**
150 g	**Knollensellerie**
200 g	**Möhren**
250 g	**festkochende Kartoffeln**
80 g	**Backpflaumen (ohne Stein)**

Zubereitungszeit: 30 Minuten
Garzeit: etwa 90 Minuten

1. Die Kaninchenteile unter fließendem kalten Wasser abspülen, trocken tupfen, evtl. enthäuten, mit Salz und Pfeffer würzen.

2. Olivenöl in einem Topf erhitzen. Die Kaninchenteile darin von allen Seiten anbraten. Zwiebeln abziehen und klein würfeln. Zwiebel- und Schinkenwürfel hinzugeben, mit anbraten. Tomatenmark unterrühren.

3. Die Brühe hinzugießen und aufkochen. Rosmarin, Piment und Gewürznelken unterrühren. Kaninchenteile zugedeckt etwa 60 Minuten köcheln.

4. Sellerie und Möhren putzen. Sellerie, Möhren und Kartoffeln schälen, abspülen, abtropfen lassen und in 1 cm große Würfel schneiden.

5. Die Kaninchenteile aus der Brühe nehmen. Das Fleisch von den Knochen lösen und klein schneiden.

6. Die Fleischstücke zusammen mit Sellerie-, Möhren- und Kartoffelwürfeln wieder in die Brühe geben, zugedeckt weitere etwa 30 Minuten köcheln lassen.

7. Backpflaumen vierteln und in den Eintopf geben. Den Eintopf mit Salz und Pfeffer abschmecken.

Kanincheneintopf
mit krossem Speck | Raffiniert
4 Portionen

Pro Portion: E: 44 g, F: 41 g, Kh: 45 g,
kJ: 3036, kcal: 725, BE: 3,5

4	*Kaninchenkeulen (je etwa 180 g)*
	Salz, gem. Pfeffer
2 EL	*Olivenöl*
12	*kleine Schalotten*
20	*kleine, neue Kartoffeln*
	(etwa 1 kg)
150 g	*kleine Champignons*
1 ½ l	*Hühnerbrühe oder Kalbsfond*
200 g	*Schlagsahne*
8 Scheiben	*Frühstücksspeck (Bacon)*
8 Stängel	*Estragon*

Zubereitungszeit: 45 Minuten
Garzeit: etwa 30 Minuten

1. Kaninchenkeulen unter fließendem kalten Wasser abspülen und trocken tupfen. Das Fleisch von den Knochen lösen und in grobe Stücke schneiden. Die Fleischstücke mit Salz und Pfeffer würzen.

2. Olivenöl in einem Topf erhitzen. Die Fleischstücke mit den Knochen hinzugeben und von allen Seiten leicht anbraten. Schalotten abziehen. Kartoffeln unter fließendem kalten Wasser gründlich abbürsten und abtropfen lassen. Champignons putzen, mit Küchenpapier abreiben, evtl. abspülen und trocken tupfen.

3. Schalotten und Kartoffeln portionsweise zu den Fleischstücken und Knochen in den Topf geben und mit andünsten. Mit Salz und Pfeffer würzen. Brühe oder Fond hinzugießen und zum Kochen bringen. Den Eintopf zugedeckt etwa 20 Minuten bei schwacher Hitze leicht kochen lassen. Champignons hinzugeben. Eintopf zugedeckt weitere etwa 10 Minuten garen.

4. Die Knochen aus dem Eintopf entfernen. Die Sahne unter den Eintopf rühren.

5. Frühstücksspeck in einer Pfanne ohne Fett kross braten. Estragon abspülen und trocken tupfen. Die Blättchen von den Stängeln zupfen. Blättchen klein schneiden.

6. Den Eintopf mit Salz und Pfeffer abschmecken und mit Estragon bestreuen. Den Eintopf mit den krossen Speckscheiben servieren.

Kartoffelauflauf mit Speck **I**

Deftig – dauert länger

4 Portionen

Pro Portion: E: 20 g, F: 17 g, Kh: 46 g,
kJ: 1771, kcal: 422, BE: 4,0

1 ½ kg	*vorwiegend festkochende Kartoffeln*
2	*große Zwiebeln*
4	*Eier (Größe M)*
	Salz
	gem. Pfeffer
100 g	*durchwachsener Speck*
50 g	*Frühstücksspeck in Scheiben (Bacon)*

Zubereitungszeit: 40 Minuten
Garzeit: etwa 2 Stunden

1. Den Backofen vorheizen.
Ober-/Unterhitze: etwa 160 °C
Heißluft: etwa 140 °C

2. Kartoffeln schälen, abspülen, abtropfen lassen, grob reiben und in ein Sieb geben.

3. Die Zwiebeln abziehen und in sehr feine Würfel schneiden.

4. Geriebene Kartoffeln mit Zwiebelwürfeln und Eiern in einer Schüssel vermengen, mit Salz und Pfeffer würzen.

5. Durchwachsenen Speck zuerst in Scheiben, dann in Streifen schneiden, zu der Kartoffelmasse geben und unterrühren.

6. Die Kartoffelmasse in eine Auflaufform (gefettet) geben und glatt streichen.

7. Frühstücksspeckscheiben auf dem Auflauf verteilen.

8. Die Form auf dem Rost im unteren Drittel in den vorgeheizten Backofen schieben. Den Auflauf **etwa 2 Stunden garen.**

Kartoffelaufstrich (Erdäpfelkas) I
Einfach
4 Portionen

Pro Portion: E: 3 g, F: 16 g, Kh: 11 g,
kJ: 850, kcal: 204, BE: 1,0

> 300 g **mehligkochende Kartoffeln**
> 1 gestr. TL **Salz**
> 1 **Zwiebel**
> 2 EL **Leinöl**
> 150 g **Crème fraîche**
> 1 Bund **Petersilie**
> 1 Bund **Schnittlauch**
> **Salz, gem. Pfeffer**

Zubereitungszeit: 30 Minuten, ohne Abkühlzeit
Haltbarkeit: im Kühlschrank etwa 5 Tage

1. Kartoffeln schälen, abspülen und abtropfen lassen. Kartoffeln und Salz in einen Topf geben, knapp mit Wasser bedeckt zum Kochen bringen und zugedeckt etwa 20 Minuten kochen lassen. Kartoffeln abgießen, grob zerstampfen und erkalten lassen.

2. Zwiebel abziehen und in sehr kleine Würfel schneiden. Das Leinöl mit Crème fraîche verrühren, mit den Zwiebelwürfeln unter die Kartoffelmasse geben.

3. Petersilie und Schnittlauch abspülen, trocken tupfen. Die Blättchen von den Petersilienstängeln zupfen. Blättchen klein schneiden. Schnittlauch in feine Röllchen schneiden. Petersilie und Schnittlauchröllchen unter den Kartoffelaufstrich rühren. Mit Salz und Pfeffer abschmecken.

4. Den Kartoffelaufstrich in ein vorbereitetes, verschließbares Gefäß füllen und in den Kühlschrank stellen.

Tipps: Kartoffelaufstrich, oder je nach Region auch als Erdäpfelkas bekannt, kann vielfältig abgewandelt werden. Statt mit Leinöl und Crème fraîche können die Kartoffeln mit etwa 100 g saurer Sahne und 100 g Schlagsahne verfeinert werden. Statt mit den Kräutern kann der Aufstrich auch mit Kümmel abgeschmeckt werden. Der Aufstrich schmeckt besonders gut auf Roggenmischbrot, Kasseler Brot oder rustikalem Bauernbrot.

Kartoffelgratin I
Beliebte Beilage
4 Portionen

Pro Portion: E: 7 g, F: 15 g, Kh: 26 g, kJ: 1148, kcal: 274, BE: 2,0

> 1 *Knoblauchzehe*
> 800 g *festkochende Kartoffeln*
> *Salz*
> *gem. Pfeffer*
> *ger. Muskatnuss*
> 125 ml *Milch (3,5 % Fett)*
> 125 g *Schlagsahne*
> 2 EL *ger. Parmesan*

Zubereitungszeit: 30 Minuten
Garzeit: etwa 45 Minuten

1. Den Backofen vorheizen.
Ober-/Unterhitze: etwa 180 °C
Heißluft: etwa 160 °C

2. Knoblauch abziehen, halbieren und eine flache Auflaufform (gefettet) mit dem Knoblauch einreiben.

3. Kartoffeln schälen, abspülen, trocken tupfen und in dünne Scheiben schneiden. Die Kartoffelscheiben dachziegelartig schräg in die vorbereitete Form einschichten. Kartoffeln mit Salz, Pfeffer und Muskat bestreuen.

4. Milch mit Sahne verrühren und über die Kartoffelscheiben gießen. Parmesan darüberstreuen. Die Form auf dem Rost auf der mittleren Einschubleiste in den vorgeheizten Backofen schieben und das Gratin **etwa 45 Minuten goldbraun backen.**

Tipps: Das Kartoffelgratin zu saucenlosen Fleisch-, Fisch- oder Gemüsegerichten servieren. Anstelle von Milch und Sahne können sie auch etwa 250 ml Gemüsebrühe mit 2 Esslöffeln Weißwein oder Crème fraîche verrühren und über die Kartoffelscheiben gießen. Mit Parmesan bestreuen und wie im Rezept beschrieben backen.

Kartoffelklöße, gekochte I

Traditionelle Beilage (im Foto rechts)
4 Portionen (12 Stück)

Pro Portion: E: 9 g, F: 4 g, Kh: 38 g,
kJ: 944, kcal: 225, BE: 3,0

> 750 g mehligkochende Kartoffeln
> 50 g Semmelbrösel
> 20 g Weizenmehl
> 2 Eier (Größe M)
> Salz
> ger. Muskatnuss
> Salzwasser
> (auf 1 l Wasser 1 TL Salz)

Zubereitungszeit: 40 Minuten (an 2 Tagen),
ohne Kühlzeit
Garzeit: etwa 40 Minuten

1. Kartoffeln unter fließendem Wasser abbürsten,
knapp mit Wasser bedeckt, zugedeckt zum Kochen
bringen und in etwa 20 Minuten gar kochen.

2. Die Kartoffeln abgießen, mit kaltem Wasser abschrecken und abtropfen lassen. Die Kartoffeln noch
warm pellen, sofort durch eine Kartoffelpresse drücken oder mit einem Kartoffelstampfer zerdrücken,
abkühlen lassen und zugedeckt über Nacht kalt
stellen.

3. Semmelbrösel, Mehl und Eier mit einem Mixer
(Knethaken) oder einem Rührlöffel unter die Kartoffelmasse kneten, mit Salz und Muskat würzen.

4. Aus der Masse mit bemehlten Händen 12 gleich
große Klöße formen.

5. In einem großen Topf so viel Salzwasser zum Kochen bringen, dass die Klöße in dem Wasser „schwimmen" können. Klöße in das kochende Salzwasser geben, wieder zum Kochen bringen und ohne Deckel
etwa 20 Minuten gar ziehen lassen (das Wasser muss
sich leicht bewegen).

6. Die gegarten Klöße mit einer Schaumkelle aus dem
Wasser nehmen und gut abtropfen lassen.

Rezeptvariante 1: Für **Kartoffelklöße halb und
halb** (im Foto links vorne) zunächst 750 g mehligkochende Kartoffeln wie unter Punkt 1 und 2 beschrieben zubereiten und über Nacht kalt stellen. Dann
500 g mehligkochende Kartoffeln schälen, abspülen
und in eine Schüssel mit kaltem Wasser reiben. Die
geriebenen Kartoffeln in ein Sieb geben, mit einem
Küchentuch gut auspressen und zu den gekochten
Kartoffeln geben. 1 Ei (Größe M), 65 g Weizenmehl
und 1 gestrichenen Teelöffel Salz unter die Kartoffeln
kneten. Aus der Masse mit bemehlten Händen etwa
12 Klöße formen und wie unter Punkt 5 beschrieben
gar ziehen lassen.

Rezeptvariante 2: Für **rohe Kartoffelklöße** (im
Foto links hinten) 1 ½ kg mehligkochende Kartoffeln schälen, abspülen, abtropfen lassen und in eine
Schüssel mit kaltem Wasser reiben. Ein Sieb mit einem Küchentuch auslegen, die Kartoffelmasse hineingeben, das Tuch zusammendrehen und gut auspressen. Die Masse in eine Rührschüssel geben. 250 ml
Milch mit 40 g Butter oder Margarine und 2 gestrichenen Teelöffeln Salz in einem Topf zum Kochen
bringen. 150 g Hartweizengrieß unter Rühren einstreuen, kurz aufkochen lassen. Die Grießmilch sofort
zu den ausgepressten Kartoffeln geben. Die Zutaten
mit einem Mixer (Knethaken) zu einer glatten Masse
verkneten. Die Kartoffel-Grieß-Masse nochmals mit
Salz abschmecken. 1 Brötchen (Semmel) in kleine
Würfel schneiden. 30 g Butter oder Margarine in einer
Pfanne zerlassen und die Brötchenwürfel darin unter
gelegentlichem Rühren goldbraun rösten. Aus der
Kartoffelmasse 12 Klöße formen, in jeden Kloß einige
Brötchenwürfel drücken. Die Klöße wie unter Punkt
5 beschrieben gar ziehen lassen.

Kartoffel-Matjes-Auflauf I

Preiswert – macht richtig satt

2 Portionen

Pro Portion: E: 26 g, F: 46 g, Kh: 47 g,
kJ: 2975, kcal: 711, BE: 3,5

500 g	*Pellkartoffeln (vom Vortag)*
1	*dicke Zwiebel (etwa 100 g)*
50 g	*durchwachsener Speck*
2	*Matjesdoppelfilets*
	(etwa 175 g)
2–3 Stängel	*Dill*
1 EL	*Rapsöl*
	Salz, gem. Pfeffer
100 g	*Schlagsahne*

Zubereitungszeit: 25 Minuten
Garzeit: etwa 35 Minuten

1. Den Backofen vorheizen.
Ober-/Unterhitze: etwa 200 °C
Heißluft: etwa 180 °C

2. Die Kartoffeln pellen und in Scheiben schneiden. Zwiebel abziehen und klein würfeln. Den Speck ebenfalls in Würfel schneiden. Matjesfilets quer in Streifen schneiden. Dill abspülen, trocken tupfen. Die Spitzen von den Stängeln zupfen. Spitzen klein schneiden.

3. Speiseöl in einer Pfanne erhitzen. Zwiebel- und Speckwürfel darin glasig dünsten.

4. Jeweils die Hälfte der Kartoffelscheiben, mit etwas Salz und Pfeffer gewürzt, und der Zwiebel-Speck-Masse in eine Auflaufform (gefettet) geben. Matjesstreifen darauf verteilen und mit Dill bestreuen.

5. Restliche Kartoffelscheiben und restliche Zwiebel-Speck-Masse daraufgeben. Mit etwas Salz und Pfeffer bestreuen. Den Auflauf mit der Sahne übergießen.

6. Die Form auf dem Rost in den vorgeheizten Backofen schieben. Den Auflauf **etwa 35 Minuten garen.**

Tipp: Sollte der Auflauf zu stark bräunen, ihn mit Alufolie zudecken.

Kartoffelnocken, gratinierte I

Einfach
4 Portionen

Pro Portion: E: 15 g, F: 23 g, Kh: 25 g,
kJ: 1549, kcal: 370, BE: 2,0

750 g	*mehligkochende Kartoffeln*
½ TL	*Salz*
½ Bund	*frische Kräuter, z. B. Petersilie*
	oder Basilikum
150 g	*Schmand (Sauerrahm)*
	Salz, gem. Pfeffer
	ger. Muskatnuss
150 g	*ger. Hartkäse, z. B. Parmesan,*
	Greyerzer, alter Gouda

Zubereitungszeit: 40 Minuten
Garzeit: etwa 30 Minuten

1. Kartoffeln schälen, abspülen, abtropfen lassen und knapp mit Wasser bedeckt in einem Topf zugedeckt zum Kochen bringen. Salz zugeben und die Kartoffeln in etwa 20 Minuten gar kochen.

2. Inzwischen Kräuter abspülen, trocken tupfen und die Blättchen von den Stängeln zupfen. Kräuter fein hacken.

3. Kartoffeln abgießen, gut abdampfen lassen und durch eine Kartoffelpresse drücken oder fein zerstampfen. Kräuter und Schmand kurz unterrühren. Danach die Kartoffelmasse mit Salz, Pfeffer und Muskatnuss abschmecken.

4. Den Backofen vorheizen.
Ober-/Unterhitze: etwa 180 °C
Heißluft: etwa 160 °C

5. Aus der Masse mit einem großen Löffel Nocken abstechen, diese nebeneinander in eine große flache Auflaufform (gefettet) setzen. Käse darüberstreuen. Form auf dem Rost in den vorgeheizten Backofen schieben. Kartoffelnocken **etwa 30 Minuten überbacken.**

Tipp: Servieren Sie dazu z. B. einen frischen Tomatensalat mit Schnittlauch-Dressing oder das Cordon bleu von S. 38.

Kartoffelpuffer (Reibekuchen) I

Vegetarisch

4 Portionen

Pro Portion: E: 11 g, F: 25 g, Kh: 38 g,
kJ: 1758, kcal: 419, BE: 3,0

1 kg	festkochende Kartoffeln
1	Zwiebel
3	Eier (Größe M)
1 gestr. TL	Salz
	gem. Pfeffer
	ger. Muskatnuss
40 g	Weizenmehl
100 ml	Speiseöl, z. B. Sonnenblumenöl

Zubereitungszeit: 45 Minuten

1. Kartoffeln schälen, abspülen und abtropfen lassen. Die Zwiebel abziehen. Kartoffeln und Zwiebel auf der Haushaltsreibe grob reiben. Aus der Masse evtl. etwas Flüssigkeit ausdrücken.

2. Die Kartoffel-Zwiebel-Masse mit Eiern, Salz, Pfeffer, Muskatnuss und Mehl verrühren.

3. Etwas von dem Speiseöl in einer beschichteten Pfanne erhitzen. Den Teig portionsweise mit einer Saucenkelle oder einem großen Löffel in die Pfanne geben. Den Teig mit einem Löffel flach drücken und bei mittlerer Hitze von beiden Seiten braten, bis der Rand knusprig braun ist. Die fertigen Kartoffelpuffer aus der Pfanne nehmen und auf Küchenpapier legen.

4. Überschüssiges Fett mit Küchenpapier abtupfen. Die Kartoffelpuffer sofort servieren oder warm stellen. Aus dem restlichen Kartoffelteig auf die gleiche Weise weitere Kartoffelpuffer braten.

Tipps: Wenn die Hälfte des Mehls durch 2–3 Esslöffel Haferflocken ersetzt wird, werden die Reibekuchen noch knuspriger. Die Reibekuchen mit etwas Crème fraîche und etwa 100 g feinen Schinkenstreifen (Schnippelschinken) servieren. Sie können auch einfach Apfelmus oder -kompott als Beilage reichen.

Kartoffelpüree (Kartoffelbrei) I
Für Kinder
4 Portionen

Pro Portion: E: 6 g, F: 13 g, Kh: 32 g,
kJ: 1164, kcal: 278, BE: 2,5

> 1 kg **mehligkochende Kartoffeln**
> 1 TL **Salz**
> 50 g **Butter**
> etwa 250 ml **Milch (3,5 % Fett)**
> **Salz, ger. Muskatnuss**

Zubereitungszeit: 15 Minuten
Garzeit: etwa 15 Minuten

1. Kartoffeln schälen, abspülen, abtropfen lassen und in Stücke schneiden. Kartoffeln mit Salz in einen Topf geben und knapp mit Wasser bedeckt zum Kochen bringen. Die Kartoffeln zugedeckt in etwa 15 Minuten gar kochen, abgießen, sofort durch eine Kartoffelpresse geben oder mit einem Kartoffelstampfer zerdrücken. Butter zugeben.

2. Milch aufkochen und mit einem Schneebesen oder Kochlöffel nach und nach unter die Kartoffelmasse rühren (je nach Beschaffenheit der Kartoffeln kann die Milchmenge etwas variieren).

3. Das Püree bei schwacher Hitze so lange mit dem Schneebesen rühren, bis eine einheitlich lockere Masse entstanden ist. Püree mit Salz und Muskat abschmecken.

Wichtig: Die Kartoffeln nicht mit einem Pürierstab pürieren, das Püree wird dann zäh!

Tipps: Kartoffelpüree als Beilage zu Braten, Frikadellen oder Fisch servieren. Kartoffelpüree nach Belieben mit in Butter gebräunten Zwiebelringen garnieren. Die Milch durch Schlagsahne ersetzen, dann auf die Butter verzichten.

Kartoffelsalat mit Mayonnaise I

Klassisch (im Foto vorn)
4 Portionen

Pro Portion: E: 10 g, F: 25 g, Kh: 31 g,
kJ: 1630, kcal: 389, BE: 2,5

> 800 g festkochende Kartoffeln
> 2 Zwiebeln
> 3 hart gekochte Eier
> 100 g abgetropfte Gewürzgurken
> (aus dem Glas)

Für die Sauce:

> 6 EL Salatmayonnaise
> 3 EL Gurkensud
> (aus dem Glas)
> 1 EL mittelscharfer Senf
> Salz, gem. Pfeffer

Zubereitungszeit: 25 Minuten,
ohne Abkühl- und Durchziehzeit
Garzeit: etwa 20 Minuten

1. Die Kartoffeln unter fließendem Wasser abbürsten, knapp mit Wasser bedeckt, zugedeckt zum Kochen bringen und in etwa 20 Minuten gar kochen.

2. Kartoffeln abgießen, mit kaltem Wasser abschrecken, abtropfen lassen und etwas abkühlen lassen. Die Kartoffeln pellen und in Scheiben schneiden. Die Kartoffelscheiben in eine große Salatschüssel geben.

3. Zwiebeln abziehen und fein würfeln. Eier pellen. Gewürzgurken und die gepellten Eier in Scheiben schneiden.

4. Für die Sauce Mayonnaise mit Gurkensud und Senf verrühren. Die Zutaten mit den abgekühlten Kartoffelscheiben und der Sauce vermengen. Salat mit Salz und Pfeffer würzen, mindestens 30 Minuten durchziehen lassen.

Tipps: Den Salat mit abgespülten, trocken getupften Petersilienblättchen garnieren. Dazu schmecken beispielsweise Wiener Würstchen, gebratener Leberkäse oder Spiegeleier.

Kartoffelsalat „Süddeutscher Art" I

Beliebt (im Foto hinten)
4 Portionen

Pro Portion: E: 7 g, F: 29 g, Kh: 35 g,
kJ: 1803, kcal: 430, BE: 3,0

> 1 kg festkochende Kartoffeln
> 1 Lorbeerblatt

Für die Sauce:

> 2 Zwiebeln
> 50 g gewürfelter durchwachsener
> Speck
> etwa 100 ml Speiseöl, z. B. Rapsöl
> 4–5 EL Kräuteressig
> 125 ml heiße Gemüsebrühe
> Salz, gem. Pfeffer

> 2 EL Schnittlauchröllchen

Zubereitungszeit: 30 Minuten, ohne Durchziehzeit
Garzeit: 35–40 Minuten

1. Die Kartoffeln unter fließendem Wasser abbürsten, mit dem Lorbeerblatt knapp mit Wasser bedeckt, zugedeckt zum Kochen bringen und in etwa 20 Minuten gar kochen. Kartoffeln nicht zu weich kochen lassen.

2. Für die Sauce in der Zwischenzeit Zwiebeln abziehen und würfeln. Speckwürfel in einem Topf mit 1 Esslöffel vom Öl braten. Die Zwiebelwürfel zugeben, dann mit Essig und Brühe ablöschen, etwa 3 Minuten ziehen lassen. Die Sauce mit Salz und Pfeffer würzen.

3. Kartoffeln abgießen, abtropfen lassen, heiß pellen, in Scheiben schneiden und in eine hitzebeständige Schüssel geben.

4. Die Sauce mit den warmen Kartoffelscheiben vorsichtig vermengen, nach und nach restliches Öl zugeben. Salat einige Stunden durchziehen lassen.

5. Den Backofen vorheizen.
Ober-/Unterhitze: etwa 150 °C
Heißluft: etwa 130 °C

6. Den Salat mit Salz, Pfeffer und Essig nochmals abschmecken. Die Schüssel mit dem Salat auf dem Rost in den vorgeheizten Backofen schieben. Den Salat **15–20 Minuten wärmen,** dabei gelegentlich durchschwenken. Schnittlauch unterrühren. Den Salat warm servieren.

Kartoffelsuppe
mit Wiener Würstchen | Beliebt
4 Portionen

Pro Portion: E: 23 g, F: 40 g, Kh: 26 g,
kJ: 2350, kcal: 561, BE: 2,0

1 Bund	*Suppengrün*
	(Möhren, Porree, Sellerie)
750 g	*mehligkochende Kartoffeln*
2 EL	*Speiseöl, z. B. Sonnenblumenöl*
1 l	*Gemüsebrühe*
1	*Lorbeerblatt*
1 TL	*gerebelter Majoran*
	Salz, gem. Pfeffer
500 g	*Wiener Würstchen*
	(aus dem Glas)

Zubereitungszeit: 30 Minuten, ohne Kühlzeit
Garzeit: etwa 20 Minuten

1. Suppengrün putzen. Dazu Sellerie schälen. Möhren putzen und schälen. Sellerie und Möhren abspülen und abtropfen lassen. Porree putzen. Die Stange längs halbieren, gründlich waschen und abtropfen lassen. Vorbereitetes Suppengrün grob würfeln.

2. Kartoffeln schälen, abspülen, abtropfen lassen und in Stücke schneiden.

3. Öl in einem großen Topf erhitzen. Zuerst das vorbereitete Suppengrün darin unter Rühren andünsten, danach die Kartoffelstücke hinzufügen und kurz mitdünsten.

4. Brühe hinzugießen. Lorbeerblatt und Majoran hinzugeben. Das Ganze zum Kochen bringen. Die Suppe zugedeckt bei mittlerer Hitze etwa 20 Minuten kochen lassen, dabei gelegentlich umrühren. Evtl. etwas Gemüsebrühe nachgießen.

5. Lorbeerblatt entfernen. Die Suppe mit einem Kartoffelstampfer etwas zerdrücken oder etwa ein Viertel der Suppe in einen Rührbecher geben, pürieren und wieder unter die Suppe rühren.

6. Die Suppe mit Salz und Pfeffer abschmecken. Die Wiener Würstchen ganz oder in Scheiben geschnitten in der Suppe erhitzen.

Tipps: Schmecken Sie die Kartoffelsuppe nach Belieben mit etwas Muskatnuss ab und bestreuen Sie die Suppe mit gehackter Petersilie.

Käse-Porree-Suppe I
Für Gäste
6 Portionen

Pro Portion: E: 32 g, F: 36 g, Kh: 5 g,
kJ: 1943, kcal: 464, BE: 0,0

3 Stangen	Porree
	(Lauch, etwa 700 g)
3 EL	Olivenöl
750 g	Gehacktes (halb Rind-,
	halb Schweinefleisch)
	Salz
	gem. Pfeffer
1 l	Fleischbrühe
470 g	abgetropfte Champignon-
	scheiben (aus dem Glas)
200 g	Sahne- oder Kräuter-
	schmelzkäse

Zubereitungszeit: 30 Minuten
Garzeit: etwa 15 Minuten

1. Porree putzen. Dunkles Grün (etwa ein Viertel der Stange) abschneiden. Porreestangen längs halbieren, gründlich waschen und abtropfen lassen. Porree in kleine Stücke schneiden.

2. Öl in einem großen Topf erhitzen. Gehacktes hinzufügen und anbraten. Dabei die Fleischklümpchen mit einem Pfannenwender oder Kochlöffel zerdrücken, mit Salz und Pfeffer würzen.

3. Porreestücke hinzufügen und kurz andünsten. Brühe hinzugießen und zum Kochen bringen. Das Ganze zugedeckt etwa 15 Minuten garen.

4. Die Champignonscheiben hinzufügen. Käse dazugeben und unter Rühren schmelzen lassen, dabei die Suppe nicht mehr kochen lassen. Die Suppe mit Salz und Pfeffer abschmecken.

Tipps: Die Suppe kann gut vorbereitet und ohne Schmelzkäse eingefroren werden. Sie eignet sich gut als Partysuppe.

Käsespätzle **I**
Beliebt
4 Portionen

Pro Portion: E: 30 g, F: 30 g, Kh: 87 g,
kJ: 3160, kcal: 755, BE: 7,0

5 l	*Wasser*
5 gestr. TL	*Salz*
500 g	*getrocknete Spätzle*
200 g	*ger. Emmentaler*
3	*Zwiebeln*
50 g	*Butter*
1 EL	*Schnittlauchröllchen*

Zubereitungszeit: 30 Minuten
Garzeit: 15–20 Minuten

1. Wasser in einem großen Topf zugedeckt zum Kochen bringen. Dann Salz und Spätzle zufügen. Die Spätzle nach Packungsanleitung im geöffneten Topf bei mittlerer Hitze kochen, dabei gelegentlich umrühren.

2. Den Backofen vorheizen.
Ober-/Unterhitze: etwa 200 °C
Heißluft: etwa 180 °C

3. Die gegarten Spätzle in einem Sieb abtropfen lassen, mit kaltem Wasser abschrecken und abtropfen lassen. Die Spätzle abwechselnd mit dem Käse in eine Auflaufform (gefettet) schichten (die oberste Schicht sollte aus Käse bestehen).

4. Die Form auf dem Rost auf mittlerer Einschubleiste in den vorgeheizten Backofen schieben. Die Käsespätzle **15–20 Minuten backen.**

5. Zwiebeln abziehen, in Scheiben schneiden, dann in Ringe teilen. Butter in einer Pfanne zerlassen. Die Zwiebelringe darin goldbraun braten. Die Käsespätzle mit Zwiebeln und Schnittlauch bestreut servieren.

Kasseler mit Sauerkraut I

Beliebt – mit Alkohol
4 Portionen

Pro Portion: E: 47 g, F: 22 g, Kh: 19 g,
kJ: 2049, kcal: 488, BE: 1,5

Für das Fleisch:

          1 kg *Kasseler Kotelettstück*
                (ohne Knochen)
          1 *mittelgroße Zwiebel*
   1 Bund *Suppengrün*
                (Möhren, Sellerie, Porree)
          1 *kleines Lorbeerblatt*
      125 ml *heißes Wasser*
evtl. etwas *Saucenbinder*
                Salz, gem. Pfeffer

Für das Sauerkraut:

          2 *Äpfel*
          1 *Lorbeerblatt*
          4 *Wacholderbeeren*
       1 TL *Kümmelsamen*
       1 TL *Pfefferkörner*
      500 g *frisches Sauerkraut*
      125 ml *Weißwein*
      125 ml *Wasser*
          1 *mittelgroße Kartoffel*
                Zucker

Zubereitungszeit: 40 Minuten
Garzeit: etwa 50 Minuten

1. Den Backofen vorheizen.
Ober-/Unterhitze: etwa 200 °C
Heißluft: etwa 180 °C

2. Kasseler trocken tupfen und die Fettschicht gitterförmig einschneiden. Zwiebel abziehen. Suppengrün putzen, abspülen, abtropfen lassen. Das Gemüse fein würfeln.

3. Das Fleisch mit der Fettschicht nach oben in einen mit Wasser ausgespülten Bräter legen. Gemüse und Lorbeerblatt dazugeben. Den Bräter auf dem Rost in den vorgeheizten Backofen schieben. Kasseler etwa 50 Minuten garen.

4. Wenn der Bratensaft bräunt, etwas von dem heißen Wasser zugeben. Die verdampfte Flüssigkeit nach und nach durch heißes Wasser ersetzen. Das Fleisch ab und zu mit dem Bratensatz begießen.

5. In der Zwischenzeit für das Sauerkraut die Äpfel schälen, vierteln, entkernen und die Äpfel raspeln. Gewürze in einen Papier-Teebeutel oder Kaffeefilter geben und ihn zubinden. Sauerkraut mit Apfelraspeln, Gewürzsäckchen, Wein und Wasser in einen Topf geben, zugedeckt etwa 30 Minuten köcheln lassen.

6. Die Kartoffel schälen, abspülen, fein reiben und nach der Hälfte der Garzeit unter das Sauerkraut rühren, damit es sämig wird. Das Gewürzsäckchen entfernen. Alles mit Salz und Pfeffer abschmecken.

7. Das gare Fleisch aus dem Bräter nehmen und zugedeckt etwa 10 Minuten ruhen lassen.

8. Für die Sauce den Bratensatz mit etwas Wasser loskochen, mit dem Gemüse durch ein Sieb passieren und auf der Kochstelle zum Kochen bringen. Die Flüssigkeit evtl. mit Saucenbinder binden und nochmals kurz aufkochen lassen. Die Sauce mit Salz und Pfeffer abschmecken. Fleisch in Scheiben schneiden, mit Sauce und Sauerkraut servieren.

Beilage: Kartoffelpüree.

Kirschmichel I
Süße Mahlzeit
4 Portionen

Pro Portion: E: 12 g, F: 30 g, Kh: 69 g,
kJ: 2503, kcal: 598, BE: 6,0

2	*Brötchen (Milchbrötchen oder Croissants) vom Vortag*
125 ml	*Milch (3,5 % Fett)*
370 g	*abgetropfte Sauerkirschen (aus dem Glas)*
125 g	*Zucker*
3	*Eigelb (Größe M)*
2 EL	*Butter*
1 Pck.	*Dr. Oetker Vanillin-Zucker*
	Schale von
½	*Bio-Zitrone (unbehandelt, ungewachst)*
3	*Eiweiß (Größe M)*
1 Prise	*Salz*
50 g	*gehobelte Mandeln*
etwas	*Puderzucker*

Zubereitungszeit: 15 Minuten
Backzeit: etwa 40 Minuten

1. Die Brötchen in dünne Scheiben schneiden, in eine Schüssel legen und mit der Milch übergießen. Die Kirschen mit der Hälfte des Zuckers mischen.

2. Den Backofen vorheizen.
Ober-/Unterhitze: etwa 200 °C
Heißluft: etwa 180 °C

3. Eigelb mit 1 Esslöffel Butter, restlichem Zucker und Vanillin-Zucker schaumig schlagen. Die eingeweichten Brötchenscheiben mit der Milch und der Zitronenschale unterrühren, bis die eingeweichten Brötchenscheiben zerfallen sind.

4. Eiweiß mit Salz steif schlagen und vorsichtig mit den Kirschen unter die Brötchen-Eier-Masse heben. Die Masse in eine Auflaufform (gefettet) geben. Die restliche Butter in kleinen Stücken darauf verteilen und mit Mandeln bestreuen.

5. Die Form auf dem Rost in den vorgeheizten Backofen schieben. Den Kirschmichel **etwa 40 Minuten backen.**

6. Den Kirschmichel noch warm mit Puderzucker bestäuben und sofort servieren.

Kohlrouladen I

Gefriergeeignet – klassisch
4 Portionen

Pro Portion: E: 23 g, F: 25 g, Kh: 12 g,
kJ: 1517, kcal: 362, BE: 1,0

> *Salzwasser*
> *(auf 1 l Wasser 1 TL Salz)*
> *1 Kopf Weißkohl (etwa 1 ½ kg)*

Für die Füllung:

> *1 Brötchen (Semmel)*
> *vom Vortag*
> *1 Zwiebel*
> *375 g Rindergehacktes*
> *1 Ei (Größe M)*
> *etwa 1 TL mittelscharfer Senf*
> *Salz, gem. Pfeffer*

> *4 EL Speiseöl, z. B. Rapsöl*
> *500 ml Gemüsebrühe*
> *1–2 TL Speisestärke*
> *2 EL kaltes Wasser*

Außerdem:

> *Küchengarn*

Zubereitungszeit: 30 Minuten
Garzeit: etwa 45 Minuten

1. In einem großen Topf reichlich Salzwasser zum Kochen bringen. In der Zwischenzeit von dem Weißkohl die äußeren, welken Blätter entfernen. Den Kohlkopf abspülen, abtropfen lassen und den Strunk keilförmig herausschneiden. Den Kohlkopf so lange in das kochende Wasser legen, bis sich die äußeren Blätter lösen. Diesen Vorgang so lange wiederholen, bis sich etwa 12 große Blätter lösen lassen und etwas weich sind. Die Blätter trocken tupfen, die dicken Blattrippen flach schneiden.

2. Für die Füllung Brötchen in kaltem Wasser einweichen und ausdrücken. Zwiebel abziehen, klein würfeln. Gehacktes in eine Schüssel geben. Zwiebelwürfel, Ei und Senf unterkneten. Die Masse mit Salz und Pfeffer würzen.

3. Jeweils 2–3 große Kohlblätter übereinanderlegen. Je ein Viertel der Hackfleischmasse daraufgeben. Die Blätter seitlich einschlagen und aufrollen. Die Rouladen mit Küchengarn festbinden.

4. Speiseöl in einem Topf erhitzen. Die Rouladen darin von allen Seiten anbraten. Gemüsebrühe hinzugießen und zum Kochen bringen. Die Rouladen zugedeckt bei schwacher Hitze etwa 45 Minuten garen, dabei gelegentlich wenden.

5. Gare Rouladen aus dem Topf nehmen und das Küchengarn entfernen. Rouladen auf einer vorgewärmten Platte anrichten und warm stellen.

6. Speisestärke mit Wasser anrühren. Den Bratenfond aufkochen lassen, angerührte Speisestärke mit einem Schneebesen unterrühren. Die Sauce nochmals unter Rühren aufkochen und etwa 5 Minuten bei schwacher Hitze unter gelegentlichem Rühren kochen lassen. Die Sauce mit Salz und Pfeffer abschmecken. Die Kohlrouladen mit der Sauce servieren.

Königsberger Klopse I Klassisch
4 Portionen

Pro Portion: E: 30 g, F: 30 g, Kh: 14 g,
kJ: 1878, kcal: 448, BE: 1,0

          1 Brötchen (Semmel) vom Vortag
          1 Zwiebel
      500 g Gehacktes (halb Rind-,
            halb Schweinefleisch)
          1 Ei oder Eiweiß (Größe S)
       2 TL mittelscharfer Senf
            Salz, gem. Pfeffer
      750 ml Gemüsebrühe

Für die Sauce:
       30 g Butter oder Margarine
       30 g Weizenmehl
      500 ml Kochbrühe (von den Klopsen)
          1 Eigelb (Größe S)
       2 EL Milch (3,5 % Fett)
       20 g abgetropfte Kapern
            (aus dem Glas)
      etwas Zucker
      etwas Zitronensaft
     evtl. etwas Dill

Zubereitungszeit: 25 Minuten
Garzeit: etwa 25 Minuten

1. Brötchen in kaltem Wasser einweichen und ausdrücken. Zwiebel abziehen und klein würfeln. Gehacktes
in eine Schüssel geben. Brötchen, Zwiebelwürfel, Ei
oder Eiweiß und Senf hinzufügen. Die Zutaten gut
verkneten. Mit Salz und Pfeffer würzen.

2. Die Gemüsebrühe in einem Topf zum Kochen bringen. Aus der Hackfleischmasse mit angefeuchteten
Händen 8–10 Klopse formen. Klopse in die kochende Gemüsebrühe geben, wieder zum Kochen bringen,
evtl. abschäumen. Klopse zugedeckt bei schwacher
Hitze etwa 15 Minuten gar ziehen lassen (das Wasser
muss sich leicht bewegen).

3. Die Klopse mit einem Schaumlöffel aus der Brühe
nehmen. Die Brühe durch ein Sieb in einen Topf gießen und 500 ml für die Sauce abmessen.

4. Für die Sauce Butter oder Margarine in einem Topf
zerlassen. Mehl unter Rühren so lange darin erhitzen,
bis es hellgelb ist. Abgemessene Brühe hinzugießen
und mit einem Schneebesen durchschlagen. Dabei
darauf achten, dass keine Klümpchen entstehen. Die
Sauce zum Kochen bringen und bei schwacher Hitze
etwa 5 Minuten leicht kochen lassen, dabei gelegentlich umrühren.

5. Eigelb mit Milch verschlagen und langsam in die
Sauce einrühren (abziehen). Die Sauce aber nicht
mehr kochen lassen. Kapern hinzufügen. Sauce mit
Salz, Pfeffer, Zucker und Zitronensaft abschmecken.

6. Die Klopse in die Sauce geben und etwa 5 Minuten
bei schwacher Hitze ziehen lassen. Die Königsberger
Klopse nach Belieben mit abgespültem, trocken getupftem Dill bestreut servieren.

Beilage: Salzkartoffeln und eingelegte Rote Bete
aus dem Glas.

Tipp: Sie können die Klopse in der Kochbrühe einfrieren. Die Sauce dann nach dem Auftauen frisch
zubereiten.

Krautsalat | Gut vorzubereiten
4–6 Portionen

Pro Portion: E: 4 g, F: 8 g, Kh: 8 g,
kJ: 505, kcal: 120, BE: 0,5

- 500–750 g *Weißkohl*
- 150 g *Gemüsezwiebeln*
- ½ TL *Kümmelsamen*
- 2–3 EL *Speiseöl, z. B. Sonnen-
  blumen- oder Rapsöl*
- 75 g *Speckwürfel*
- 2–3 EL *Weißweinessig*
- ½ TL *Selleriesalz*
- ½ TL *Salz*
- ¼ TL *gem. Pfeffer*
- ½–1 EL *Zucker*
- 1 TL *ger. Meerrettich (aus dem Glas)*

Zubereitungszeit: 12 Minuten, ohne Durchziehzeit

1. Von dem Weißkohl die äußeren Blätter entfernen.
Den Kohl vierteln, den Strunk herausschneiden. Den
Kohl in feine Streifen schneiden oder hobeln, abspülen und abtropfen lassen. Zwiebeln abziehen und in
feine Streifen schneiden. Kohl- und Zwiebelstreifen
in eine große Schüssel geben. Kümmel mit einigen
Tropfen Öl auf einem Brett grob hacken (Hinweis: Das

Öl dient dazu, dass der Kümmel beim Hacken nicht
wegspringt).

2. Von dem Öl 1 Esslöffel in einer Pfanne erhitzen.
Die Speckwürfel darin knusprig braten, herausnehmen, auf Küchenpapier abtropfen lassen.

3. Für die Marinade restliches Öl, Essig, Selleriesalz,
Salz, Pfeffer, Zucker und Meerrettich in einen Topf geben. Die Zutaten unter Rühren einmal aufkochen.

4. Die heiße Marinade über den Weißkohlsalat geben.
Zutaten gut vermengen und den Salat etwa 1 Stunde
durchziehen lassen.

5. Salat vor dem Servieren mit Salz, Pfeffer, Meerrettich und Zucker abschmecken, mit den Speckwürfeln bestreut servieren.

Tipps: Zum Krautsalat schmeckt gebratener Fleisch-
käse. Sie können den Salat bereits einen Tag vor dem
Verzehr zubereiten. Wenn Sie den Krautsalat durchkneten, wird er noch weicher und zieht besser durch.

Rezeptvariante: Für einen **vegetarischen Krautsalat** den Speck weglassen. Dafür 2 Esslöffel Sonnen-
blumenkerne in einer Pfanne ohne Fett rösten und
daraufstreuen.

Krauttöpfe mit Speck I

Mit Alkohol

8 Portionen

Pro Portion: E: 34 g, F: 46 g, Kh: 17 g, kJ: 2793, kcal: 670, BE: 1,5

1 kg	*Sauerkraut*
2	*Zwiebeln*
2	*dicke Möhren*
225 g	*abgetropfte, weiße Bohnen (aus der Dose)*
1	*große Speckschwarte*
4 Scheiben	*durchwachsener Speck (je etwa ½ cm dick)*
8	*Mettenden*
4 dicke Scheiben	*Kasseler (ohne Knochen)*
1	*Gewürzbeutel (10 weiße Pfefferkörner, 4 Gewürz-nelken, 8 Wacholderbeeren, 1 Lorbeerblatt)*
500 ml	*trockener Riesling*
500 ml	*Wasser*
4	*große, festkochende Kartoffeln*
etwa 50 g	*mittelscharfer Senf*

Zubereitungszeit: 30 Minuten
Garzeit: etwa 2 Stunden

1. Den Backofen vorheizen.
Ober-/Unterhitze: etwa 180 °C
Heißluft: etwa 160 °C

2. Das Sauerkraut in ein Sieb geben, unter fließen-dem kalten Wasser abspülen, abtropfen lassen und auseinanderzupfen. Die Zwiebeln abziehen, halbieren und in Streifen schneiden. Möhren putzen, schälen, abspülen, abtropfen lassen und in dünne Scheiben schneiden. Die Bohnen mit kaltem Wasser abspülen und abtropfen lassen.

3. Die Speckschwarte in einen großen Bräter legen. Die Hälfte des Sauerkrauts darauf verteilen. Zwiebel-streifen und Möhrenscheiben daraufgeben. Speck-scheiben, Mettenden, Kasselerscheiben und den Ge-würzbeutel drauflegen. Restliches Sauerkraut darauf verteilen. Den Riesling und das Wasser hinzugießen. Bräter auf dem Rost in den vorgeheizten Backofen schieben. Den Eintopf **etwa 1 ½ Stunden garen.**

4. In der Zwischenzeit Kartoffeln schälen, abspülen, abtropfen lassen und in 2 cm dicke Würfel schneiden. Dann die Kartoffelwürfel in den Eintopf geben. Den Eintopf **bei gleicher Backofeneinstellung weitere etwa 30 Minuten garen.**

5. Den Gewürzbeutel und Speckschwarte entfernen. Krauttöpfe mit Senf servieren.

Krustenbraten I

Mit Alkohol
6 Portionen

Pro Portion: E: 47 g, F: 17 g, Kh: 9 g,
kJ: 1682, kcal: 402, BE: 0,5

	Salz
1 ¼ kg	*Schweinekeule mit Schwarte (ohne Knochen)*
2	*Zwiebeln*
1 Bund	*Suppengrün (Möhren, Sellerie, Porree)*
20 g	*Butterschmalz oder Margarine*
500 ml	*Bier*
	gem. Pfeffer
1 TL	*gem. Kümmel*
6	*Gewürznelken*
evtl. etwas	*Fleischbrühe oder Wasser*
1 EL	*Speisestärke*

Zubereitungszeit: 35 Minuten
Koch- und Bratzeit: etwa 1 ½ Stunden

1. Reichlich Salzwasser in einem weiten Topf zum Kochen bringen. Die Schweinekeule darin bei schwacher Hitze etwa 45 Minuten köcheln lassen.

2. In der Zwischenzeit Zwiebeln abziehen und vierteln. Suppengrün putzen, abspülen, abtropfen lassen und in kleine Stücke schneiden. Butterschmalz oder Margarine in einem Bräter erhitzen und das Gemüse darin gut anbraten. Dann die Hälfte des Biers dazugießen.

3. Den Backofen vorheizen.
Ober-/Unterhitze: etwa 200 °C
Heißluft: etwa 180 °C

4. Das Fleisch aus dem Wasser nehmen, abtropfen lassen und die Schwarte rautenförmig etwa 1 cm tief einschneiden. Fleisch mit Salz, Pfeffer und Kümmel bestreuen. Die Nelken in die Kreuzungspunkte der Einschnitte stecken.

5. Das Fleisch auf das Gemüse in den Bräter legen. Den Bräter ohne Deckel auf dem Rost in den vorge-

heizten Backofen schieben. Braten **etwa 45 Minuten garen**. Dabei gelegentlich etwas Bier über das Fleisch gießen.

6. Etwa 10 Minuten vor Beendigung der Garzeit das Fleisch mit Bier bestreichen und fertig garen lassen. Sollte die Flüssigkeit nicht ausreichen, etwas Brühe oder Wasser dazugießen.

7. Den Krustenbraten herausnehmen und zugedeckt etwas ruhen lassen. Bratensatz durch ein Sieb geben und zum Kochen bringen. Das Speisestärke mit etwas Wasser anrühren und unterrühren. Die Sauce etwa 5 Minuten kochen, dabei gelegentlich umrühren, mit Salz und Pfeffer abschmecken.

Beilage: Gemüse und Kartoffelklöße oder dicke Scheiben rustikales Bauernbrot.

Kürbissuppe mit Blutwurst I

Raffiniert
4 Portionen

Pro Portion: E: 10 g, F: 47 g, Kh: 22 g,
kJ: 2340, kcal: 560, BE: 1,5

800 g	Kürbis, z. B. Hokkaido
1	Zwiebel
40 g	Butter oder Margarine
500 ml	Gemüsebrühe
200 ml	Orangensaft
4 Stängel	Thymian
100 g	geräucherter Speck, im Stück
2	Sternanis
200 g	Schlagsahne
	Salz, gem. Pfeffer
2 TL	Currypulver
etwas	gem. Kreuzkümmel (Cumin)
etwa 100 g	geräucherte, feste Blutwurst, im Stück (Ø etwa 5 cm)
etwas	Weizenmehl
2–3 EL	Olivenöl
60 g	abgezogene Haselnusskerne
1–2 EL	Schnittlauchröllchen

Zubereitungszeit: 40 Minuten
Garzeit: etwa 20 Minuten

1. Vom Kürbis die Kerne mit einem Löffel herauskratzen und den Kürbis schälen. Kürbisfleisch in kleine Würfel schneiden. Zwiebel abziehen und in kleine Würfel schneiden. Butter oder Margarine in einem Topf zerlassen. Zwiebel- und Kürbiswürfel darin andünsten. Brühe und Orangensaft hinzugießen.

2. Thymian abspülen und trocken tupfen. Speck, Sternanis und Thymian in die Brühe geben, zum Kochen bringen und etwa 20 Minuten kochen.

3. Speck, Sternanis und Thymian aus der Suppe nehmen. Die Suppe pürieren.

4. Sahne unterrühren. Die Suppe nochmals kurz erwärmen. Die Suppe mit Salz, Pfeffer, Curry und Kreuzkümmel abschmecken.

5. Von der Blutwurst den Darm abziehen. Blutwurst in etwa 1 cm dicke Scheiben schneiden und in Mehl wälzen.

6. Olivenöl in einer großen Pfanne erhitzen. Blutwurstscheiben darin von beiden Seiten kurz anbraten. Die Haselnusskerne hinzufügen und kurz mitbraten.

7. Die Suppe mit Schnittlauchröllchen bestreuen, mit Blutwurstscheiben und Haselnüssen servieren.

Labskaus | Dauert länger

4 Portionen

Pro Portion: E: 31 g, F: 23 g, Kh: 48 g,
kJ: 2206, kcal: 528, BE: 3,5

600 g	*gepökeltes schieres Rindfleisch*
6	*große Zwiebeln*
1	*Lorbeerblatt*
3	*Gewürznelken*
500 ml	*Wasser*
75 g	*Butter oder Margarine*
1 kg	*gegarte, warme Pellkartoffeln*
6 EL	*Gurkensud (von Essiggurken*
	aus dem Glas)
375 ml	*Fleischbrühe*
	(von dem gekochten Rindfleisch)
	Salz
	ger. Muskatnuss

Zubereitungszeit: 45 Minuten
Garzeit: etwa 2 Stunden

1. Das Rindfleisch mit Küchenpapier trocken tupfen.
1 Zwiebel abziehen und mit einem Messer einen Einschnitt für das Lorbeerblatt machen. Das Lorbeerblatt und die Gewürznelken mit den Stielenden fest in die Zwiebel stecken.

2. Das Wasser in einem Topf zugedeckt zum Kochen bringen. Das Rindfleisch hineingeben, zugedeckt zum Kochen bringen und etwa 1 ½ Stunden gar kochen lassen. Das Rindfleisch in ein Sieb abgießen, dabei die Fleischbrühe auffangen und 375 ml davon abmessen. Die gespickte Zwiebel entfernen.

3. Restliche 5 Zwiebeln abziehen. Fleisch und Zwiebeln grob zerkleinern. Beides durch einen Fleischwolf drehen. Butter oder Margarine in einem Topf zerlassen. Die Fleisch-Zwiebel-Masse darin unter Rühren 5 Minuten erhitzen.

4. Die Kartoffeln pellen und noch warm durch eine Kartoffelpresse drücken. Die Kartoffelmasse mit dem Gurkensud und der Fleischbrühe zu der Fleisch-Zwiebel-Masse in den Topf geben und unterrühren. Die Zutaten unter Rühren aufkochen und gut durchkochen lassen. Labskaus mit Salz und Muskatnuss abschmecken.

Beilage: Rollmöpse, Spiegeleier, Essiggurken und/ oder Rote Bete.

Tipps: Wenn Sie keinen Fleischwolf haben, können Sie das Fleisch und die Zwiebeln auch in feine Würfel schneiden. Statt des Pökelfleisches können Sie auch durchgedrehtes Corned Beef verwenden.

Lammkeule I
Für Gäste
4–6 Portionen

Pro Portion: E: 53 g, F: 20 g, Kh: 2 g,
kJ: 1657, kcal: 395, BE: 0,0

1	*Lammkeule (mit Knochen,*
	etwa 1 ½ kg)
	Salz
	gem. Pfeffer
1–2	*Knoblauchzehen*
6 EL	*Speiseöl, z. B. Olivenöl*
1–2 TL	*gerebelte Kräuter der Provence*
etwa 375 ml	*Gemüsebrühe oder halb*
	Rotwein, halb Gemüsebrühe
150 g	*Cocktailtomaten*
2	*gelbe Paprikaschoten*
1	*mittelgroße Zucchini*
4 Stängel	*Thymian*
1 TL	*Zucker*
2 EL	*weißer Balsamico-Essig*

Zubereitungszeit: 25 Minuten
Bratzeit: etwa 60 Minuten

1. Den Backofen vorheizen.
Ober-/Unterhitze: etwa 180 °C
Heißluft: etwa 160 °C

2. Lammkeule unter fließendem kalten Wasser abspülen, mit Küchenpapier trocken tupfen, mit Salz und Pfeffer einreiben. Knoblauch abziehen und durch die Knoblauchpresse drücken.

3. Von dem Öl 4 Esslöffel in einem Bräter erhitzen. Die Lammkeule darin von allen Seiten kräftig anbraten. Die Keule mit dem Knoblauch bestreichen und mit den Kräutern bestreuen.

4. Ein Drittel der Gemüsebrühe oder Rotwein-Brühe-Mischung zugeben. Den Bräter ohne Deckel auf dem Rost im unteren Drittel in den vorgeheizten Backofen schieben. Die Lammkeule **etwa 60 Minuten braten.**

5. Verdampfte Flüssigkeit nach und nach durch die Brühe oder Rotwein-Brühe-Mischung ersetzen.

6. Inzwischen die Cocktailtomaten abspülen, abtrocknen und halbieren. Paprikaschoten halbieren, entstielen, entkernen und die weißen Scheidewände entfernen. Schoten abspülen und abtropfen lassen. Zucchini abspülen, abtrocknen und die Enden abschneiden. Paprikaschoten und Zucchini in 1–2 cm große Stückchen schneiden. Thymian abspülen und trocken tupfen. Blättchen von den Stängeln zupfen und hacken.

7. Die gegarte Lammkeule aus dem Bräter nehmen und zugedeckt etwa 10 Minuten ruhen lassen, damit sich der Fleischsaft setzt. Den Bratensatz durch ein Sieb streichen. Evtl. mit Brühe oder Wein auffüllen, kurz aufkochen, mit Salz und Pfeffer abschmecken.

8. Das vorbereitete Gemüse in einer Pfanne in dem restlichen Öl andünsten. Gemüse mit Zucker, Salz und Pfeffer würzen. Thymian unterrühren. Das Gemüse mit Balsamico-Essig ablöschen.

9. Lammkeule in Scheiben schneiden, auf einer vorgewärmten Platte anrichten, mit dem Gemüse und der Sauce servieren.

Leber „Berliner Art" **I**

Mit Alkohol – schnell

4 Portionen

Pro Portion: E: 24 g, F: 15 g, Kh: 24 g,
kJ: 1457, kcal: 348, BE: 2,0

4 Scheiben	*Schweineleber (je 100–120 g)*
20 g	*Weizenmehl*
50 g	*Margarine*
	Salz
2	*Zwiebeln*
evtl. etwas	*Brühe*
2	*Äpfel*
50 g	*Zucker*
2 cl	*Calvados (Apfelbranntwein)*
etwas	*Wasser oder Hühnerbrühe*

Zubereitungszeit: 25 Minuten

1. Die Leber mit Küchenpapier trocken tupfen, von der feinen Haut befreien, evtl. Sehnen und Röhren entfernen und in Mehl wenden.

2. Die Margarine in einer Pfanne erhitzen. Die Leber darin evtl. in 2 Portionen von jeder Seite 2–3 Minuten braten. Leber mit Salz bestreuen, aus der Pfanne nehmen und warm stellen.

3. Die Zwiebeln abziehen, in feine Ringe schneiden, in die Pfanne geben und unter Wenden 8–10 Minuten bräunen lassen. Evtl. etwas Brühe hinzugeben.

4. In der Zwischenzeit die Äpfel schälen, entkernen und achteln. Zucker in einer Pfanne karamellisieren lassen (leicht bräunen). Apfelachtel dazugeben, kurz durchschwenken und dann mit Calvados ablöschen.

5. Leber mit den Zwiebeln auf einer vorgewärmten Platte anrichten. Bratensatz mit Wasser oder Brühe loskochen, über die Leberscheiben gießen und die Leber mit den Apfelstücken servieren.

Beilage: Kartoffelpüree und grüner Blattsalat.

Tipp: Sie können die Apfelspalten vor dem Ablöschen mit 1 Esslöffel Madras-Currypulver bestäuben.

Leipziger Allerlei
mit Kalbshackbällchen I

Etwas aufwendiger – für Gäste

4–6 Portionen

Pro Portion: E: 40 g, F: 34 g, Kh: 34 g, kJ: 2536, kcal: 606, BE: 2,5

Für die Hackbällchen:

1	*Brötchen (Semmel) vom Vortag*
2	*Schalotten*
600 g	*Kalbsgehacktes*
1	*Ei (Größe M)*
1 EL	*fein gehackte Kapern*
2 EL	*Schnittlauchröllchen*
	Salz
	gem. Pfeffer

500 g	*weißer Spargel*
1	*kleiner Blumenkohl*
1 Bund	*Möhren*
300 g	*frische Erbsen*
200 g	*rosé Champignons*
2	*Schalotten*
2 EL	*Butter*
3 EL	*Weizenmehl*
1 Bund	*Kerbel*
250 g	*Schlagsahne*
	Saft von
1	*Zitrone*

Zubereitungszeit: 45 Minuten
Garzeit: etwa 30 Minuten

1. Das Brötchen in kaltem Wasser einweichen und ausdrücken. Schalotten abziehen und in kleine Würfel schneiden. Das Gehackte in eine Rührschüssel geben. Das ausgedrückte Brötchen, Ei, Schalottenwürfel, gehackte Kapern und Schnittlauchröllchen hinzugeben. Zutaten gut verkneten, mit Salz und Pfeffer würzen.

2. Salzwasser in einem Topf zum Kochen bringen. Aus der Hackfleischmasse mit angefeuchteten Händen kleine Bällchen formen. Hackbällchen in dem siedenden Salzwasser bei schwacher Hitze etwa 15 Minuten gar ziehen lassen. Die Hackbällchen mit einer Schaum-

kelle herausnehmen, auf einen Teller legen und warm stellen. Den Fond durch ein feines Sieb gießen und beiseitestellen.

3. Den Spargel von oben nach unten schälen. Darauf achten, dass die Schalen vollständig entfernt, die Köpfe aber nicht verletzt werden. Die unteren Enden abschneiden (holzige Stellen vollkommen entfernen). Die Spargelstangen abspülen, abtropfen lassen und in etwa 4 cm lange Stücke schneiden.

4. Von dem Blumenkohl die Blätter und schlechten Stellen entfernen. Den Blumenkohl in Röschen teilen, abspülen und abtropfen lassen.

5. Möhren putzen, schälen, abspülen, abtropfen lassen und je nach Größe in Scheiben schneiden oder der Länge nach halbieren.

6. Die Erbsen abspülen und abtropfen lassen. Champignons putzen, mit Küchenpapier abreiben, evtl. abspülen, trocken tupfen und vierteln. Die Schalotten abziehen und in kleine Würfel schneiden.

7. Butter in einem großen Topf zerlassen. Schalottenwürfel darin andünsten und mit Mehl bestäuben. Beiseitegestellten Fond unter Rühren hinzugießen. Spargelstücke, Blumenkohlröschen und Möhrenscheiben oder -stücke hinzugeben.

8. So viel heißes Wasser hinzugießen, dass die Gemüsezutaten mit Wasser bedeckt sind. Anschließend zum Kochen bringen. Eintopf zudeckt etwa 10 Minuten bei schwacher Hitze kochen lassen.

9. Kerbel abspülen und trocken tupfen. Blättchen von den Stängeln zupfen. Anschließend Blättchen klein schneiden.

10. Erbsen und die Champignonviertel in den Eintopf geben. Diesen wieder zum Kochen bringen und zugedeckt weitere etwa 5 Minuten bei schwacher Hitze kochen lassen.

11. Die Sahne unterrühren und die warm gestellten Hackbällchen hinzugeben. Das Leipziger Allerlei mit Salz, Pfeffer und Zitronensaft abschmecken.

Linseneintopf mit Bauernspeck I
Deftig
6 Portionen

Pro Portion: E: 38 g, F: 34 g, Kh: 58 g,
kJ: 2972, kcal: 694, BE: 4,5

200 g	*Tellerlinsen*
2	*rote Zwiebeln*
1	*Knoblauchzehe*
100 g	*Bauernspeck*
500 g	*Lyoner Wurst (Fleischwurst)*
1	*dicke Möhre*
100 g	*Knollensellerie*
1 kleine	
Stange	*Porree (Lauch)*
2 EL	*Olivenöl*
1 EL	*Zucker*
2–3 EL	*Balsamico-Essig*
200 g	*rote Linsen*
200 g	*schwarze Linsen*
2 l	*Fleischbrühe*
1 Zweig	*Rosmarin*
1	*Lorbeerblatt*
	Salz
	gem. Pfeffer
1 Bund	*Schnittlauch*

Zubereitungszeit: 35 Minuten, ohne Einweichzeit
Garzeit: 15–20 Minuten

1. Die Tellerlinsen in ein Sieb geben, unter fließendem kalten Wasser abspülen, abtropfen lassen und in eine Schüssel geben. Kaltes Wasser hinzugießen, sodass die Linsen ganz bedeckt sind. Linsen über Nacht einweichen. Danach in einem Sieb abtropfen lassen und dabei das Einweichwasser auffangen.

2. Zwiebeln und Knoblauch abziehen, jeweils in kleine Würfel schneiden. Bauernspeck in feine Streifen oder Würfel schneiden. Die Lyoner Wurst in etwa 1 cm große Würfel schneiden. Möhre und Sellerie putzen, schälen, abspülen, abtropfen lassen und ebenfalls in 1 cm große Würfel schneiden. Porree putzen, die Stange längs halbieren, gründlich waschen, abtropfen lassen und in sehr kleine Stücke schneiden.

3. Das Olivenöl in einem Topf erhitzen. Zwiebel- und Knoblauchwürfel darin andünsten. Speckstreifen oder -würfel und Wurstwürfel hinzugeben und mitdünsten lassen.

4. Abgetropfte Tellerlinsen, Möhren-, Selleriewürfel und Porreestückchen hinzugeben. Zucker daraufstreuen. Die Zutaten unter Rühren karamellisieren lassen, mit Balsamico-Essig ablöschen. Rote und schwarze Linsen hinzugeben, die Brühe und das aufgefangene Einweichwasser hinzugießen, zum Kochen bringen. Rosmarin abspülen, trocken tupfen und mit dem Lorbeerblatt hinzugeben. Das Ganze mit Salz und Pfeffer würzen. Den Eintopf zugedeckt 15–20 Minuten bei schwacher Hitze kochen lassen.

5. Schnittlauch abspülen, trocken tupfen und in kleine Röllchen schneiden. Den Eintopf nochmals mit den Gewürzen abschmecken und mit Schnittlauchröllchen bestreut servieren.

Tipp: Nach Belieben Crème fraîche dazureichen.

Linsensalat mit gebratener Blutwurst | Raffiniert
4 Portionen

Pro Portion: E: 21 g, F: 35 g, Kh: 37 g,
kJ: 2288, kcal: 545, BE: 3,0

150 g	kleine, französische Linsen (Puy-Linsen)
1	Knoblauchzehe
1	Lorbeerblatt
1	kleine Zwiebel
1	Möhre
100 g	Knollensellerie
1 Stange	Porree (Lauch)
20 g	Butter

Für das Dressing:

3 EL	Rotweinessig
1 EL	Honig
	Salz, gem. Pfeffer
4 EL	Sonnenblumenöl

2	Äpfel, z. B. Delicius
300 g	geräucherte Blutwurst
2–3 EL	Sonnenblumenöl
etwas	Crema di Balsamico

Zubereitungszeit: 45 Minuten, ohne Abkühlzeit

1. Die Linsen abspülen und abtropfen lassen. Linsen nach Packungsanleitung mit der Knoblauchzehe und dem Lorbeerblatt gar, aber noch bissfest kochen. Anschließend die Linsen in einem Sieb abtropfen lassen.

2. Die Zwiebel abziehen und fein würfeln. Möhre und Sellerie putzen, schälen, abspülen, abtropfen lassen und in feine Würfel schneiden. Porree putzen, längs halbieren, waschen, abtropfen lassen und ebenfalls in feine Stücke schneiden.

3. Die Butter in einer Pfanne zerlassen. Zwiebel-, Möhren-, Selleriewürfel und Porreestücke darin andünsten. Die Linsen hinzufügen und noch 3–4 Minuten mitdünsten. Linsen-Gemüse-Mischung in eine Schüssel füllen.

4. Für das Dressing Essig mit Honig verrühren, mit Salz und Pfeffer würzen. Sonnenblumenöl unterschlagen. Das Dressing unter die noch warme Linsen-Gemüse-Mischung rühren. Salat noch etwas abkühlen lassen.

5. Äpfel waschen, abtrocknen, vierteln, entkernen und in schmale Spalten schneiden. Die Blutwurst enthäuten und in etwa 1 cm dicke Scheiben schneiden. Öl in einer Pfanne erhitzen. Die Apfelspalten darin von beiden Seiten kurz anbraten und herausnehmen. Dann die Blutwurstscheiben von beiden Seiten darin braten. Den Linsensalat mit Apfelspalten und Blutwurstscheiben auf Tellern anrichten und mit ein paar Tropfen Crema di Balsamico beträufeln.

Tipps: Den Salat kann man mit Kartoffelpüree auch als Hauptspeise servieren. Französische Puy-Linsen sind grüne Linsen mit einem intensiven nussigen Geschmack. Es können aber auch normale Tellerlinsen verwendet werden, diese nach Packungsanleitung zubereiten. Crema di Balsamico ist aufgrund seiner cremigen Konsistenz ideal zum Würzen und Garnieren.

Linsensuppe mit Würstchen **I**
Preiswert – gut vorzubereiten
4 Portionen

Pro Portion: E: 28 g, F: 22 g, Kh: 42 g,
kJ: 2024, kcal: 483, BE: 3,5

1 ¼ l	heiße Fleisch- oder Gemüsebrühe
250 g	Pardina Linsen
250 g	Kartoffeln
1	Zwiebel
150 g	TK-Suppengrün
4–8	kleine Wiener Würstchen (360 g)
	Salz
1–2 EL	Weißweinessig
1 EL	Schnittlauchröllchen

Zubereitungszeit: 30 Minuten

1. Für die Suppe Brühe in einem Topf zum Kochen bringen. Linsen in einem Sieb abspülen, abtropfen lassen und in den Topf geben. Die Brühe wieder zum Kochen bringen. Linsen zugedeckt etwa 5 Minuten kochen lassen.

2. Kartoffeln schälen, abspülen, abtropfen lassen und in 1 cm große Würfel schneiden. Zwiebel abziehen und würfeln. Die Kartoffel- und Zwiebelwürfel mit dem Suppengrün in die Suppe geben, wieder zum Kochen bringen und zugedeckt weitere etwa 18 Minuten kochen lassen.

3. Die Würstchen etwa 5 Minuten vor Ende der Garzeit hinzugeben und miterhitzen. Die Suppe mit Salz und Essig abschmecken, in tiefen Tellern verteilen und mit Schnittlauchröllchen bestreut servieren.

Tipp: Statt der Würstchen können Sie auch Rauchendenscheiben in die Suppe geben.

Liptauer | Vegetarisch

4 Portionen

Pro Portion: E: 9 g, F: 13 g, Kh: 3 g,
kJ: 705, kcal: 169, BE: 0,2

40 g	*Butter (zimmerwarm)*
250 g	*Speisequark*
2 EL	*saure Sahne*
2	*Schalotten*
50 g	*abgetropfte Gewürzgurken (aus dem Glas)*
1 TL	*fein gehackte Kapern*
1 TL	*mittelscharfer Senf*
1 TL	*Paprikapulver edelsüß*
	gem. Kümmel
	Salz, gem. Pfeffer

Zubereitungszeit: 25 Minuten
Haltbarkeit: verschlossen im Kühlschrank 2–3 Tage

1. Butter geschmeidig rühren. Quark durch ein feines Sieb streichen und mit saurer Sahne unter die Butter rühren.

2. Schalotten abziehen. Gewürzgurken und Schalotten fein würfeln, zusammen mit Kapern unter die Quarkmasse rühren. Liptauer mit Senf, Paprikapulver, Kümmel, Salz und Pfeffer abschmecken.

Tipps: Liptauer mit Schnittlauchröllchen garnieren und zu Bauernbrot servieren. Wandeln Sie den Liptauer nach Ihrem eigenen Geschmack ab, z. B. zusätzlich 1 Teelöffel fein gehackte Sardellen oder Sardellenpaste oder 1 Teelöffel Tomatenmark unterrühren.

Lübecker National I

Deftig

6 Portionen

Pro Portion: E: 25 g, F: 30 g, Kh: 31 g,
kJ: 2084, kcal: 498, BE: 2,5

750 g	Schweinebauch
2	Zwiebeln
2 EL	Butter
1 EL	Zucker
	Salz
	grober schwarzer Pfeffer
1	Lorbeerblatt
1 kg	Möhren
800 g	festkochende Kartoffeln
1 Bund	glatte Petersilie

etwa 6 EL mittelscharfer Senf

Zubereitungszeit: 45 Minuten
Garzeit: etwa 90 Minuten

1. Schweinebauch von Schwarte, evtl. Knochen und Knorpeln befreien. Schweinebauch unter fließendem kalten Wasser abspülen, trocken tupfen und in etwa 2 cm große Würfel schneiden. Die Zwiebeln abziehen und klein würfeln.

2. Butter in einem Topf zerlassen. Zwiebelwürfel darin glasig dünsten. Fleischwürfel hinzugeben und kurz mit andünsten. Zucker daraufstreuen und karamellisieren lassen. So viel Wasser (etwa 1 ½ Liter) hinzugießen, dass die Fleischwürfel gut bedeckt sind. Das Ganze mit Salz und reichlich schwarzem Pfeffer würzen. Lorbeerblatt hinzufügen. Die Zutaten zum Kochen bringen und zugedeckt etwa 60 Minuten bei mittlerer Hitze kochen lassen.

3. Inzwischen die Möhren putzen, schälen, abspülen und abtropfen lassen. Kartoffeln schälen, abspülen und abtropfen lassen. Möhren und Kartoffeln würfeln.

4. Die Kartoffel- und Möhrenwürfel in den Eintopf geben. Alles wieder zum Kochen bringen und zugedeckt weitere etwa 30 Minuten bei mittlerer Hitze garen.

5. Petersilie abspülen und trocken tupfen. Die Blättchen von den Stängeln zupfen. Die Blättchen klein schneiden. Dann den Eintopf mit Salz und Pfeffer abschmecken, mit Petersilie bestreut servieren. Den Senf dazureichen.

Maischollen mit glasiertem Frühlingsgemüse I

Raffiniert

4 Portionen

Pro Portion: E: 55 g, F: 25 g, Kh: 29 g, kJ: 2373, kcal: 566, BE: 2,5

1 Bund	Teltower Rübchen oder Mairübchen (etwa 400 g)
1 Bund	Möhren (etwa 400 g)
1	Kohlrabi (etwa 400 g)
einige Stängel	Kerbel oder glatte Petersilie
2 EL	Butter
1 EL	Zucker
	Salz
100 ml	Wasser
1 Tasse	Weizenmehl
8	küchenfertige Maischollen (je etwa 200 g)
60 ml	Sonnenblumenöl
4 EL	Butter
	gem. Pfeffer

Zubereitungszeit: 50 Minuten

1. Rübchen, Möhren und Kohlrabi putzen, schälen, abspülen und abtropfen lassen. Rübchen vierteln, Möhren längs halbieren und Kohlrabi in Spalten schneiden.

2. Kerbel oder Petersilie abspülen, trocken tupfen und die Blättchen von den Stängeln zupfen. Einige Blättchen zum Garnieren beiseitelegen und die restlichen Blättchen fein schneiden.

3. In einem großen, flachen Topf die Butter mit dem Zucker unter Rühren schmelzen. Das vorbereitete Gemüse hinzugeben, kurz durchschwenken und mit Salz würzen. Das Wasser hinzugießen und das Gemüse zugedeckt garen, bis die Flüssigkeit verdampft ist, dabei mehrmals umrühren.

4. Inzwischen das Mehl auf einen großen Teller geben. Die küchenfertig vorbereiteten Schollen unter fließendem kalten Wasser abspülen und trocken tupfen. Die Schollen mit Salz bestreuen und in Mehl wenden, überschüssiges Mehl leicht abschütteln.

5. Jeweils ein Viertel des Sonnenblumenöls in zwei großen Pfannen erhitzen. Je 2 Schollen darin bei mittlerer bis starker Hitze jeweils etwa 5 Minuten je Seite braten. Kurz vor Ende der Garzeit jeweils 1 Esslöffel Butter in die Pfannen geben und die Schollen nochmals wenden. Die gebratenen Schollen zugedeckt warm stellen (z. B. im vorgeheizten Backofen bei etwa 80 °C). Die restlichen Schollen auf die gleiche Weise braten.

6. Fein geschnittene Kräuter unter das Frühlingsgemüse rühren und evtl. das Gemüse nochmals mit Salz und Pfeffer abschmecken. Das Gemüse mit den Schollen und den beiseitegelegten Kräuterblättchen garniert servieren.

Marillenknödel I

Klassische Mehlspeise

4 Portionen

Pro Portion: E: 14 g, F: 24 g, Kh: 57 g, kJ: 2110, kcal: 505, BE: 5,0

Für den Teig:

60 g Butter (zimmerwarm)
250 g Magerquark
125 g Weizenmehl

Für die Füllung:

8 kleine Aprikosen
8 Stück Würfelzucker
Salz

Zum Bestreuen:

50 g Butter
50 g Semmelbrösel
25 g Zucker
½ Pck. Dr. Oetker Vanillin-Zucker

Zum Bestäuben:

1 EL Puderzucker

Zubereitungszeit: 40 Minuten, ohne Kühlzeit

1. Für den Teig die Butter in einer Rührschüssel mit einem Mixer (Rührstäbe) geschmeidig rühren. Nach und nach Quark und Mehl unterrühren und den Teig zugedeckt etwa 1 Stunde in den Kühlschrank stellen.

2. Für die Füllung die Aprikosen abspülen, abtrocknen und den Kern vorsichtig herauslösen. In jede Aprikose 1 Stück Würfelzucker geben.

3. Aus dem Teig eine Rolle von etwa 16 cm Länge formen und in 8 Stücke schneiden. Jedes Teigstück mit bemehlten Händen etwas flach drücken, jeweils 1 Aprikose darauflegen und das Teigstück darüber zusammendrücken.

4. Die gefüllten Teigstücke zu Knödeln formen, in kochendes Salzwasser geben, zum Kochen bringen und in etwa 15 Minuten bei schwacher Hitze gar ziehen lassen (das Wasser muss sich leicht bewegen).

5. Die Knödel mit einer Schaumkelle herausnehmen und anschließend abtropfen lassen.

6. Zum Bestreuen die Butter zerlassen. Semmelbrösel, Zucker und Vanillin-Zucker darin unter Rühren leicht rösten.

7. Die Knödel darin wälzen oder damit bestreuen und sofort mit Puderzucker bestäubt servieren.

Beilage: Servieren Sie die Marillenknödel zusätzlich mit **Marillenkompott.** Dafür 16 reife Aprikosen (Marillen) an der Unterseite einritzen, kurz in kochendes Wasser legen, in kaltem Wasser abschrecken. Die Aprikosenhaut abziehen. Die Aprikosen vierteln, Steine entfernen. Aprikosen in breite Spalten schneiden. 50 g Zucker in einem Topf karamellisieren, 300 ml Orangensaft und 2 cl Marillenschnaps oder -likör hinzugießen. 1 Vanilleschote längs aufschneiden und das Mark herauskratzen. Vanilleschote und -mark zum Saft geben. Orangensaft zum Kochen bringen und um etwa ein Drittel einkochen lassen. 1 Teelöffel Speisestärke mit 1 Esslöffel Wasser anrühren. Orangensud von der Kochstelle nehmen, die Vanilleschote entfernen. Angerührte Stärke in den Sud rühren und unter Rühren gut aufkochen lassen. Die Aprikosenspalten hinzugeben, nochmals kurz aufkochen, etwas durchziehen lassen und abkühlen lassen.

Tipp: Nach Belieben die Marillenknödel mit Zitronenmelisseblättchen anrichten.

Martinsgans I

Schmeckt auch zu Weihnachten
8 Portionen

Pro Portion: E: 77 g, F: 75 g, Kh: 27 g,
kJ: 4552, kcal: 1087, BE: 2,0

> 1 küchenfertige Gans
> (4–4 ½ kg)
> Salz
> gem. Pfeffer
> gerebelter Majoran
> oder Beifuß

Für die Füllung:

> 50 g durchwachsener Speck
> 2 Zwiebeln
> 20 g Butter oder Margarine
> etwa 8 Brötchen (Semmeln)
> vom Vortag
> 300 ml Milch (3,5 % Fett)
> 4 Eier (Größe M)
> 2 EL gehackte Petersilie
> 2 Äpfel
> etwa 500 ml heißes Wasser
> 1 Bund Suppengrün
> (Möhren, Sellerie, Porree)

> etwa 100 ml kaltes Wasser
> 10 g Weizenmehl

Außerdem:

> Küchengarn oder
> Holzstäbchen

Zubereitungszeit: 45 Minuten, ohne Abkühlzeit
Bratzeit: etwa 4 ½ Stunden

1. Die Gans innen und außen unter fließendem kalten Wasser abspülen und trocken tupfen. Die Gans innen mit Salz, Pfeffer, Majoran oder Beifuß einreiben.

2. Für die Füllung den Speck würfeln. Zwiebeln abziehen und fein würfeln. Butter oder Margarine in einer Pfanne zerlassen. Speckwürfel darin knusprig braten. Zwiebelwürfel hinzufügen und glasig dünsten. Die Speck-Zwiebel-Masse beiseitestellen.

3. Den Backofen vorheizen.
Ober-/Unterhitze: etwa 200 °C
Heißluft: etwa 180 °C

4. Brötchen in kleine Würfel schneiden und in eine Schüssel geben. Milch in einem Topf erhitzen, über die Brötchenwürfel gießen und gut verrühren. Die Speck-Zwiebel-Masse unterrühren. Die Masse etwas abkühlen lassen. Dann Eier und Petersilie unterrühren, mit Salz würzen. Äpfel schälen, halbieren, entkernen, raspeln und unter die Masse mischen.

5. Die Gans mit der Masse füllen. Die Öffnung mit Küchengarn zunähen oder mit Holzstäbchen verschließen. Die Gans außen mit Salz, Pfeffer und Majoran oder Beifuß einreiben.

6. Eine Fettpfanne in den vorgeheizten Backofen (unteres Drittel) schieben. 125 ml heißes Wasser hineingießen. Die Gans mit der Brust nach unten auf einen Rost legen und den Rost oberhalb der Fettpfanne in den vorgeheizten Backofen schieben. Die Gans **etwa 1 ½ Stunden braten.** Die Gans während der Bratzeit mehrmals unterhalb der Flügel und Keulen einstechen, damit das Fett besser ausbraten kann. Das gesammelte Fett abschöpfen.

7. Sobald der Bratensatz bräunt, so viel heißes Wasser hinzugießen, dass das Wasser in der Fettpfanne etwa 1 cm hoch steht. Die Gans ab und zu mit dem Bratensatz begießen. Verdampfte Flüssigkeit nach und nach durch heißes Wasser ersetzen.

8. In der Zwischenzeit Suppengrün putzen, abspülen, abtropfen lassen und in kleine Stücke schneiden.

9. Die Gans nach etwa 1 ½ Stunden Bratzeit wenden. Das vorbereitete Suppengrün in die Fettpfanne geben und die Gans **bei gleicher Backofeneinstellung weitere etwa 3 Stunden garen.**

10. 50 ml kaltes Wasser mit ½ Teelöffel Salz verrühren. Die Gans etwa 10 Minuten vor Ende der Bratzeit damit bestreichen und die Backofentemperatur um etwa 20 °C erhöhen, damit die Haut schön kross wird. Die Gans vom Rost nehmen und zugedeckt 5–10 Minuten ruhen lassen, damit sich der Fleischsaft setzt.

11. Den Bratensatz mit etwas heißem Wasser lösen. Den Bratensatz durch ein Sieb streichen, mit Wasser auf 600 ml Flüssigkeit auffüllen und in einen Topf geben. Bratenfond zum Kochen bringen.

12. Das Mehl mit dem restlichen Wasser (50 ml) anrühren und mit einem Schneebesen in den kochenden Bratenfond rühren. Dabei darauf achten, dass keine Klümpchen entstehen. Die Sauce zum Kochen bringen und ohne Deckel bei schwacher Hitze etwa 5 Minuten leicht kochen, dabei gelegentlich umrühren. Die Sauce anschließend mit Salz, Pfeffer und Majoran abschmecken.

13. Die Gans in Portionsstücke schneiden (tranchieren) und auf einer vorgewärmten Platte anrichten. Die gefüllte Gans mit der Sauce servieren.

Beilage: Kartoffelklöße und Rosenkohl oder Rotkohl.

Tipp: Bei einer größeren Gans verlängert sich die Garzeit pro Kilogramm Gewicht um etwa 30 Minuten.

Matjesfilets nach Hausfrauen-Art I

Schmeckt nicht nur im Norden

4 Portionen

Pro Portion: E: 30 g, F: 55 g, Kh: 17 g, kJ: 2856, kcal: 684, BE: 1,0

8	Matjesfilets (etwa 600 g)
250 ml	Wasser
	Salz
3	Zwiebeln
400 g	säuerliche Äpfel, z. B. Cox Orange
150 g	abgetropfte Gewürzgurken (aus dem Glas)
200 g	Schlagsahne
150 g	Crème fraîche
3 EL	Zitronensaft
	gem. Pfeffer, Zucker

Zubereitungszeit: 30 Minuten, ohne Durchziehzeit

1. Matjesfiles unter fließendem kalten Wasser abspülen und trocken tupfen. Filets in etwa 2 cm große Stücke schneiden.

2. Wasser in einem Topf zum Kochen bringen. ¼ Teelöffel Salz zufügen. Zwiebeln abziehen und in Scheiben schneiden. Zwiebelscheiben kurz in dem kochenden Salzwasser blanchieren, dann in einem Sieb abtropfen lassen.

3. Die Äpfel schälen, vierteln und das Kerngehäuse entfernen. Die Äpfel und Gewürzgurken in Scheiben schneiden.

4. Sahne mit Crème fraîche und Zitronensaft verrühren, mit Salz, Pfeffer und Zucker abschmecken. Zwiebel-, Apfel- und Gurkenscheiben unterrühren. Die Matjesfiletstücke mit der Sauce vermengen, mit Frischhaltefolie zugedeckt in den Kühlschrank stellen und etwa 12 Stunden in der Sauce durchziehen lassen.

Beilage: Pellkartoffeln.

Tipps: Westfälisch wird es mit Bratkartoffeln und abgetropften Cornichons und/oder abgetropfter Rote Bete (beides aus dem Glas). Die Matjesfilets mit abgespültem, trocken getupftem und fein gehacktem Dill garnieren.

Maultaschen mit Spinatfüllung I

Pasta auf Schwäbisch

4 Portionen (24 Stück)

Pro Portion: E: 20 g, F: 14 g, Kh: 60 g,
kJ: 1896, kcal: 454, BE: 5,0

Zum Vorbereiten:

600 g TK-Blattspinat

Für den Teig:

300 g Weizenmehl
3 Eier (Größe M)
1 EL Speiseöl, z. B. Sonnenblumenöl
½ gestr. TL Salz
evtl. etwas Wasser

Für die Spinatfüllung:

2 Zwiebeln
2 Knoblauchzehen
2 EL Speiseöl, z. B. Sonnenblumenöl
Salz
gem. Pfeffer
ger. Muskatnuss
1 Eigelb (Größe M)

1 Eiweiß (Größe M)
etwa 3 l Gemüse- oder Fleischbrühe
3–4 EL Schnittlauchröllchen

Zubereitungszeit: 75 Minuten,
ohne Auftau- und Teigruhezeit
Garzeit: etwa 15 Minuten

1. Zum Vorbereiten den Blattspinat nach Packungsanleitung auftauen lassen.

2. Für den Teig das Mehl in eine Rührschüssel geben.
Eier, Öl und Salz zufügen. Die Zutaten mit einem Mixer
(Knethaken) kurz auf niedrigster, dann auf höchster
Stufe in etwa 3 Minuten zu einem glatten Teig ver-
arbeiten, evtl. noch etwas Wasser zugeben. Den Teig
zugedeckt etwa 40 Minuten ruhen lassen.

3. Für die Spinatfüllung in der Zwischenzeit den auf-
getauten Blattspinat gut ausdrücken und grob hacken.
Zwiebeln und Knoblauch abziehen und würfeln.

4. Öl in einem Topf erhitzen. Zwiebel- und Knoblauchwürfel darin unter Rühren dünsten. Spinat zugeben
und mit Deckel bei schwacher Hitze etwa 3 Minuten
dünsten. Den Spinat mit Salz, Pfeffer und Muskat
würzen, etwas abkühlen lassen. Eigelb unterrühren.

5. Den Teig auf einer leicht bemehlten Arbeitsfläche
dünn zu einem Rechteck (mindestens 40 x 60 cm)
ausrollen. Aus dem Teigrechteck Quadrate (je 10 x
10 cm) ausrädeln. Etwas von der Füllung auf jedes
Teigquadrat geben. Das Eiweiß mit einer Gabel verschlagen und die Teigränder damit bestreichen. Die
Teigquadrate zu Dreiecken übereinanderklappen, die
Ränder andrücken.

6. Gemüse- oder Fleischbrühe in einem großen Topf
erhitzen. Die Maultaschen portionsweise hineingeben
und ohne Deckel bei schwacher bis mittlerer Hitze
etwa 15 Minuten garen. Die gegarten Maultaschen
mit einer Schaumkelle aus der Brühe nehmen und
warm stellen. Die restlichen Maultaschen ebenso
zubereiten.

7. Die fertigen Maultaschen mit etwas von der Brühe
in Suppentellern verteilen und mit Schnittlauchröllchen
bestreut servieren.

Maultaschen-Rosenkohl-Auflauf I

Einfach
4 Portionen

Pro Portion: E: 23 g, F: 48 g, Kh: 35 g,
kJ: 2772, kcal: 662, BE: 3,0

600 g	Rosenkohl
1 EL	Instant-Gemüsebrühenpulver
6–8	Maultaschen mit Fleischfüllung (300–400 g, aus dem Kühlregal)
150 g	Pfifferlinge
2 EL	Butter
	Salz, gem. Pfeffer
	ger. Muskatnuss
200 g	Schlagsahne
150 ml	Gemüsebrühe
1 EL	Weizenmehl
½ Bund	glatte Petersilie
3 EL	fertige Röstzwiebeln
125 g	ger. Bergkäse

Zubereitungszeit: 50 Minuten
Garzeit: etwa 15 Minuten

1. Rosenkohl putzen, etwas vom Strunk abschneiden. Die Rosenkohlröschen am Strunk kreuzförmig einschneiden, abspülen und abtropfen lassen.

2. In einem großen Topf Wasser mit der Brühe aufkochen. Die Maultaschen darin in leicht siedender Brühe 3–5 Minuten erhitzen. Dann die Maultaschen mit einer Schaumkelle herausnehmen und abtropfen lassen. Anschließend die Rosenkohlröschen kurz in der kochenden Brühe blanchieren, dann herausnehmen und abtropfen lassen.

3. Den Backofen vorheizen.
Ober-/Unterhitze: etwa 200 °C
Heißluft: etwa 180 °C

4. Pfifferlinge putzen, evtl. kurz abspülen und trocken tupfen. Große Pfifferlinge halbieren. Butter in einer Pfanne zerlassen. Die Pfifferlinge darin kräftig anbraten, mit Salz, Pfeffer und Muskat würzen. Sahne und Brühe hinzugießen, unterrühren und aufkochen lassen. Mehl mit etwas kaltem Wasser anrühren, unter Rühren zu den Pfifferlingen geben, aufkochen lassen und unter Rühren etwas einkochen lassen.

5. Maultaschen in einer Auflaufform (leicht gefettet) verteilen. Petersilie abspülen und trocken tupfen. Die Blättchen von den Stängeln zupfen. Blättchen klein schneiden.

6. Rosenkohlröschen halbieren, mit Pfifferlingen und Petersilie mischen und um die Maultaschen verteilen. Die Röstzwiebeln daraufstreuen und den Käse darauf verteilen. Die Form auf dem Rost in den vorgeheizten Backofen schieben. Den Auflauf **etwa 15 Minuten garen.**

Tipps: Außerhalb der Saison können Sie diesen Auflauf statt mit Pfifferlingen auch mit der gleichen Menge Champignons zubereiten oder Sie greifen auf Pfifferlinge oder Stockschwämmchen aus der Dose zurück. Im Frühling oder Sommer schmecken statt Rosenkohl auch Kohlrabi oder Brokkoliröschen in diesem Auflauf. Dafür 2 mittelgroße Kohlrabi oder 750 g Brokkoli putzen, in Stücke schneiden oder in Röschen teilen und zugedeckt in etwas Salzwasser etwa 8 Minuten vorgaren.

Mecklenburger Fischtopf I

Mit Alkohol

4–6 Portionen

Pro Portion: E: 32 g, F: 27 g, Kh: 9 g,
kJ: 1868, kcal: 446, BE: 0,5

250 g	*Möhren*
250 g	*Zwiebeln*
350 g	*Knollensellerie*
5 Stangen	*Staudensellerie*
40 g	*Butter*
4 EL	*Rapsöl*
250 ml	*trockener Weißwein*
1 ½ l	*Fischfond oder -brühe*
je 200 g	*Hecht-, Schleien-, Forellen- und Aalfilet*
	Salz
	gem. Pfeffer
einige	
Spritzer	*Worcestersauce*
2 EL	*gehackte Petersilie*

Zubereitungszeit: 45 Minuten
Garzeit: etwa 30 Minuten

1. Möhren putzen, schälen, abspülen, abtropfen lassen und in Scheiben schneiden. Zwiebeln abziehen, halbieren, zuerst in Scheiben schneiden, dann in Ringe teilen.

2. Knollensellerie putzen, schälen, abspülen, abtropfen lassen und in kleine Stifte schneiden. Staudensellerie putzen und die harten Außenfäden abziehen. Selleriestangen abspülen, abtropfen lassen und in Scheiben schneiden.

3. Die Butter in einem großen Topf zerlassen. Rapsöl miterhitzen. Das vorbereitete Gemüse darin evtl. in 2 Portionen andünsten. Weißwein und Fischfond oder -brühe hinzugießen, zum Kochen bringen und etwa 20 Minuten bei schwacher Hitze kochen lassen.

4. Die Hecht-, Schleien-, Forellen- und Aalfilets unter fließendem kalten Wasser abspülen, trocken tupfen, evtl. entgräten und dann in mundgerechte Stücke schneiden. Fischstücke in der leicht kochenden Suppe etwa 10 Minuten gar ziehen lassen.

5. Fischtopf mit Salz, Pfeffer und Worcestersauce abschmecken und mit Petersilie bestreut servieren.

Meerrettich-Wurzel-Gemüse mit Pökelrippchen **I** Deftig

4 Portionen

Pro Portion: E: 22 g, F: 37 g, Kh: 49 g,
kJ: 2613, kcal: 624, BE: 4,0

2	Zwiebeln
2 Bund	Möhren
1 Bund	gelbe Möhren
1 Bund	Mairübchen
1 Bund	Radieschen
3	große, festkochende Kartoffeln
2 EL	Butter
	Salz, gem. Pfeffer
600 g	Pökelrippchen
250 g	Schlagsahne
etwa 50 g	tafelfertiger Meerrettich
	(aus dem Glas)
etwas	Speisestärke
	Saft von
1	Zitrone
1 Bund	Petersilie

Zubereitungszeit: 30 Minuten
Garzeit: etwa 30 Minuten

1. Die Zwiebeln abziehen und in kleine Würfel schneiden. Die Möhren putzen, schälen, abspülen, abtropfen lassen und in 1 cm dicke Scheiben schneiden. Mairübchen schälen, abspülen, abtropfen lassen. Die Mairübchen je nach Größe halbieren oder vierteln. Radieschen putzen, abspülen, trocken tupfen und evtl. halbieren.

2. Kartoffeln schälen, abspülen, abtropfen lassen und in etwa 2 cm große Würfel schneiden.

3. Die Butter in einem Topf zerlassen. Zwiebelwürfel darin andünsten. Möhrenscheiben, Mairübchen und Kartoffelwürfel portionsweise hinzugeben und mit andünsten, mit Salz und Pfeffer würzen. So viel Wasser hinzugießen, dass die Gemüsezutaten bedeckt sind. Die Rippchen darauflegen. Die Zutaten zum Kochen bringen und etwa 30 Minuten bei mittlerer Hitze garen.

4. Die Rippchen aus dem Gemüsetopf nehmen. Dann Sahne und Meerrettich unter den Gemüsetopf rühren. Speisestärke mit etwas Wasser anrühren, in den Gemüsetopf rühren und unter Rühren aufkochen lassen. Den Gemüsetopf leicht binden. Mit Salz, Pfeffer und Zitronensaft abschmecken.

5. Petersilie abspülen und trocken tupfen. Die Blättchen von den Stängeln zupfen. Die Blättchen klein schneiden. Die Rippchen in Stücke schneiden. Das Ganze mit Petersilie bestreut servieren.

Milchreis I

Für Kinder

6 Portionen (als Dessert)

Pro Portion: E: 7 g, F: 6 g, Kh: 40 g,
kJ: 1039, kcal: 248, BE: 3,5

1 l	Milch
1 Prise	Salz
20 g	Zucker
1 Pck.	Dr. Oetker Vanillin-Zucker
175 g	Milchreis
	(Rundkornreis)
2 EL	Zucker
½ gestr. TL	gem. Zimt

Zubereitungszeit: 15 Minuten
Garzeit: etwa 35 Minuten

1. Die Milch mit Salz, Zucker und Vanillin-Zucker in einem Topf unter gelegentlichem Rühren zum Kochen bringen.

2. Milchreis unterrühren, unter Rühren zum Kochen bringen und mit halb aufgelegtem Deckel bei schwacher Hitze etwa 35 Minuten ausquellen lassen. Dabei gelegentlich umrühren, damit der Reis nicht anbrennt.

3. Den fertigen Milchreis noch warm mit Zucker und Zimt bestreuen und servieren. Oder erkalten lassen und dann mit Zucker und Zimt bestreut servieren.

Tipps: Nach Belieben kann auch noch ein kleines Stück dünn abgeschälte Zitronenschale (von einer heiß abgewaschenen und unbehandelten, ungewachsten Bio-Zitrone) mit dem Reis gegart werden. Als Hauptgericht reicht der Milchreis für 3–4 Portionen.

Möhreneintopf I Preiswert – schnell
4 Portionen

Pro Portion: E: 19 g, F: 46 g, Kh: 37 g,
kJ: 2668, kcal: 640, BE: 3,0

750 g	*Möhren*
750 g	*Kartoffeln*
2	*Zwiebeln*
75 g	*Butter*
375–500 ml	*Gemüsebrühe*
4	*Rauchenden (Mettwürstchen,*
	Mettenden oder Knacker,
	je etwa 85 g)
	Salz, gem. Pfeffer
2 EL	*gehackte, glatte Petersilie*

Zubereitungszeit: 15 Minuten
Garzeit: 20–25 Minuten

1. Möhren putzen, schälen, abspülen, abtropfen lassen und in Scheiben schneiden. Die Kartoffeln schälen, abspülen, abtropfen lassen und in Würfel schneiden. Zwiebeln abziehen und fein würfeln.

2. Butter in einem Topf zerlassen und Zwiebelwürfel darin andünsten. Die Möhrenscheiben hinzufügen und etwa 5 Minuten darin andünsten.

3. Dann die Kartoffelwürfel hinzufügen und ebenfalls andünsten. Gemüsebrühe hinzugießen, alles zum Kochen bringen und etwa 10 Minuten garen lassen.

4. Die Rauchenden in Scheiben schneiden, in den Eintopf geben und alles noch 5–10 Minuten garen lassen.

5. Den Eintopf mit Salz und Pfeffer würzen und die Petersilie darauf verteilen.

Munkmarscher Muscheleintopf I

Klassisch – mit Alkohol

4 Portionen

Pro Portion: E: 14 g, F: 9 g, Kh: 10 g,
kJ: 887, kcal: 212, BE: 0,5

2 kg	Sylter Miesmuscheln
2	Tomaten
1 Stange	Porree (Lauch)
2	Möhren
2 Stangen	Staudensellerie
1	kleine Fenchelknolle
2–3 EL	Olivenöl
1 Döschen	Safranfäden (0,2 g)
200 ml	trockener Weißwein, z. B. Riesling
1 l	Fischfond
	Salz, gem. Pfeffer
1–2 EL	gehackte, glatte Petersilie
1–2 EL	Schnittlauchröllchen

Zubereitungszeit: 30 Minuten
Garzeit: etwa 5 Minuten

1. Muscheln in reichlich kaltem Wasser gründlich waschen. Muscheln einzeln abbürsten, bis sie nicht mehr sandig sind (Muscheln, die sich beim Waschen öffnen, sind ungenießbar). Evtl. die Fäden (Bartbüschel) entfernen.

2. Die Tomaten abspülen, abtropfen lassen, vierteln, entkernen und die Stängelansätze herausschneiden. Porree putzen, die Stange längs halbieren, gründlich waschen, abtropfen lassen und klein schneiden.

3. Möhren putzen, schälen, abspülen und abtropfen lassen. Staudensellerie putzen und die harten Außenfäden abziehen. Selleriestangen abspülen und abtropfen lassen.

4. Von der Fenchelknolle die Stiele dicht oberhalb der Knolle abschneiden. Braune Stellen und Blätter entfernen. Die Wurzelenden gerade schneiden. Die Knolle abspülen, abtropfen lassen und halbieren. Möhren, Sellerie und Fenchelknolle in etwa 1 cm große Würfel schneiden.

5. Olivenöl in einem hohen Topf erhitzen. Die vorbereiteten Gemüsezutaten darin unter Rühren andünsten. Muscheln und Safranfäden hinzugeben. Wein hinzugießen. Die Muscheln zugedeckt zum Kochen bringen und unter Rütteln des Topfes etwa 5 Minuten garen.

6. Die Muscheln mit einer Schaumkelle aus der Kochflüssigkeit nehmen (Muscheln, die sich nach dem Garen nicht öffnen, sind ungenießbar). Den Sud durch ein Sieb gießen und in einen kleineren Topf geben. Den Fischfond hinzugeben, zum Kochen bringen und etwas einkochen lassen.

7. In der Zwischenzeit das Muschelfleisch aus den Schalen pulen (lösen). Das Muschelfleisch mit dem Gemüse in den Muschelfond geben. Mit etwas Salz (vorsichtig, da die Muscheln schon salzig sind) und Pfeffer abschmecken.

8. Den Muscheleintopf mit Petersilie und Schnittlauchröllchen bestreuen und sofort servieren.

Beilage: Ofenfrisches Baguette oder Graubrot.

Nudelsalat I
Buffet-Klassiker
8 Portionen

Pro Portion: E: 24 g, F: 23 g, Kh: 56 g,
kJ: 2220, kcal: 527, BE: 4,5

500 g	Makkaroni
5 l	Wasser
5 gestr. TL	Salz
200 g	Cornichons (aus dem Glas)
200 g	roher Schinken
200 g	Salami
200 g	Edamer
6	Tomaten
3	säuerliche Äpfel

Für die Salatsauce:

5–6 EL	Tomatenketchup
4 EL	Sonnenblumenöl
4 EL	Weinessig
	Salz
	gem. Pfeffer
1 Bund	Petersilie
1 Bund	Schnittlauch

etwas Kresse

Zubereitungszeit: 30 Minuten,
ohne Abkühl- und Durchziehzeit

1. Die Makkaroni in mundgerechte Stücke brechen. Das Wasser in einem großen Topf zugedeckt zum Kochen bringen. Dann Salz und Makkaroni zugeben. Die Makkaroni im geöffneten Topf bei mittlerer Hitze nach Packungsanleitung gar kochen lassen, dabei gelegentlich umrühren.

2. Anschließend die Makkaroni in ein Sieb geben, mit kaltem Wasser abspülen und abtropfen lassen. Die Makkaroni erkalten lassen und in eine Schüssel geben.

3. Cornichons abtropfen lassen. Schinken, Salami, Käse und Cornichons in Streifen schneiden. Tomaten kreuzweise einschneiden und mit kochendem Wasser übergießen. Nach 1–2 Minuten herausnehmen und mit kaltem Wasser abschrecken. Tomaten enthäuten, halbieren und die Stängelansätze herausschneiden. Die Tomatenhälften in Streifen schneiden. Die Äpfel schälen, vierteln, entkernen und ebenfalls in Streifen schneiden.

4. Die vorbereiteten Salatzutaten zu den Nudeln geben und untermischen.

5. Für die Sauce Ketchup mit Öl und Essig verrühren, mit Salz und Pfeffer abschmecken. Petersilie und Schnittlauch abspülen und trocken tupfen. Von der Petersilie die Blättchen von den Stängeln zupfen, Blättchen fein schneiden. Schnittlauch in kleine Röllchen schneiden. Petersilie und Schnittlauchröllchen unter die Salatsauce rühren. Die Sauce unter die Salatzutaten heben. Den Salat gut durchziehen lassen.

6. Den Nudelsalat vor dem Servieren mit Kresse bestreuen.

Nudel-Würstchen-Auflauf **I**

Für Kinder
4 Portionen

Pro Portion: E: 37 g, F: 49 g, Kh: 53 g,
kJ: 3379, kcal: 807, BE: 4,5

2 ¹/₂ l	*Wasser*
2 ¹/₂ gestr. TL	*Salz*
250 g	*kurze Nudeln, z. B. Penne*
200 g	*Wiener Würstchen*
200 g	*feine, ungebrühte Bratwurst*
200 g	*Cocktailtomaten*
150 g	*TK-Erbsen*
3	*Eier (Größe M)*
125 ml	*Milch (3,5 % Fett)*
125 g	*Schlagsahne*
	Salz, gem. Pfeffer
	ger. Muskatnuss
100 g	*ger. Gouda*

Zubereitungszeit: 25 Minuten
Garzeit: 35–45 Minuten

1. Das Wasser in einem großen Topf zugedeckt zum Kochen bringen. Dann Salz und Nudeln hinzugeben. Die Nudeln im geöffneten Topf bei mittlerer Hitze nach Packungsanleitung kochen lassen, dabei gelegentlich umrühren.

2. Anschließend die Nudeln in ein Sieb geben, mit heißem Wasser abspülen und abtropfen lassen.

3. Den Backofen vorheizen.
Ober-/Unterhitze: etwa 180 °C
Heißluft: etwa 160 °C

4. Würstchen in Scheiben schneiden, mit den Nudeln vermischt in eine Auflaufform (gefettet) geben.

5. Aus der Bratwurstmasse mit angefeuchteten Händen kleine Klößchen formen. Eine beschichtete Pfanne erwärmen und die Klößchen darin kurz anbraten. Die Tomaten abspülen, trocken tupfen und die Stängelansätze herausschneiden. Tomaten evtl. halbieren.

6. Die gefrorenen Erbsen und die Klößchen auf der Nudel-Würstchen-Mischung verteilen. Eier mit Milch und Sahne verschlagen. Die Eier-Sahne-Milch vorsichtig mit Salz (Würstchen, Brätmasse und Käse enthalten bereits Salz!), Pfeffer und Muskat würzen. Die Eier-Sahne-Milch auf dem Auflauf verteilen. Tomaten dazwischensetzen.

7. Den Auflauf mit Käse bestreuen. Die Form auf dem Rost auf mittlerer Einschubleiste in den vorgeheizten Backofen schieben. Den Nudel-Würstchen-Auflauf **35–45 Minuten garen.**

Obatzter ▌

Klassisches bayerisches Biergartengericht

4 Portionen (etwa 550 g)

Pro Portion: E: 27 g, F: 39 g, Kh: 2 g,
kJ: 1929, kcal: 462, BE: 0,0

4	*Camemberts*
	(je 125 g, 45 % Fett)
50 g	*Butter (zimmerwarm)*
1	*Zwiebel*
1 EL	*Kümmelsamen*
	Salz
	gem. Pfeffer
etwas	*Paprikapulver edelsüß*

Zubereitungszeit: 30 Minuten
Haltbarkeit: im Kühlschrank etwa 3 Tage

1. Die Camemberts in Stücke schneiden und in eine Schüssel geben. Die Butter hinzufügen. Mithilfe einer Gabel die Camembertstücke mit der Butter vermengen.

2. Zwiebel abziehen, halbieren und klein würfeln. Die Zwiebelwürfel und den Kümmel unter die Käsemasse kneten. Die Käsemasse mit Salz, Pfeffer und Paprikapulver abschmecken. Obatzter in ein verschließbares Gefäß füllen und in den Kühlschrank stellen.

Tipps: Dazu schmecken Laugenbrezeln. Zum Servieren 1 Zwiebel abziehen, in Ringe schneiden und in Paprikapulver wälzen. Obatzter mit den Zwiebelringen und mit einigen Petersilienblättchen garnieren. Wer den Aufstrich gerne etwas milder im Geschmack und etwas cremiger haben möchte, rührt zusätzlich noch etwa 100 g Frischkäse unter.

Ochsengulasch mit Aprikosen I

Mit Alkohol – raffiniert

4 Portionen

Pro Portion: E: 41 g, F: 14 g, Kh: 12 g,
kJ: 1719, kcal: 411, BE: 1,0

750 g	*Ochsenfleisch (Schwanzstück oder falsches Filet, evtl. beim Metzger vorbestellen)*
1	*große Zwiebel*
2–3 EL	*Speiseöl, z. B. Sonnenblumenöl*
	Salz, gem. Pfeffer
250 ml	*Fleischbrühe*
375 ml	*Weißwein*
1 EL	*eingelegter, grüner Pfeffer*
240 g	*abgetropfte Aprikosenhälften (aus der Dose)*
1–2 EL	*Crème fraîche*

Zubereitungszeit: 20 Minuten
Garzeit: etwa 75 Minuten

1. Das Fleisch mit Küchenpapier trocken tupfen und in etwa 3 cm große Würfel schneiden. Zwiebel abziehen und würfeln.

2. Das Speiseöl in einem Bräter erhitzen. Die Fleischwürfel darin gut anbraten. Die Zwiebelwürfel hinzufügen, unterrühren und kurz mitbraten. Das Ganze mit Salz und Pfeffer würzen.

3. Brühe, Wein und Pfeffer hinzugeben und unterrühren. Das Fleisch zugedeckt etwa 60 Minuten schmoren lassen.

4. Die Hälfte der Aprikosen in kleine Stücke schneiden und pürieren. Die restlichen Aprikosen in Spalten schneiden, zusammen mit dem Aprikosenpüree unter das Fleisch rühren. Das Ganze weitere etwa 15 Minuten schmoren lassen.

5. Crème fraîche unter das Gulasch rühren. Das Ochsengulasch mit Salz und Pfeffer abschmecken und servieren.

Oldenburger Ententopf I

Mit Alkohol
4 Portionen

Pro Portion: E: 45 g, F: 53 g, Kh: 16 g,
kJ: 3131, kcal: 748, BE: 1,0

100 g	*getrocknete, weiße Bohnen*
1 Bund	*Suppengrün*
	(Sellerie, Möhren, Porree)
2	*Zwiebeln*
2	*Knoblauchzehen*
4	*große Entenkeulen*
	(je etwa 300 g)
	Salz, gem. Pfeffer
2–3 EL	*Olivenöl*
2 EL	*Tomatenmark*
200 ml	*Rotwein*
einige	
Stängel	*Thymian*
evtl.	*Wasser oder Hühnerbrühe*

Zubereitungszeit: 45 Minuten, ohne Einweichzeit
Garzeit: etwa 90 Minuten

1. Bohnen in kaltem Wasser über Nacht (mindestens 12 Stunden) einweichen.

2. Möhren, Sellerie und Porree putzen. Dann Möhren und Sellerie schälen, abspülen, abtropfen lassen und in etwa 2 cm große Würfel schneiden. Die Porree-stange längs halbieren, gründlich waschen, abtropfen lassen und in kleine Stücke schneiden. Die Zwiebeln und den Knoblauch abziehen, ebenfalls klein würfeln.

3. Entenkeulen unter fließendem kalten Wasser abspülen und trocken tupfen. Entenkeulen mit Salz und Pfeffer würzen.

4. Den Backofen vorheizen.
Ober-/Unterhitze: etwa 160 °C
Heißluft: etwa 140 °C

5. Olivenöl in einem breiten, feuerfesten Topf erhitzen. Die Entenkeulen darin von allen Seiten anbraten und herausnehmen. Zwiebel-, Knoblauchwürfel und das vorbereitete Suppengrün in dem verbliebenen Bratfett unter Rühren andünsten. Tomatenmark unterrühren und kurz mitdünsten lassen. Rotwein hinzugießen.

6. Thymian abspülen und trocken tupfen. Die Blättchen von den Stängeln zupfen. Die Bohnen mit dem Einweichwasser und die Hälfte der Thymianblättchen zu dem Gemüse in den Topf geben. Mit Salz und Pfeffer würzen. Die Entenkeulen auf das Gemüse setzen. Sie sollen in der Flüssigkeit schwimmen. Evtl. mit Wasser oder Hühnerbrühe auffüllen.

7. Den Topf mit einem Deckel verschließen und auf dem Rost in den vorgeheizten Backofen schieben. Das Ganze **etwa 90 Minuten garen.**

8. Die Entenkeulen nach etwa 90 Minuten Garzeit mit einer Gabel einstechen und prüfen, ob das Fleisch weich ist. Falls nicht, die Garzeit um etwa 15 Minuten verlängern und verdampfte Flüssigkeit durch Wasser ersetzen.

9. Die garen Entenkeulen aus dem Topf nehmen und das Fleisch von den Knochen lösen. Die Haut entfernen. Das Fleisch in mundgerechte Stücke schneiden und wieder zu dem Gemüse in den Topf geben. Den Ententopf mit Salz und Pfeffer abschmecken. Restlichen Thymian daraufstreuen, den Eintopf servieren.

Omelett mit Käse | Einfach – schnell

1 Stück

Pro Stück: E: 20 g, F: 35 g, Kh: 2 g,
kJ: 1661, kcal: 397, BE: 0,0

> 2 *Eier (Größe M)*
> *Salz, gem. Pfeffer*
> *ger. Muskatnuss*
> etwa 30 g *ger. Käse, z. B. Gouda*
> 15 g *Butterschmalz oder*
> 1–1 ½ EL *Sonnenblumenöl*

Zubereitungszeit: 15 Minuten

1. Eier mit Salz, Pfeffer und Muskat gut verschlagen. Etwa die Hälfte des Käses unterrühren.

2. Butterschmalz oder Öl in einer beschichteten Pfanne erhitzen. Die Eiermasse hineingeben und bei schwacher Hitze zugedeckt 4–5 Minuten stocken lassen.

3. Dann das Omelett an 2 Seiten zur Mitte hin einklappen, leicht andrücken und mit dem restlichen Käse bestreuen. Zugedeckt das Omelett noch etwa 1 Minute auf der Kochstelle stehen lassen, bis der Käse zerlaufen ist. Oder das Omelett kurz unter dem Backofengrill überbacken.

Tipps: Das Omelett mit 1 in Scheiben geschnittenen Frühlingszwiebel und 2–3 in Scheiben geschnittenen grünen Oliven anrichten. Das Omelett wird lockerer, wenn das Eiweiß getrennt steif geschlagen und dann unter die verschlagene Eigelbmasse gehoben wird.

Paprikaschoten, gefüllte I

Beliebt

4 Portionen

Pro Portion: E: 24 g, F: 37 g, Kh: 17 g,
kJ: 2073, kcal: 495, BE: 0,5

4	Paprikaschoten (je etwa 150 g)
250 g	Gemüsezwiebeln
500 g	Tomaten
6 EL	Rapsöl
400 g	Gehacktes (halb Rind-,
	halb Schweinefleisch)
2 EL	Tomatenmark
	Salz
	gem. Pfeffer
etwa 375 ml	Gemüsebrühe
15 g	Weizenmehl
6 EL	Schlagsahne
	gerebelter Oregano
etwas	Zucker

Zubereitungszeit: 40 Minuten
Garzeit: etwa 50 Minuten

1. Am Stielende der Paprikaschoten einen Deckel abschneiden. Kerne und weiße Scheidewände entfernen.
Die Deckel und Schoten innen und außen abspülen,
abtropfen lassen. Gemüsezwiebeln abziehen, halbieren und würfeln. Die Tomaten abspülen, abtrocknen,
halbieren, entkernen und die Stängelansätze herausschneiden. Die Hälfte der Tomaten würfeln.

2. Zwei Esslöffel vom Öl in einer Pfanne erhitzen. Die
Hälfte der Zwiebelwürfel kurz darin dünsten. Gehacktes zufügen und unter Rühren darin anbraten, dabei
die Klümpchen mit einer Gabel zerdrücken.

3. Tomatenwürfel und die Hälfte des Tomatenmarks
unterrühren, mit Salz und Pfeffer würzen. Die Masse
etwas abkühlen lassen. Dann die Hackfleischmasse
in die vorbereiteten Paprikaschoten füllen. Die Papri-
kadeckel wieder auflegen.

4. Die restlichen Tomaten in Stücke schneiden. Das
restliche Öl in einem großen Topf erhitzen. Restliche
Zwiebelwürfel kurz darin andünsten. Paprikaschoten

nebeneinander in den Topf stellen. Tomatenstücke und
Gemüsebrühe zugeben und die Schoten zugedeckt bei
schwacher Hitze in etwa 50 Minuten gar dünsten. Anschließend die Paprikaschoten auf einer vorgewärmten Platte warm stellen.

5. Für die Sauce die Garflüssigkeit mit den Toma-
tenstücken und Zwiebeln durch ein Sieb streichen.
375 ml abmessen, evtl. mit Gemüsebrühe ergänzen.
Restliches Tomatenmark unterrühren. Die Sauce zum
Kochen bringen. Mehl mit Sahne verrühren, nach und
nach in die kochende Sauce rühren. Die Sauce etwa
10 Minuten schwach kochen lassen, gelegentlich
umrühren.

6. Die Sauce mit Salz, Pfeffer, Oregano und Zucker
würzen, zu den gefüllten Paprikaschoten servieren.

Beilage: Reis, Salz- oder Pellkartoffeln.

Pellkartoffeln mit Kräuterquark I

Einfach

4 Portionen

Pro Portion: E: 29 g, F: 11 g, Kh: 46 g,
kJ: 1701, kcal: 406, BE: 4,0

> 1 kg **Kartoffeln**
> 1 TL **Salz**

Für den Kräuterquark:

> 750 g **Speisequark (20 % Fett)**
> etwa 100 ml **Milch (3,5 % Fett)**
> 1 Bund **Schnittlauch**
> 1 Bund **Petersilie**
> **Salz, gem. Pfeffer**

Zubereitungszeit: 20 Minuten
Garzeit: 20–25 Minuten

1. Kartoffeln gründlich waschen, knapp mit Wasser bedeckt zum Kochen bringen. Salz hinzugeben. Die Kartoffeln zugedeckt in 20–25 Minuten gar kochen und abgießen. Die Kartoffeln im offenen Topf unter häufigem Schütteln abdämpfen lassen.

2. Für den Kräuterquark Quark mit Milch verrühren. Schnittlauch und Petersilie abspülen, trocken tupfen, Schnittlauch fein schneiden, 1 Esslöffel davon zum Garnieren beiseitelegen. Petersilie fein hacken. Petersilie und Schnittlauch unter den Quark rühren. Quark mit Salz und Pfeffer abschmecken.

3. Kartoffeln zerschneiden, etwas aufdrücken und mit grob gemahlenem Salz und Pfeffer bestreuen. Den Kräuterquark mit beiseitegelegten Schnittlauchröllchen bestreut dazureichen. Oder die Kartoffeln pellen und zu dem Quark servieren.

Tipps: Die Kartoffeln zusätzlich mit etwas zerlassener, gebräunter Butter servieren. Eier hart kochen, pellen, hacken und unter den Kräuterquark rühren. Oder Frühlingszwiebelröllchen unterrühren. Als weitere Kräuter eignen sich z. B. Kresse, Dill, Liebstöckel und Majoran.

Rezeptvariante: Pellkartoffeln mit Quark nach Oberlausitzer Art. Dafür unter den Quark zusätzlich etwa 3 Esslöffel Leinöl rühren oder die gepellten Kartoffeln mit etwas Leinöl beträufeln. Die Kartoffeln dann zusätzlich mit 1 Teelöffel Kümmelsamen kochen.

Pfälzer Saumagen | Dauert länger
8 Portionen

Pro Portion: E: 40 g, F: 63 g, Kh: 24 g,
kJ: 3434, kcal: 821, BE: 2,0

> 1 kleiner Saumagen
> (Natur- oder Kunstmagen,
> beim Metzger vorbestellen)
> Salz
> 500 g Schweinebauch
> (ohne Knochen)
> 500 g Schweineschulter
> (ohne Knochen)
> 50 g Schweineschmalz
> 350 g Kartoffeln
> 2 Brötchen (Semmeln) vom Vortag
> 700 g Bratwurstbrät
> 4 Eier (Größe M)
> gem. Pfeffer
> ger. Muskatnuss
> gerebelter Majoran

Für das Sauerkraut
mit karamellisierten Äpfeln:
> 1 Zwiebel
> 3 EL Speiseöl, z. B. Rapsöl
> 1 kg Sauerkraut
> 1 Lorbeerblatt
> 4 Wacholderbeeren
> 6 Pfefferkörner
> 300 ml Wasser oder Gemüsebrühe
> 1 rohe Kartoffel
> etwas Zucker
> 2 rotschalige Äpfel
> 1 EL Butter
> 1 TL Zucker

Außerdem:
> Küchengarn

Zubereitungszeit: 1 Stunde,
ohne Wässern und Abkühlzeit
Garzeit: etwa 2 ½ Stunden

1. Den Saumagen unter fließendem kalten Wasser abspülen. Dann den Saumagen 12–24 Stunden in kaltes Salzwasser legen, anschließend gründlich unter fließendem kalten Wasser abspülen und trocken tupfen.

2. Schweinebauch und Schweineschulter mit Küchenpapier trocken tupfen und in kleine Würfel schneiden.

3. Schweineschmalz in einem Bräter zerlassen. Die Fleischwürfel darin unter Wenden anbraten. Kartoffeln schälen, abspülen, abtropfen lassen und in Würfel schneiden. Die Kartoffelwürfel zu dem Fleisch geben und unter Rühren etwa 15 Minuten mitbraten. Dann die Fleisch-Kartoffel-Masse abkühlen lassen.

4. Brötchen in kaltem Wasser einweichen und anschließend gut ausdrücken. Brötchen, Bratwurstbrät und Eier zu der Fleisch-Kartoffel-Masse geben. Alles gut vermengen und mit Salz, Pfeffer, Muskat und Majoran kräftig würzen. Die Mischung in den Saumagen füllen und die Öffnungen mit Küchengarn zubinden oder zunähen.

5. Den Saumagen in kochendes Salzwasser geben, wieder zum Kochen bringen und bei schwacher Hitze in leicht siedendem Wasser etwa 2 ½ Stunden gar ziehen lassen (nicht kochen).

6. Etwa 1 Stunde vor dem Ende der Garzeit für das Sauerkraut Zwiebel abziehen und in kleine Würfel schneiden. Öl in einem Topf erhitzen. Die Zwiebelwürfel darin andünsten. Sauerkraut zu den Zwiebeln geben, mit einer Gabel vorsichtig zerpflücken und mit andünsten.

7. Lorbeerblatt, Wacholderbeeren, Pfefferkörner und Wasser oder Brühe hinzufügen, zum Kochen bringen. Sauerkraut zugedeckt 30–40 Minuten garen.

8. Kartoffel schälen, abspülen und abtropfen lassen. Kartoffel etwa 10 Minuten vor Ende der Sauerkrautgarzeit auf einer Küchenreibe fein reiben, direkt zum Sauerkraut geben und mitgaren lassen. Sauerkraut mit Salz, Pfeffer und Zucker abschmecken.

9. Äpfel abspülen, abtrocknen, vierteln, entkernen und in Spalten schneiden. Die Butter mit dem Zucker in einer Pfanne unter Rühren schmelzen. Die Apfelspalten

hinzugeben und etwa 4 Minuten dünsten, dabei gelegentlich umrühren. Die karamellisierten Apfelspalten unter das Sauerkraut heben.

10. Den garen, gefüllten Saumagen in Scheiben schneiden, auf dem Sauerkraut anrichten und sofort servieren.

Tipp: Die Saumagenfüllung können Sie alternativ in 4 Weck®-Sturzgläsern (je 750 ml) zubereiten, wenn Sie keinen Saumagen bekommen. Dann bei der Zubereitung der Füllung keine Brötchen in die Fleischfüllung geben, da diese bei der Zubereitung im Glas sonst zu weich wird. Die Saumagenfüllung in die vorbereiteten, gesäuberten Gläser füllen. Die Ränder nochmals säubern und nach Anleitung mit den Gummiringen, Deckeln und Klammern verschließen. Dann die Gläser in eine tiefe Fettpfanne stellen. Die Fettpfanne im unteren Drittel in den Backofen schieben. So viel kaltes Wasser hinzugießen, dass die Gläser mindestens 3–4 cm tief im Wasser stehen. Den Backofen bei Ober-/Unterhitze: etwa 120 °C einschalten. Wenn der Backofen 120 °C erreicht hat, die Saumagenfüllung etwa 2 ½ Stunden einkochen.

Pfannkuchen (Eierkuchen) I

Für Kinder

8 Stück

Pro Stück: E: 8 g, F: 13 g, Kh: 26 g,
kJ: 1078, kcal: 258, BE: 2,0

250 g Weizenmehl
4 Eier (Größe M)
1 EL Zucker
1 Prise Salz
375 ml Milch
125 ml Mineralwasser mit Kohlensäure
8 EL Speiseöl, z. B. Sonnenblumenöl

Zubereitungszeit: 40 Minuten, ohne Teigruhezeit

1. Mehl in eine Rührschüssel geben und in die Mitte eine Vertiefung drücken. Eier mit Zucker, Salz, Milch und Mineralwasser verschlagen. Etwas davon in die Vertiefung geben. Von der Mitte aus Eierflüssigkeit und Mehl verrühren. Nach und nach die restliche Eierflüssigkeit zugeben, dabei darauf achten, dass keine Klümpchen entstehen. Den Teig 20–30 Minuten ruhen lassen.

2. Etwas Öl in einer beschichteten Pfanne (Ø 24 cm) erhitzen und eine dünne Teiglage mit einer drehenden Bewegung gleichmäßig auf dem Boden der Pfanne verteilen.

3. Sobald die Ränder goldgelb sind, den Pfannkuchen vorsichtig mit einem Pfannenwender wenden oder auf einen Teller gleiten lassen, umgedreht wieder in die Pfanne geben. Die zweite Seite ebenfalls goldgelb backen. Bevor der Pfannkuchen gewendet wird, etwas Fett in die Pfanne geben.

4. Den restlichen Teig auf die gleiche Weise backen, dabei den Teig vor jedem Backen umrühren.

Beilage: Die Pfannkuchen mit etwas Konfitüre bestrichen und aufgerollt oder etwa 500 g frischen Früchten der Saison servieren.

Tipps: Die Pfannkuchen werden zarter und lockerer, wenn Sie die Eier trennen und zuerst nur das Eigelb in den Teig rühren. Das Eiweiß kurz vor dem Backen steif schlagen und unter den Teig heben. Die einzelnen Pfannkuchen vor dem Stapeln mit wenig Zucker bestreuen. So kleben sie nicht zusammen.

Pfefferpotthast I
Klassiker aus dem Ruhrgebiet
4–6 Portionen

Pro Portion: E: 43 g, F: 27 g, Kh: 11,
kJ: 1940, kcal: 464, BE: 0,5

1 kg	Rindergulasch
750 g	Zwiebeln
8 EL	Rapsöl
	Salz
	gem. Pfeffer
1 l	heiße Fleischbrühe
1	Lorbeerblatt
1 TL	Pfefferkörner, weiß und schwarz
4	Pimentkörner
1 gestr. EL	Weizenmehl
2 schwach geh. EL	Semmelbrösel oder fein zerbröselter Pumpernickel
etwas	Zitronensaft oder Weinessig
etwas	Zucker

Zubereitungszeit: 20 Minuten
Garzeit: etwa 2 Stunden

1. Rindergulasch trocken tupfen. Zwiebeln abziehen und fein würfeln. 6 Esslöffel vom Öl in einem Bratentopf erhitzen und die Zwiebelwürfel darin dünsten. Die Fleischwürfel dazugeben und andünsten, bis das Fleisch Farbe annimmt, mit Salz und Pfeffer würzen.

2. Die Fleischbrühe hinzugießen. Lorbeerblatt, Pfeffer- und Pimentkörner in ein Gewürzsäckchen (z. B. Papier-Teebeutel) geben und in den Topf hängen. Den Topf gut verschließen und alles etwa 2 Stunden garen.

3. Das restliche Öl in einer Pfanne erhitzen. Mehl mit Semmelbröseln oder Pumpernickel mischen und darin leicht anbräunen. Damit den Sud andicken und mit Salz, Pfeffer, etwas Zitronensaft oder Weinessig und Zucker abschmecken.

Beilage: Salzkartoffeln, Gewürzgurken und Rote Bete aus dem Glas.

Pflaumenkompott | Einfach

4 Portionen

Pro Portion: E: 1 g, F: 0 g, Kh: 24 g,
kJ: 428, kcal: 103, BE: 2,0

500 g Pflaumen
125 ml Wasser
50 g Zucker
1 Stange Zimt
3 Gewürznelken
evtl. etwas Zucker

Zubereitungszeit: 10 Minuten, ohne Kühlzeit
Garzeit: etwa 10 Minuten

1. Die Pflaumen abwaschen, abtropfen lassen oder evtl. einzeln mit einem Tuch abreiben. Die Pflaumen entstielen, halbieren und entsteinen.

2. Das Wasser mit Zucker in einem Topf zum Kochen bringen.

3. Die Pflaumenhälften, Zimt und Gewürznelken hineingeben, wieder zum Kochen bringen und anschließend bei schwacher Hitze etwa 8 Minuten zugedeckt dünsten.

4. Zimtstange und Gewürznelken entfernen. Das Kompott erkalten lassen und evtl. noch mit etwas Zucker abschmecken.

Pichelsteiner I

Traditionell – deftig

4 Portionen

Pro Portion: E: 30 g, F: 19 g, Kh: 19 g,
kJ: 1550, kcal: 370, BE: 1,0

> 500 g *gemischte Fleischsorten*
> *(aus Schulter oder Nacken,*
> *z. B. Lamm, Schwein, Rind)*
> 2 *Zwiebeln*
> 30 g *Butterschmalz oder Margarine*
> *oder 3 EL Speiseöl*
> *Salz*
> *gem. Pfeffer*
> *gerebelter Majoran*
> *gerebelter Liebstöckel*
> 500 ml *Fleisch- oder Gemüsebrühe*
> 250 g *Möhren*
> 375 g *vorwiegend festkochende*
> *Kartoffeln*
> 350 g *Porree (Lauch)*
> 300 g *Weißkohl*
>
> 2 EL *gehackte Petersilie*

Zubereitungszeit: 20 Minuten
Garzeit: etwa 1 Stunde

1. Fleisch mit Küchenpapier trocken tupfen und in etwa 2 cm große Würfel schneiden. Zwiebeln abziehen und in Scheiben schneiden. Butterschmalz, Margarine oder Öl in einem Topf erhitzen. Die Fleischwürfel darin unter Rühren leicht anbraten. Dann die Zwiebelscheiben zufügen und kurz mitbraten.

2. Fleisch mit Salz, Pfeffer, Majoran und Liebstöckel würzen. Brühe zufügen, zum Kochen bringen und zugedeckt etwa 40 Minuten bei mittlerer Hitze kochen.

3. In der Zwischenzeit Möhren putzen, schälen, abspülen und abtropfen lassen. Kartoffeln schälen, abspülen und abtropfen lassen. Beides in Würfel schneiden. Den Porree putzen, die Stangen längs halbieren, gründlich waschen, abtropfen lassen und in Streifen schneiden. Von dem Kohl die äußeren Blätter entfernen. Den Kohl vierteln und den Strunk herausschneiden. Kohl in schmale Streifen schneiden, abspülen und abtropfen lassen.

4. Nach Beendigung der Kochzeit das vorbereitete Gemüse und die Kartoffeln zufügen, wieder zum Kochen bringen. Pichelsteiner mit Salz und Pfeffer würzen, zugedeckt weitere etwa 20 Minuten garen.

5. Den Eintopf nochmals mit den Gewürzen abschmecken und mit Petersilie bestreut servieren.

Präsidentensuppe **I**
Raffiniert
4 Portionen

Pro Portion: E: 21 g, F: 20 g, Kh: 7 g,
kJ: 1237, kcal: 295, BE: 0,5

1	große Zwiebel
1	Knoblauchzehe
1 EL	Speiseöl, z. B. Rapsöl
350 g	Gehacktes (halb Rind-, halb Schweinefleisch)
250 g	abgetropftes Sauerkraut
45 g	Tomatenmark
350 ml	Tomatensaft
350 ml	Fleischbrühe
	Paprikapulver edelsüß
	gem. Kümmel
	Salz
	gem. Pfeffer
einige Spritzer	Tabasco
3	Gewürzgurken
einige Stängel	Petersilie
100 g	saure Sahne

Zubereitungszeit: 25 Minuten
Garzeit: etwa 30 Minuten

1. Zwiebel und Knoblauch abziehen, Zwiebel grob, Knoblauch fein würfeln.

2. Speiseöl in einem Topf erhitzen. Die Zwiebel- und Knoblauchwürfel darin andünsten. Gehacktes hinzufügen und unter Rühren gut anbraten. Evtl. vorhandene Klümpchen mit einer Gabel zerdrücken.

3. Sauerkraut auseinanderzupfen, evtl. etwas klein schneiden und hinzufügen. Tomatenmark, -saft und Fleischbrühe hinzugießen und unterrühren. Das Ganze mit Paprika, Kümmel, Salz und Pfeffer würzen und aufkochen lassen. Die Suppe bei schwacher Hitze etwa 30 Minuten kochen lassen.

4. Die Suppe mit Tabasco und den Gewürzen abschmecken. Die Gewürzgurken in feine Scheiben schneiden und hinzufügen.

5. Petersilie abspülen, trocken tupfen, die Blättchen von den Stängeln zupfen und fein hacken. Die Suppe in Suppentassen oder -teller füllen und auf jede Portion etwas saure Sahne und Petersilie geben.

Pudding mit Kirschen und Pumpernickel **| Für Gäste**

4 Portionen

Pro Portion: E: 8 g, F: 7 g, Kh: 49 g,
kJ: 1221, kcal: 292, BE: 4,0

250 g	Sauerkirschen
50 g	Zucker
75–100 g	Pumpernickel
2 EL	Saft von den Kirschen
1 Pck.	Dr. Oetker Pudding-Pulver Vanille-Geschmack
35 g	Zucker
500 ml	Milch (3,5 % Fett)
1	Eigelb (Größe M)
1	Eiweiß (Größe M)
einige	Zitronenmelisseblättchen

Zubereitungszeit: 35 Minuten,
ohne Ruhe- und Kühlzeit

1. Sauerkirschen abspülen, entstielen, entsteinen, mit Zucker bestreuen und etwas stehen lassen. Sobald die Kirschen Saft gezogen haben, sie kurz erhitzen, bis sie etwas weicher sind, und erkalten lassen. Pumpernickel mit den Händen zerbröseln, etwa 2 Esslöffel der Brösel zum Garnieren beiseitestellen.

2. Die Kirschen abtropfen lassen, dabei den Saft auffangen. Einige Kirschen zum Garnieren beiseitelegen. Restliche Kirschen mit 2 Esslöffeln Kirschsaft und Pumpernickel vermengen und knapp ein Drittel hoch in eine Glasschale oder in Portionsschälchen füllen.

3. Pudding-Pulver, Zucker, 100 ml von der Milch und Eigelb verrühren. Restliche Milch aufkochen. Topf von der Kochstelle nehmen. Angerührtes Pudding-Pulver einrühren und unter Rühren etwa 1 Minute kochen lassen. Eiweiß steif schlagen und unter den kochend heißen Pudding ziehen. Anschließend auf die Kirschmasse geben. Pudding mit Frischhaltefolie zudecken, abkühlen lassen und mindestens 1 Stunde in den Kühlschrank stellen.

4. Den Pudding mit den restlichen Kirschen, Pumpernickelbröseln und Zitronenmelisse garnieren.

Tipps: Sie können auch Sauerkirschen aus dem Glas oder für Erwachsene statt des Kirschsaftes 1–2 Esslöffel Kirschwasser verwenden. Wenn es mal schnell gehen soll, statt des gekochten Puddings 2 Becher (je 500 g) Pudding aus dem Kühlregal verwenden und 250 g steif geschlagene Sahne unterheben. Dann die Kirschen erst 30 Minuten vor dem Verzehr mit dem Pudding in Gläser schichten, da sich der Pudding sonst mit dem Saft vermischt.

Puddingvariationen I
Vanillepudding
Beliebt (im Foto hinten)
4 Portionen

Pro Portion: E: 4 g, F: 4 g, Kh: 22 g,
kJ: 619, kcal: 147, BE: 2,0

1 Pck.	Gala Bourbon-Vanille-Pudding-Pulver
30 g	Zucker
500 ml	Milch (3,5 % Fett)

Außerdem:

frische Beeren,
z. B. Himbeeren, Heidelbeeren
einige Zitronenmelisseblättchen

Zubereitungszeit: 15 Minuten, ohne Kühlzeit

1. Pudding-Pulver und Zucker in eine kleine Schüssel geben. 6 Esslöffel von der Milch nach und nach mit einem Schneebesen unterrühren.

2. Die übrige Milch in einem Topf zum Kochen bringen. Den Topf von der Kochstelle nehmen.

3. Angerührtes Pudding-Pulver in die kochende Milch rühren. Topf wieder auf die Kochstelle setzen. Den Vanillepudding unter Rühren mindestens 1 Minute kochen lassen.

4. Den Pudding in eine Schüssel füllen. Die Oberfläche des Puddings mit Frischhaltefolie belegen, damit sich keine Haut bildet. Den Pudding abkühlen lassen, dann etwa 3 Stunden in den Kühlschrank stellen.

5. Den Pudding mit einem kalt abgespülten Esslöffel in Dessertschalen füllen.

6. Früchte verlesen, abspülen und abtropfen lassen. Zitronenmelisseblättchen abspülen und trocken tupfen. Pudding mit Früchten und Zitronenmelisse garniert servieren.

Tipp: Sie können die frischen Beeren auch pürieren und als Fruchtsauce dazureichen.

Schokopudding
Für Schokofans (im Foto vorn)
4 Portionen

Pro Portion: E: 7 g, F: 29 g, Kh: 35 g,
kJ: 1809, kcal: 432, BE: 3,0

100 g	Edelbitter-Schokolade (etwa 60 % Kakaoanteil)
300 ml	Milch (3,5 % Fett)
200 g	Schlagsahne
1 Pck.	Gala Schokoladen-Pudding-Pulver
50 g	Zucker

Zubereitungszeit: 15 Minuten, ohne Kühlzeit

1. Schokolade in Stücke brechen. Milch und Sahne verrühren. Pudding-Pulver und Zucker in eine kleine Schüssel geben. 6 Esslöffel von der Milch-Sahne-Mischung nach und nach mit einem Schneebesen unterrühren.

2. Die übrige Milch-Sahne-Mischung in einem Topf zum Kochen bringen. Den Topf von der Kochstelle nehmen. Angerührtes Pudding-Pulver in die kochende Milch-Sahne-Mischung rühren.

3. Den Topf wieder auf die Kochstelle setzen. Den Schokoladenpudding unter Rühren mindestens 1 Minute kochen lassen. Den Topf von der Kochstelle nehmen. Schokolade unter den heißen Pudding rühren und schmelzen lassen.

4. Pudding in eine Schüssel füllen. Die Oberfläche mit Frischhaltefolie belegen, damit sich keine Haut bildet. Den Pudding abkühlen lassen, dann etwa 3 Stunden in den Kühlschrank stellen.

Quarkkeulchen mit Kompott I

Sächsische Leckerei

4 Portionen

Pro Portion: E: 23 g, F: 21 g, Kh: 101 g,
kJ: 2949, kcal: 704, BE: 8,5

500 g	*mehligkochende Kartoffeln*
	Salz
375 g	*Magerquark*
150 g	*Weizenmehl*
50 g	*Zucker*
1 Pck.	*Dr. Oetker Vanillin-Zucker*
2	*Eier (Größe M)*
	abgeriebene Schale von
½	*Bio-Zitrone*
	(unbehandelt, ungewachst)
	abgeriebene Schale von
½	*Bio-Orange*
	(unbehandelt, ungewachst)
1 Msp.	*gem. Zimt*
50 g	*Rum-Rosinen*
etwas	*Weizenmehl*

Für das Erdbeer-Rhabarber-Kompott:

250 g	*Erdbeeren*
500 g	*Rhabarber*
250 ml	*Wasser*
3–4 EL	*Zucker*
1 Pck.	*Dr. Oetker Pudding-Pulver*
	Vanille-Geschmack
4 EL	*Wasser*
3–4 EL	*Butterschmalz oder Speiseöl,*
	z. B. Sonnenblumenöl
1 EL	*Puderzucker*

Zubereitungszeit: 35 Minuten,
ohne Abkühl- und Ruhezeit
Garzeit: etwa 20 Minuten

1. Die Kartoffeln unter fließendem Wasser abbürsten, knapp mit Wasser bedeckt, zugedeckt zum Kochen bringen und in etwa 20 Minuten gar kochen. Kartoffeln abgießen, mit kaltem Wasser abschrecken, abtropfen lassen. Kartoffeln noch warm pellen, sofort durch eine Kartoffelpresse geben oder mit einem Kartoffelstampfer zerdrücken. Die Kartoffelmasse abkühlen lassen.

2. Kartoffelmasse mit Quark, Mehl, Zucker, Vanillin-Zucker, Eiern, Zitronen- und Orangenschale, Zimt und 1 Prise Salz mit einem Mixer (Rührstäbe) zu einem glatten Teig verarbeiten. Zuletzt die Rum-Rosinen vorsichtig unterrühren.

3. Den Teig auf einer leicht bemehlten Arbeitsfläche zu einer 6–8 cm langen Rolle formen. Die Teigrolle in 1 ½–2 cm dicke Scheiben schneiden. Teigscheiben in etwas Mehl wenden, überschüssiges Mehl abklopfen.

4. Für das Kompott Erdbeeren abspülen, abtropfen lassen, entstielen und halbieren. Rhabarber putzen, abspülen, abtropfen lassen und in fingerdicke Stücke schneiden.

5. Erdbeerhälften und Rhabarberstücke in einem Topf vermischen. Wasser hinzugießen, zum Kochen bringen und etwa 4 Minuten bei schwacher Hitze kochen lassen. Zucker unterrühren und abschmecken.

6. Pudding-Pulver mit 4 Esslöffeln Wasser anrühren, unter das Kompott rühren und unter Rühren kurz aufkochen lassen.

7. Das Kompott in eine Schüssel füllen und erkalten lassen.

8. Jeweils etwas Butterschmalz oder Speiseöl in einer großen Pfanne erhitzen. Die Teigscheiben portionsweise bei mittlerer Hitze von beiden Seiten goldbraun backen.

9. Die Keulchen auf einer vorgewärmten Platte anrichten und mit Puderzucker bestäuben. Das Erdbeer-Rhabarber-Kompott dazureichen.

Tipps: Klassischerweise servieren Sie Apfelmus zu den Quarkkeulchen. Aber zu den Quarkkeulchen passt auch prima ein **Obstsalat:** Verrühren Sie dazu Zitronensaft mit Honig und schneiden Sie Obst, z. B. Apfel, Birne, Banane, Melone, Orange – was Sie gerade im Hause haben, in die Marinade.

Quarkknödel mit Zwetschenkompott I

Mit Alkohol – raffiniert
6 Portionen

Pro Portion: E: 16 g, F: 27 g, Kh: 63 g,
kJ: 2483, kcal: 594, BE: 5,5

Für die Knödel:

1	Bio-Orange
	(unbehandelt, ungewachst)
1	Vanilleschote
60 g	Butter (zimmerwarm)
60 g	Zucker
2	Eier (Größe M)
2	Eigelb (Größe M)
400 g	Magerquark
180 g	Weißbrotwürfel

Für das Zwetschenkompott:

400 g	Zwetschen
100 g	Zucker
100 ml	Orangensaft
100 ml	Rotwein
1 Stange	Zimt
1 Msp.	gem. Gewürznelken
10 g	Speisestärke
2–3 EL	Wasser
4 cl	Zwetschenwasser
	Salz
100 g	Butter
50 g	Semmelbrösel
1 EL	Zucker

Zubereitungszeit: 70 Minuten, ohne Kühlzeit

1. Für die Knödel Orange heiß abwaschen, abtrocknen und die Schale abreiben. Orange auspressen. Vanilleschote aufschneiden, das Mark herauskratzen (die ausgekratzte Schote für das Kompott beiseitelegen).

2. Butter, Zucker und Vanillemark in einer Rührschüssel mit einem Mixer (Rührstäbe) schaumig schlagen. Eier und Eigelb nach und nach unterrühren. Orangenschale und 3–4 Esslöffel Orangensaft hinzugeben.

Quark und Weißbrotwürfel unterrühren. Quarkmasse zugedeckt etwa 2 Stunden in den Kühlschrank stellen.

3. In der Zwischenzeit für das Kompott die Zwetschen abspülen, abtrocknen, halbieren, entsteinen und in Spalten schneiden. Zucker in einem Topf karamellisieren lassen. Mit Orangensaft und Rotwein ablöschen. Zimtstange, aufgeschnittene Vanilleschote (von der Knödelmasse) und Nelken hinzugeben. Das Wein-Saft-Gemisch zum Kochen bringen und etwa 30 Minuten köcheln lassen.

4. Speisestärke mit 2–3 Esslöffeln Wasser anrühren, in den Sud geben und kurz aufkochen. Zwetschen und Zwetschenwasser hinzufügen, zum Kochen bringen. Den Topf von der Kochstelle nehmen. Die Zwetschenspalten in dem Sud erkalten lassen. Zimtstange und Vanilleschote entfernen.

5. In einem großen Topf so viel Salzwasser zum Kochen bringen, dass die Knödel evtl. portionsweise in dem Wasser „schwimmen" können.

6. Aus der Quarkmasse mit angefeuchteten Händen gleich große Knödel (Ø etwa 5 cm) formen. Die Knödel in das kochende Salzwasser geben und in etwa 10 Minuten ohne Deckel gar ziehen lassen (das Wasser muss sich leicht bewegen). Die Knödel mit einer Schaumkelle aus dem Wasser nehmen und gut abtropfen lassen.

7. Butter in einer Pfanne zerlassen. Semmelbrösel und Zucker hinzugeben, unter Rühren anrösten. Die Knödel darin wälzen, herausnehmen.

8. Für jede Portion etwas Zwetschenkompott auf einen Teller geben, heiße Knödel darauflegen und sofort servieren.

Tipps: Die Quarkknödel kann man auch in einer Mischung aus Kokosraspeln und gerösteten, gemahlenen Koriandersamen wälzen. Dazu passt sehr gut ein **Orangen-Sabayon** aus: 2 Eigelb (Größe M), 80 g Zucker, 150 ml frisch gepresstem Orangensaft und 1 Teelöffel Grand Manier. Die Zutaten verrühren und in einer Schüssel im heißen Wasserbad cremig aufschlagen, heiß servieren.

Rahmschwammerl mit Semmelknödeln I
Klassiker aus Bayern
4–6 Portionen

Pro Portion: E: 23 g, F: 52 g, Kh: 45 g,
kJ: 3084, kcal: 739, BE: 3,5

Für die Semmelknödel:

50 g	durchwachsener Speck
2	Zwiebeln
1 EL	Speiseöl, z. B. Sonnenblumenöl
300 g	Semmeln (Brötchen) vom Vortag (etwa 8 Stück)
300 ml	Milch (3,5 % Fett)
30 g	Butter
4	Eier (Größe M)
2 EL	gehackte Petersilie
	Salz
	Salzwasser (auf 1 l Wasser 1 TL Salz)

Für die Rahmschwammerl:

800 g	gemischte Pilze, z. B. Pfifferlinge, Champignons, Kräutersaitlinge, Steinpilze
1	Zwiebel
2 EL	Butterschmalz oder Sonnenblumenöl
	gem. Pfeffer
15 g	Weizenmehl
300 g	Schlagsahne
	abgeriebene Schale von
½	Bio-Zitrone (unbehandelt, ungewachst)
150 g	Crème fraîche
3 EL	gehackte Petersilie

Zubereitungszeit: 50 Minuten, ohne Abkühlzeit

1. Für die Knödel den Speck in Würfel schneiden. Die Zwiebeln abziehen und fein würfeln.

2. Öl in einer Pfanne erhitzen. Die Speckwürfel darin knusprig braten. Die Zwiebelwürfel zufügen und bei schwacher Hitze unter Rühren dünsten.

3. Die Semmeln in kleine Würfel schneiden und in eine Schüssel geben. Die Milch mit der Butter erhitzen, über die Semmelwürfel gießen und gut verrühren. Die Speck-Zwiebel-Masse mit dem Bratfett unter die Semmelwürfel rühren und abkühlen lassen.

4. Eier mit Petersilie verschlagen, mit der abgekühlten Masse vermengen und mit Salz würzen. Aus der Masse mit bemehlten Händen 12 Knödel formen. In einem großen Topf so viel Salzwasser zum Kochen bringen, dass die Knödel in dem Wasser „schwimmen" können. Die Knödel evtl. in 2 Portionen in das kochende Salzwasser geben, wieder zum Kochen bringen und etwa 20 Minuten gar ziehen lassen (das Wasser muss sich leicht bewegen).

5. Für die Rahmschwammerl in der Zwischenzeit Pilze putzen, evtl. kurz abspülen und trocken tupfen. Pilze in grobe Stücke schneiden. Die Zwiebel abziehen und fein würfeln. Butterschmalz oder Öl in einer großen Pfanne erhitzen. Die Zwiebelwürfel darin andünsten, dann die Pilze dazugeben und mitdünsten, bis sie leicht glänzen, mit Salz und Pfeffer würzen.

6. Die Pilze mit Mehl bestäuben und so lange rühren, bis kein Mehl mehr zu sehen ist. Anschließend die Sahne und die Zitronenschale dazugeben. Die Pilze 3–4 Minuten leicht kochen lassen.

7. Zuletzt die Crème fraîche und 2 Esslöffel Petersilie einrühren, noch mal kurz aufkochen lassen und nach Belieben mit Salz und Pfeffer abschmecken.

8. Die gegarten Knödel mit einer Schaumkelle aus dem Wasser nehmen und gut abtropfen lassen

9. Rahmschwammerln mit Semmelknödeln anrichten und mit der restlichen Petersilie bestreuen.

Tipps: Die Semmelknödel schmecken auch als Beilage zu Braten. Die Semmeln (Brötchen) sollten Sie vor dem Verarbeiten 2–3 Tage trocknen lassen.

Rezeptvariante: Für **Brezelknödel** die Brötchen durch Laugengebäck ersetzen und zusätzlich 1 Esslöffel Schnittlauchröllchen unter die Knödelmasse mischen.

Rehragout I
Mit Alkohol
4–6 Portionen

Pro Portion: E: 39 g, F: 24 g, Kh: 8 g,
kJ: 1814, kcal: 433, BE: 0,5

100 g	Zwiebeln
800 g	Rehfleisch (aus der Schulter)
2 Stängel	Rosmarin
4 Stängel	Thymian
5 EL	Olivenöl
1 EL	Tomatenmark
2 EL	Weizenmehl
	Salz
	gem. Pfeffer
250 ml	Rotwein
500 ml	Geflügelbrühe
3	Lorbeerblätter
2	Möhren
200 g	Staudensellerie
200 g	Champignons
2 EL	Butterschmalz

einige
Stängel glatte Petersilie

Zubereitungszeit: 35 Minuten
Garzeit: etwa 2 Stunden

1. Zwiebeln abziehen und klein würfeln. Rehfleisch trocken tupfen und in etwa 2 cm große Würfel schneiden. Kräuter abspülen und trocken tupfen.

2. Den Backofen vorheizen.
Ober-/Unterhitze: etwa 160 °C
Heißluft: etwa 140 °C

3. Olivenöl in einem Bräter erhitzen. Fleischwürfel von allen Seiten darin gut anbraten. Zwiebeln hinzufügen und mit andünsten. Tomatenmark unterrühren. Fleischwürfel mit Mehl bestäuben, umrühren und mit Salz und Pfeffer würzen.

4. Wein und Geflügelbrühe hinzugießen und aufkochen lassen. Lorbeerblätter, Rosmarin und Thymian hinzufügen. Den Bräter zugedeckt auf dem Rost in den vorgeheizten Backofen schieben. Das Ragout **etwa 1 ½ Stunden garen.**

5. Möhren schälen, abspülen, abtropfen lassen und in kleine Würfel schneiden. Sellerie putzen und die harten Außenfäden abziehen. Sellerie abspülen, abtropfen lassen und in kleine Stücke schneiden. Möhrenwürfel und Selleriestücke zu den Fleischwürfeln geben und **bei gleicher Backofeneinstellung weitere etwa 30 Minuten garen.** Evtl. etwas Wasser hinzugeben.

6. Die Champignons putzen, mit Küchenpapier abreiben, evtl. abspülen, abtropfen lassen und vierteln. Butterschmalz in einer Pfanne erhitzen. Champignonviertel darin anbraten, mit Salz und Pfeffer würzen.

7. Champignons in einen Topf geben. Die Fleischwürfel und das Gemüse mit einer Schaumkelle aus dem Bräter nehmen, zu den Champignons geben.

8. Den Bratenfond zum Kochen bringen und um ein Drittel einkochen lassen. Fond anschließend durch ein Sieb auf das Ragout gießen. Petersilie abspülen, trocken tupfen. Die Blättchen von den Stängeln zupfen. Rehragout auf vorgewärmten Tellern anrichten, mit Petersilie bestreuen.

Beilage: Kartoffelklöße mit gebräunten Semmelbröseln und Preiselbeerkompott.

Rehschäufele
in Wacholdersauce I

Mit Alkohol – dauert länger
4 Portionen

Pro Portion: E: 59 g, F: 20 g, Kh: 16 g,
kJ: 2241, kcal: 535, BE: 0,5

1	*Rehschulter (mit Knochen, etwa 1 ¼ kg)*
1 Bund	*Suppengrün (Möhren, Sellerie, Porree)*
500 g	*Tomaten*
	Salz
	gem. Pfeffer
3 EL	*Speiseöl, z. B. Rapsöl*
30 g	*Weizenmehl*
300 ml	*trockener Rotwein*
1	*Knoblauchzehe*
2	*Lorbeerblätter*
5	*Gewürznelken*
10	*Pfefferkörner*
1 TL	*gerebelter Thymian*
1 TL	*getrocknete Rosmarin-nadeln*
400 ml	*Wildfond oder Brühe*
1–2 EL	*Crème fraîche*
2 EL	*Doppelwacholder*
1 Prise	*Zucker*

Zubereitungszeit: 40 Minuten
Garzeit: 1 ½–2 Stunden

1. Die Rehschulter unter fließendem kalten Wasser abspülen, trocken tupfen und enthäuten.

2. Suppengrün putzen. Dazu Möhren und Sellerie schälen, abspülen, abtropfen lassen und in Würfel schneiden. Porreestange längs halbieren, gründlich abspülen, abtropfen lassen und danach in Stücke schneiden.

3. Die Tomaten kreuzweise einschneiden und mit kochendem Wasser übergießen. Nach 1–2 Minuten herausnehmen und mit kaltem Wasser abschrecken. Die Tomaten enthäuten, halbieren und die Stängelansätze

herausschneiden. Die Tomaten in kleine Stücke schneiden.

4. Die Schulter mit Salz und Pfeffer würzen. Speiseöl in einem Bräter erhitzen. Die Schulter darin gut anbraten, Gemüse- und Tomatenwürfel kurz mitbraten. Das Ganze mit Mehl bestäuben, bräunen lassen und mit etwas Rotwein ablöschen.

5. Knoblauch abziehen und durch eine Knoblauchpresse dazudrücken. Lorbeerblätter, Nelken, Pfefferkörner, Thymian und Rosmarin hinzugeben.

6. Das Ganze zugedeckt 1 ½–2 Stunden bei mittlerer Hitze schmoren lassen. Nach und nach die verdampfte Flüssigkeit durch den restlichen Rotwein und den Wildfond oder die Brühe ersetzen.

7. Rehschulter aus der Sauce nehmen. Sauce nach Belieben durch ein Sieb gießen, dabei das Gemüse passieren. Sauce nochmals kurz aufkochen lassen, Crème fraîche und Wacholder unterrühren. Wacholdersauce mit Salz, Pfeffer und Zucker abschmecken.

Beilage: Spätzle, Semmel- oder Kartoffelklöße.

Rhabarber-Ofenschlupfer I

Süße Mahlzeit – mit Alkohol

4 Portionen

Pro Portion: E: 20 g, F: 37 g, Kh: 82 g,
kJ: 3238, kcal: 775, BE: 7,0

300 g	**Milchbrötchen, Brioche oder Hefezopf**
250 g	**Rhabarber**
120 g	**Zucker**
50 g	**Rosinen oder Korinthen**
5 cl	**Rum**
50 g	**gehobelte Mandeln**
1	**Vanilleschote**
4	**Eier (Größe M)**
200 g	**Schlagsahne**
300 ml	**Milch (3,5 % Fett)**
½ TL	**gem. Zimt**
1 Prise	**Salz**

Zubereitungszeit: 20 Minuten, ohne Trockenzeit
Backzeit: 25–30 Minuten

1. Milchbötchen, Brioche oder Hefezopf in etwa 1 cm große Würfel schneiden und über Nacht (z. B. auf einem Backblech ausgebreitet) trocknen lassen.

2. Rhabarber putzen, abziehen, abspülen, abtropfen lassen und in kleine Stücke schneiden. Rhabarberstücke mit Zucker in einer Schüssel vermengen.

3. Die Rosinen oder Korinthen mit Rum in einen Topf geben und kurz aufkochen lassen. Den Topf von der Kochstelle nehmen.

4. Gehobelte Mandeln in einer Pfanne ohne Fett unter Wenden leicht bräunen, dann auf einen Teller legen.

5. Die Vanilleschote der Länge nach halbieren und das Mark herauskratzen.

6. Den Backofen vorheizen. Dabei eine Fettpfanne, etwa 1 cm hoch mit Wasser gefüllt, im unteren Drittel mit einschieben.
Ober-/Unterhitze: etwa 180 °C
Heißluft: etwa 160 °C

7. Eier mit Sahne und Milch verschlagen. Vanillemark unterrühren. Die Eiersahne mit Zimt und Salz würzen.

8. Die Milchbrötchen, Brioche- oder Hefezopfwürfel, Rhabarberstücke und Rumrosinen oder -korinthen vermischen, in eine Auflaufform (etwa 25 x 30 cm, gefettet, mit Semmelbröseln ausgestreut) füllen.

9. Die Eiersahne gleichmäßig über die vorbereitete Masse gießen. Mandeln daraufstreuen.

10. Die Auflaufform in das erwärmte Wasser der Fettpfanne stellen und in den vorgeheizten Backofen schieben. Ofenschlupfer **25–30 Minuten backen.**

Tipps: Servieren Sie zum Schlupfer eine Vanillesauce. Sollte keine Rhabarberzeit sein, können Sie auch frische Beeren oder frisches Steinobst verwenden.

Rheinischer Sauerbraten I

Dauert länger – mit Alkohol

4 Portionen

Pro Portion: E: 57 g, F: 22 g, Kh: 28 g,
kJ: 2586, kcal: 617, BE: 2,0

Für die Marinade:

1	Möhre
2	Petersilienwurzeln
1 Stück	Knollensellerie
1	Zwiebel
1 Prise	Salz
1	Lorbeerblatt
½ TL	Pfefferkörner
½ TL	Senfkörner
1	Gewürznelke
1	Knoblauchzehe
1 Stängel	Thymian
2–3	Pimentkörner
125 ml	Kräuter- oder Weinessig
500 ml	Rindfleischbrühe
500 ml	Rotwein

1 kg	Rindfleisch (ohne Knochen, aus der Keule)
1 EL	Schweineschmalz
1 EL	Zuckerrübensirup (Rübenkraut)
1 EL	Preiselbeeren (aus dem Glas)

Für die Sauce:

1 EL	Crème fraîche
etwas	Speisestärke
50 g	Rosinen
2 EL	gehobelte, gebräunte Mandeln
	Salz
	gem. Pfeffer

Zubereitungszeit: 40 Minuten,
ohne Abkühl- und Marinierzeit
Garzeit: etwa 2 Stunden

1. Für die Marinade Möhre, Petersilienwurzeln und Sellerie putzen, schälen, abspülen, abtropfen lassen und in Stücke schneiden. Zwiebel abziehen und grob würfeln. Vorbereitetes Gemüse in einen Topf geben. Restliche Zutaten für die Marinade hinzufügen, aufkochen und erkalten lassen. Die Marinade in eine Schale geben.

2. Rindfleisch mit Küchenpapier trocken tupfen und in die Marinade legen. Rindfleisch darin zugedeckt mindestens 24 Stunden im Kühlschrank marinieren, dabei einmal wenden.

3. Den Backofen vorheizen.
Ober-/Unterhitze: etwa 200 °C
Heißluft: etwa 180 °C

4. Das Rindfleisch aus der Marinade nehmen und mit Küchenpapier trocken tupfen. Die Marinade durch ein Sieb in einen Topf gießen.

5. Schweineschmalz in einem Bräter erhitzen. Rindfleisch hinzufügen und von allen Seiten scharf anbraten. Gut abgetropftes Gemüse (aus der Marinade) kurz mitbraten lassen.

6. Zuckerrübensirup und Preiselbeeren hinzugeben und unterrühren. Aufgefangene Marinade hinzugießen. Den Bräter zugedeckt auf dem Rost in den vorgeheizten Backofen schieben. Sauerbraten **etwa 2 Stunden garen.**

7. Das Rindfleisch aus dem Bräter nehmen und warm stellen.

8. Sauce passieren und Crème fraîche unterrühren. Die Speisestärke mit etwas kaltem Wasser anrühren. Die Sauce nach Belieben mit der angerührten Speisestärke binden. Sauce kurz aufkochen.

9. Rosinen und Mandeln unterrühren. Die Sauce mit Salz und Pfeffer abschmecken. Rindfleisch hineinlegen.

10. Zum Servieren den Rheinischen Sauerbraten in Scheiben schneiden, auf einer Platte anrichten und mit der Sauce übergießen oder die Sauce dazureichen.

Beilage: Kartoffelklöße und Rotkohl.

Rinderrouladen I

Klassisch
4 Portionen

Pro Portion: E: 44 g, F: 21 g, Kh: 8 g,
kJ: 1654, kcal: 395, BE: 0,0

4	*Rinderouladen (aus der Keule,*
	je 180–200 g)
	Salz
	gem. Pfeffer
2–3 TL	*mittelscharfer Senf*
60 g	*durchwachsener Speck*
4	*Zwiebeln*
2	*mittelgroße Gewürzgurken*
1 Bund	*Suppengrün*
	(Sellerie, Möhren, Porree)
3 EL	*Speiseöl, z. B. Sonnenblumenöl*
etwa 250 ml	*heißes Wasser oder*
	Gemüsebrühe
etwa	
1 geh. TL	*Speisestärke*
3 EL	*Wasser*

Außerdem:

*Rouladennadeln oder
Küchengarn*

Zubereitungszeit: 20 Minuten
Garzeit: etwa 1 ½ Stunden

1. Rinderrouladen mit Küchenpapier trocken tupfen, mit Salz und Pfeffer würzen. Die Rinderrouladen mit Senf bestreichen. Speck in dünne Scheiben schneiden. 2 Zwiebeln abziehen, halbieren. Zwiebeln und Gewürzgurken in Scheiben schneiden.

2. Die vorbereiteten Zutaten auf die Fleischscheiben geben. Die Scheiben von der schmalen Seite her aufrollen und mit Rouladennadeln feststecken oder mit Küchengarn zusammenbinden.

3. Die restlichen 2 Zwiebeln abziehen und vierteln. Sellerie und Möhren putzen, schälen, abspülen und abtropfen lassen. Porree putzen, die Stange längs halbieren, gründlich abspülen und abtropfen lassen. Vorbereitetes Suppengrün klein schneiden.

4. Öl in einem Bratentopf erhitzen. Die Rouladen von allen Seiten gut darin anbraten. Zwiebeln und Suppengrün kurz mitbraten. Gut die Hälfte des Wassers oder der Brühe zugießen. Die Rouladen zugedeckt etwa 1 ½ Stunden bei mittlerer Hitze schmoren.

5. Die Rouladen gelegentlich wenden. Die verdampfte Flüssigkeit nach und nach durch heißes Wasser oder Brühe ersetzen. Die gegarten Rouladen (Rouladennadeln oder Küchengarn entfernen) auf einer vorgewärmten Platte anrichten und warm stellen.

6. Bratensatz durch ein Sieb streichen, mit Wasser oder Brühe auf 375 ml auffüllen und zum Kochen bringen.

7. Speisestärke mit Wasser anrühren, in die kochende Sauce rühren und ohne Deckel bei schwacher Hitze etwa 5 Minuten leicht kochen. Die Sauce mit Salz, Pfeffer und Senf abschmecken.

Beilage: Blumenkohl, Rotkohl oder Erbsen und Möhren und Salzkartoffeln.

Tipps: Nach Belieben können Sie etwa 100 ml Wasser oder Gemüsebrühe durch Rotwein ersetzen und statt Zwiebeln 1 Bund Frühlingszwiebeln verwenden. Füllen Sie die Rouladen statt mit durchwachsenem Speck, Gewürzgurken und Zwiebeln mit Frühstücksspeckscheiben, geviertelten Möhrenstücken und Frühlingszwiebelstücken.

Rinderschmorbraten | Für Gäste
4 Portionen

Pro Portion: E: 41 g, F: 16 g, Kh: 7 g,
kJ: 1413, kcal: 337, BE: 0,0

750 g	**Rindfleisch (aus der Keule)**
	Salz
	gem. Pfeffer
2	**Zwiebeln**
100 g	**Tomaten**
1 Bund	**Suppengrün**
	(Sellerie, Möhren, Porree)
3 EL	**Speiseöl, z. B. Sonnenblumen-**
	oder Rapsöl
1 TL	**gerebelter Thymian**
250 ml	**Gemüsebrühe**
	Tomatenmark
etwas	**Zucker**

Zubereitungszeit: 20 Minuten
Garzeit: etwa 1 ½ Stunden

1. Rindfleisch mit Küchenpapier trocken tupfen, mit Salz und Pfeffer einreiben. Die Zwiebeln abziehen und würfeln. Tomaten abspülen, abtropfen lassen, vierteln und die Stängelansätze herausschneiden. Tomaten in Stücke schneiden.

2. Sellerie und Möhren putzen, schälen, abspülen und abtropfen lassen. Den Porree putzen, die Stange längs halbieren, waschen und abtropfen lassen. Vorbereitetes Suppengrün klein schneiden.

3. Öl in einem Bratentopf erhitzen. Das Fleisch darin von allen Seiten gut anbraten. Suppengrün zufügen, kurz mitbraten. Das Fleisch mit Thymian bestreuen. Etwas von der Gemüsebrühe zugießen, zum Kochen bringen. Das Fleisch zugedeckt etwa 1 ½ Stunden bei schwacher bis mittlerer Hitze schmoren.

4. Das Fleisch während des Schmorens gelegentlich wenden. Verdampfte Flüssigkeit nach und nach durch Gemüsebrühe ersetzen.

5. Nach dem Ende der Garzeit das gegarte Fleisch etwa 10 Minuten zugedeckt ruhen lassen, damit sich der Fleischsaft setzt. Das Fleisch dann in Scheiben schneiden und auf einer vorgewärmten Platte anrichten.

6. In der Zwischenzeit den Bratensatz mit dem Gemüse pürieren oder durch ein Sieb streichen, evtl. noch etwas Gemüsebrühe zufügen. Die Sauce erhitzen, mit Salz, Pfeffer, Tomatenmark und Zucker abschmecken. Die Sauce zum Braten servieren.

Beilage: Kartoffelklöße oder Salzkartoffeln und grüne Bohnen.

Tipps: Anstelle der Gemüsebrühe können Sie auch halb Gemüsebrühe, halb Rotwein verwenden. Reste von dem Schmorbraten können mit der Sauce eingefroren werden.

Rindfleischbrühe I

Klassisch – dauert länger

4 Portionen

Pro Portion: E: 38 g, F: 7 g, Kh: 3 g,
kJ: 970, kcal: 230, BE: 0,0

750 g	Rindfleisch, z. B. Bugschaufel, Beinfleisch
2 l	kaltes Wasser
	Salz
1 Bund	Suppengrün (Sellerie, Möhren, Porree)
2	Zwiebeln
1	Lorbeerblatt
3	Gewürznelken
5	Pfefferkörner

Zubereitungszeit: 30 Minuten
Garzeit: 2½–3 Stunden

1. Das Rindfleisch mit kaltem Wasser und 2 Teelöffeln Salz in einen großen Topf geben. Zum Kochen bringen und ohne Deckel etwa 60 Minuten bei mittlerer Hitze kochen, dabei ab und zu mit einer Schaumkelle den Schaum abschöpfen.

2. Inzwischen Sellerie schälen. Möhren putzen und schälen. Sellerie und Möhren waschen, abtropfen lassen. Den Porree putzen, die Stange längs halbieren, waschen und abtropfen lassen. Vorbereitetes Suppengrün grob würfeln. Die Zwiebeln abziehen, 1 Zwiebel mit Lorbeerblatt und Gewürznelken spicken.

3. Suppengrün, Zwiebeln und Pfefferkörner zu dem Fleisch geben, wieder zum Kochen bringen und ohne Deckel 1½–2 Stunden bei schwacher Hitze kochen.

4. Dann das Fleisch herausnehmen und die Brühe durch ein feines Sieb oder durch ein mit einem Geschirrtuch ausgelegtes Sieb gießen. Die Brühe mit Salz abschmecken.

Tipps: Sie können die Brühe als Grundlage für viele Rezepte verwenden, in denen Fleischbrühe benötigt wird. Kochen Sie noch Fleisch- oder Markknochen in der Brühe mit. Das Fleisch klein schneiden und in die Brühe geben. Die Brühe ist gefriergeeignet.

Rezeptvariante: Für eine **Rindssuppe** (siehe Foto) die Rindfleischbrühe mit Einlagen aus Spargelspitzen, feinen Suppennudeln und Eierstich vervollständigen. Suppe mit gehackter Petersilie bestreut servieren.

Rindfleischtopf nach Sauerländer Art I

Mit Alkohol
4 Portionen

Pro Portion: E: 43 g, F: 17 g, Kh: 38 g,
kJ: 2158, kcal: 516, BE: 3,0

> 750 g Rindfleisch (aus der Oberschale,
> ohne Knochen)

Für die Marinade:
> 2 Zwiebeln
> 5 Wacholderbeeren
> 15 Pfefferkörner
> 5 Pimentkörner
> 2 Gewürznelken
> 1 Lorbeerblatt
> 5 EL Weißweinessig
> 200 ml Rotwein
> 200 ml Wasser

> 250 g getrocknetes Mischobst
> (ohne Steine)
> 500 ml lauwarmes Wasser
> 3 EL Speiseöl, z. B. Sonnenblumen-
> oder Rapsöl
> Salz, gem. Pfeffer
> 1 Bund Suppengrün
> (Sellerie, Möhren, Porree)

Zubereitungszeit: 35 Minuten, ohne Marinierzeit
Garzeit: etwa 40 Minuten

1. Rindfleisch mit Küchenpapier trocken tupfen, grob würfeln und in eine Schale legen.

2. Für die Marinade die Zwiebeln abziehen und in Scheiben schneiden. Zwiebeln mit Wacholderbeeren, Pfefferkörnern, Pimentkörnern, Nelken, Lorbeerblatt, Weißweinessig, Rotwein und Wasser verrühren. Die Fleischwürfel mit der Marinade begießen und zugedeckt 1–2 Tage im Kühlschrank marinieren, dabei die Fleischwürfel gelegentlich umrühren.

3. Am Tag der Zubereitung das Mischobst nach Belieben in Stücke schneiden und in dem lauwarmen

Wasser einweichen. Die marinierten Fleischwürfel mit den Zwiebeln in einem Sieb abtropfen lassen, dabei die Marinade auffangen.

4. Öl in einem Topf oder Bräter erhitzen. Die Fleischwürfel und Zwiebeln darin von allen Seiten kräftig anbraten, mit Salz und Pfeffer würzen. Dann die aufgefangene Marinade hinzugießen. Das Ganze zugedeckt etwa 30 Minuten bei mittlerer Hitze schmoren, dabei gelegentlich umrühren.

5. Inzwischen Sellerie und Möhren putzen, schälen, abspülen und abtropfen lassen. Porree putzen, die Stange längs halbieren, gründlich waschen und abtropfen lassen. Das vorbereitete Suppengrün klein schneiden. Das eingeweichte Mischobst mit der Flüssigkeit und Suppengrün hinzugeben und das Ganze weitere etwa 20 Minuten schmoren.

6. Den Rindfleischtopf anschließend mit Salz und Pfeffer abschmecken.

Beilage: Spätzle.

Rippe mit Backobst | Mit Alkohol

4–6 Portionen

Pro Portion: E: 48 g, F: 23 g, Kh: 53 g,
kJ: 2587, kcal: 617, BE: 4,5

125 ml	Wasser
60 ml	Madeira
½ Stange	Zimt
1–2	Gewürznelken
500 g	gemischtes Backobst
1 Stück	Schweine- oder Kasseler Rippe
	(etwa 1,3 kg, mit eingeschnittener Tasche)
	Salz, gem. Pfeffer
	Paprikapulver edelsüß

Außerdem:

	Küchengarn
	Bratfolie

Zubereitungszeit: 50 Minuten,
ohne Abkühl- und Ruhezeit
Garzeit: etwa 90 Minuten

1. Wasser mit Madeira, Zimt und Gewürznelken in einem Topf zum Kochen bringen. Das Backobst hinzufügen, zum Kochen bringen und etwa 10 Minuten kochen lassen, dabei gelegentlich umrühren. Backobst in der Flüssigkeit etwas abkühlen und dann abtropfen lassen.

2. Rippe mit Küchenpapier trocken tupfen und innen und außen mit Salz, Pfeffer und Paprikapulver einreiben. Das Backobst in die Fleischtasche füllen und die Öffnung mit Küchengarn verschließen oder die gefüllte Rippe mit Küchengarn zusammenbinden.

3. Die gefüllte Rippe auf ein Stück Bratfolie legen, die Folie verschließen und auf ein Backblech legen. Das Backblech in den kalten Backofen schieben.
Ober-/Unterhitze: etwa 200 °C
Heißluft: etwa 180 °C
Die gefüllte Rippe **etwa 90 Minuten garen.**

4. Backblech aus dem Backofen nehmen und das gare Fleisch etwa 10 Minuten ruhen lassen. Erst dann die Bratfolie öffnen. Das Fleisch in Scheiben schneiden und auf einer vorgewärmten Platte anrichten.

Tipps: Das Fleisch nach Belieben mit evtl. übrig gebliebenem Backobst und der erhitzten Einweichflüssigkeit (evtl. mit etwas Speisestärke angedickt) servieren. Bei Kasseler Rippe das Fleisch nicht salzen.

Rote Grütze I

Nordisch – fruchtig

6 Portionen

Pro Portion: E: 3 g, F: 1 g, Kh: 39 g,
kJ: 808, kcal: 193, BE: 3,5

> je 250 g **Brombeeren, Johannisbeeren,**
> **Himbeeren, Erdbeeren (alle**
> **Früchte vorbereitet gewogen)**
> 35 g **Speisestärke**
> 100 g **Zucker**
> 500 ml **Fruchtsaft, z. B. Sauerkirsch-**
> **oder Johannisbeersaft**

Zubereitungszeit: 20 Minuten, ohne Kühlzeit

1. Die Brombeeren verlesen, evtl. vorsichtig abspülen und gut abtropfen lassen. Johannisbeeren abspülen, gut abtropfen lassen und die Beeren von den Rispen streifen.

2. Himbeeren verlesen, nach Möglichkeit nicht abspülen. Erdbeeren abspülen, abtropfen lassen, entstielen und je nach Größe der Früchte halbieren oder vierteln.

3. Speisestärke mit Zucker mischen, dann mit 4 Esslöffeln von dem Saft anrühren. Den restlichen Saft in einem Topf zum Kochen bringen. Angerührte Speisestärke unterrühren. Saft aufkochen lassen, dann den Topf von der Kochstelle nehmen. Beeren unterrühren.

4. Die Rote Grütze in Dessertschälchen füllen und zugedeckt in den Kühlschrank stellen.

Beilage: Für eine **Vanillesauce** 1 Vanilleschote mit einem Messer der Länge nach aufschneiden und das Mark mit dem Messerrücken herausschaben. 25 g Speisestärke mit 50 g Zucker mischen. Von 500 ml Milch 3 Esslöffel abnehmen und mit der Stärke-Zucker-Mischung anrühren. Die restliche Milch mit dem Vanillemark in einem kalt ausgespülten Topf zum Kochen bringen. Den Topf von der Kochstelle nehmen und die angerührte Speisestärke mit einem Schneebesen einrühren. Sauce unter Rühren kurz aufkochen lassen. Die Sauce heiß servieren oder unter gelegentlichem Rühren erkalten lassen.

Tipp: Die Rote Grütze als Dessert mit Vanillesauce oder Sahne oder als süße Mahlzeit für 4 Portionen mit Milch servieren.

Rübeneintopf mit Pökelfleisch I

Macht richtig satt

4–6 Portionen

Pro Portion: E: 30 g, F: 31 g, Kh: 48 g,
kJ: 2500, kcal: 597, BE: 4,0

1 kg	kleine, neue Kartoffeln
800 g	gepökelte Schweineschulter (ohne Knochen)
2 EL	Butter
1½–2 l	Gemüsebrühe
1	Lorbeerblatt
1 Stange	Porree (Lauch)
1 Bund	Möhren (etwa 500 g)
1 Bund	gelbe Möhren (etwa 500 g)
2 Bund	kleine, weiße Rübchen (je etwa 250 g)
1 Bund	Schnittlauch
	Salz
	gem. Pfeffer

Zubereitungszeit: 35 Minuten
Garzeit: 40–45 Minuten

1. Die Kartoffeln unter fließendem kalten Wasser waschen, abbürsten, abtropfen lassen und halbieren.

2. Die Schweineschulter mit Küchenpapier trocken tupfen und in etwa 2 cm große Würfel schneiden.

3. Butter in einem großen Topf zerlassen. Kartoffeln und Fleischwürfel darin evtl. in 2 Portionen andünsten. So viel Gemüsebrühe hinzugießen, dass die Zutaten bedeckt sind. Das Lorbeerblatt hinzufügen. Alles zum Kochen bringen. Den Eintopf zugedeckt etwa 20 Minuten bei schwacher Hitze leicht kochen lassen.

4. In der Zwischenzeit den Porree putzen, längs halbieren, gründlich waschen, abtropfen lassen und in Streifen schneiden. Die Möhren und Rübchen putzen, schälen, abspülen, abtropfen lassen und in Scheiben schneiden. Das Gemüse in den Eintopf geben. Den Eintopf wieder zum Kochen bringen und weitere 20–25 Minuten leicht kochen lassen.

5. Den Schnittlauch abspülen, trocken tupfen und in feine Röllchen schneiden. Den Rübentopf mit Salz und Pfeffer abschmecken und mit Schnittlauchröllchen bestreut servieren.

Salzburger Nockerln I
Beliebt

4 Portionen

Pro Portion: E: 8 g, F: 9 g, Kh: 18 g,
kJ: 764, kcal: 182, BE: 1,5

> 4 *Eigelb (Größe M)*
> 2 EL *Weizenmehl*
> 1 Msp. *Speisestärke*
> 1 Prise *Salz*
> 3 Tropfen *Butter-Vanille-Aroma*
> 4 *Eiweiß (Größe M)*
> 2 EL *feiner Zucker*
> 2 EL *Puderzucker*

Zubereitungszeit: 20 Minuten
Backzeit: etwa 10 Minuten

1. Den Backofen vorheizen.
Ober-/Unterhitze: etwa 200 °C
Heißluft: etwa 180 °C

2. Das Eigelb mit Mehl, Speisestärke, Salz und Aroma verrühren. Das Eiweiß mit einem Mixer (Rührstäbe) auf höchster Stufe nur so steif schlagen, dass der Schnee noch cremig ist. Nach und nach den feinen Zucker unterschlagen.

3. Einen Esslöffel des Eischnees mit der Eigelbmasse verrühren, dann die Eigelbmasse unter den restlichen Eischnee ziehen.

4. Die Masse in 3 Hügeln in eine flache Auflaufform (gefettet) geben. Die Form auf dem Rost in den vorgeheizten Backofen schieben. Nockerln **etwa 10 Minuten backen,** die Spitzen sollten leicht gebräunt sein.

5. Salzburger Nockerln mit Puderzucker bestäuben und sofort servieren.

Hinweis: Nur ganz frische Eier verwenden, die nicht älter als 5 Tage sind (Legedatum beachten!).

Beilage: Dazu schmeckt eine selbst gemachte **Himbeersauce.** 300 g Himbeeren mit 30–50 g Zucker und etwas Zitronensaft pürieren, evtl. durch ein Sieb streichen.

Tipp: Die Salzburger Nockerln fallen schnell zusammen, da sie nur außen gebräunt sind, innen aber noch feucht und weich sein sollen.

Salzwiesenlammkoteletts
mit Spargel **I** Etwas teurer – mit Alkohol
4 Portionen

Pro Portion: E: 38 g, F: 65 g, Kh: 8 g,
kJ: 3267, kcal: 780, BE: 0,0

je 750 g	*weißer und grüner Spargel*
	Salz
1 Prise	*Zucker*
	Saft von
½	*Bio-Zitrone*
	(unbehandelt, ungewachst)
70 g	*Butterschmalz*
8	*Lammkoteletts (je etwa 100 g)*
	gem. Pfeffer
3	*Knoblauchzehen*
je 1 Zweig	*frischer Rosmarin und Thymian*

Für die Buttersauce:

2	*Eigelb (Größe M)*
6 EL	*Weißwein*
125 g	*kalte Butter*
	Schale und Saft von
½	*Bio-Zitrone*
	(unbehandelt, ungewachst)
1 EL	*mittelscharfer Senf*

Zubereitungszeit: 50 Minuten

1. Den weißen Spargel von oben nach unten schälen. Darauf achten, dass die Schalen vollständig entfernt, die Köpfe aber nicht verletzt werden. Die unteren Enden abschneiden (holzige Stellen vollkommen entfernen). Von dem grünen Spargel nur das untere Drittel schälen und die Enden abschneiden. Spargel abspülen und abtropfen lassen.

2. Salzwasser mit Zucker, Zitronensaft und 20 g Butterschmalz in einem hohen Topf zum Kochen bringen. Den weißen Spargel hinzugeben, wieder zum Kochen bringen und etwa 5 Minuten kochen lassen. Dann den grünen Spargel hinzugeben, zum Kochen bringen und weitere etwa 10 Minuten kochen.

3. Die Lammkoteletts kurz unter fließendem kalten Wasser abspülen und trocken tupfen. Den äußeren

Fettrand mit einem scharfen Messer einschneiden. Lammkoteletts mit Pfeffer würzen.

4. Knoblauch abziehen und in feine Scheiben schneiden. Rosmarin und Thymian abspülen, trocken tupfen. Nadeln bzw. Blättchen von den Stängeln zupfen. Den Spargel mit einem Schaumlöffel aus dem Spargelfond nehmen und warm stellen.

5. Restliches Butterschmalz in einer großen Pfanne erhitzen. Lammkoteletts mit den Knoblauchscheiben und den Kräutern darin etwa 5 Minuten von beiden Seiten braten. Knoblauchscheiben evtl. aus der Pfanne nehmen. Lammkoteletts mit Salz würzen, herausnehmen, mit dem Spargel auf einer vorgewärmten Platte anrichten und warm stellen.

6. Für die Sauce Eigelb mit Weißwein in einer Edelstahlschüssel mit dem Schneebesen verschlagen. Die Schüssel in ein heißes Wasserbad (das Wasser darf nicht kochen) setzen. Die Eigelbmasse mit dem Schneebesen so lange schlagen, bis die Masse dicklich geworden ist.

7. Die Butter langsam (flöckchenweise) unter die Eigelbmasse schlagen. Die Sauce mit Zitronenschale, -saft, Salz und Senf würzen. Die Buttersauce zu dem Spargel und den Lammkoteletts reichen.

Sauerbraten | Mit Alkohol
4 Portionen

Pro Portion: E: 43 g, F: 13 g, Kh: 14 g,
kJ: 1538, kcal: 368, BE: 1,0

750 g	**Rindfleisch (aus der Oberschale, ohne Knochen)**

Für die Marinade:

2	**Zwiebeln**
1 Bund	**Suppengrün (Sellerie, Möhren, Porree)**
5	**Wacholderbeeren**
15	**Pfefferkörner**
5	**Pimentkörner**
2	**Gewürznelken**
1	**Lorbeerblatt**
250 ml	**Weißweinessig**
375 ml	**Wasser oder Rotwein**
3 EL	**Speiseöl, z. B. Sonnenblumenöl Salz, gem. Pfeffer**
375 ml	**Marinadenflüssigkeit**
50 g	**Pumpernickel oder Honigkuchen**
etwas	**Zucker**

Zubereitungszeit: 45 Minuten, ohne Marinierzeit
Garzeit: etwa 2 Stunden

1. Rindfleisch mit Küchenpapier trocken tupfen.

2. Für die Marinade die Zwiebeln abziehen und in Scheiben schneiden. Suppengrün putzen, abspülen, abtropfen lassen und klein schneiden.

3. Zwiebelscheiben und Suppengrün mit Wacholderbeeren, Pfefferkörnern, Pimentkörnern, Nelken, Lorbeerblatt, Essig und Wasser oder Rotwein verrühren. Das Fleisch in eine Schüssel geben und die Marinade hinzugießen. Das Fleisch zugedeckt etwa 2 Tage im Kühlschrank marinieren, dabei das Fleisch ab und zu wenden.

4. Anschließend das gesäuerte Fleisch aus der Marinade nehmen und trocken tupfen. Marinade durch ein Sieb gießen und 375 ml davon abmessen. Marinade und Gemüse beiseitestellen.

5. Speiseöl in einem Bratentopf oder Bräter erhitzen. Das Fleisch darin von allen Seiten kräftig anbraten und mit Salz und Pfeffer würzen. Das beiseitegestellte Gemüse hinzufügen und kurz mitbraten. Etwas von der abgemessenen Marinade zu dem Fleisch gießen. Das Fleisch zugedeckt etwa 30 Minuten bei mittlerer Hitze schmoren, dabei gelegentlich wenden. Die verdampfte Flüssigkeit nach und nach durch die restliche Marinade ersetzen.

6. Pumpernickel oder Honigkuchen fein zerbröseln, hinzufügen und das Fleisch weitere etwa 1 ½ Stunden schmoren.

7. Das gegarte Fleisch aus dem Topf oder Bräter nehmen und zugedeckt etwa 10 Minuten ruhen lassen, damit sich der Fleischsaft setzt.

8. Inzwischen den Bratenfond mit dem Gemüse durch ein Sieb streichen und nochmals erhitzen. Den Bratenfond mit Salz, Pfeffer und Zucker abschmecken.

9. Das Fleisch in Scheiben schneiden und auf einer vorgewärmten Platte anrichten. Die Sauce zu dem Sauerbraten reichen.

Beilage: Reis, Makkaroni oder Kartoffelklöße und Rotkohl.

Sauerkrautauflauf mit Kasseler I
Klassisch
4–6 Portionen

Pro Portion: E: 22 g, F: 33 g, Kh: 36 g,
kJ: 2244, kcal: 536, BE: 3,0

600 g	gekochte Pellkartoffeln
770 g	Ananas-Weinsauerkraut (aus der Dose)
1	kleine, grüne Paprikaschote
400 g	Kasseler Rippenspeer (ohne Knochen)
	Salz, gem. Pfeffer
etwas	Zucker

Für die Sauce:

1 schwach geh. EL	Weizenmehl
200 g	Schmand (Sauerrahm)
125 g	Schlagsahne
125 ml	Gemüsebrühe

Zum Bestreuen:

2 EL	Semmelbrösel
2 EL	ger. Gouda
25 g	Butter

Zubereitungszeit: 25 Minuten
Garzeit: etwa 35 Minuten

1. Den Backofen vorheizen.
Ober-/Unterhitze: etwa 200 °C
Heißluft: etwa 180 °C

2. Kartoffeln pellen und in nicht zu dünne Scheiben schneiden. Die Hälfte der Kartoffelscheiben in eine flache Auflaufform (gefettet) legen.

3. Sauerkraut etwas auseinanderzupfen und in eine Schüssel geben. Paprikaschote halbieren, entstielen, entkernen und die weißen Scheidewände entfernen. Die Schote abspülen, abtropfen lassen und in Streifen schneiden.

4. Kasseler mit Küchenpapier trocken tupfen und ebenfalls in Streifen schneiden.

5. Die vorbereiteten Zutaten mit dem Sauerkraut vermischen, mit Salz, Pfeffer und Zucker würzen. Die Hälfte der Sauerkraut-Mischung auf die Kartoffelscheiben geben.

6. Für die Sauce das Mehl mit Schmand, Sahne und Gemüsebrühe verrühren, mit Salz, Pfeffer und Zucker würzen. Die Hälfte der Sauce auf die Sauerkraut-Mischung geben und mit den restlichen Kartoffelscheiben belegen. Restliches Sauerkraut darauf verteilen und mit der restlichen Sauce übergießen, sodass alle Zutaten gut mit der Sauce bedeckt sind.

7. Den Auflauf mit Semmelbröseln und Käse bestreuen. Butter in Flöckchen daraufsetzen. Die Form auf dem Rost in den vorgeheizten Backofen schieben. Den Auflauf **etwa 35 Minuten garen.**

Scheiterhaufen I

Raffiniert

4 Portionen

Pro Portion: E: 15 g, F: 40 g, Kh: 87 g,
kJ: 3211, kcal: 765, BE: 7,5

500 g	**Kirschgrütze**
	(aus dem Kühlregal)
250 g	**Mascarpone**
	(ital. Frischkäse)
3	**Eier (Größe M)**
100 ml	**Milch (3,5 % Fett)**
75 g	**Zucker**
1 Pck.	**Dr. Oetker Finesse**
	Orangenschalen-Aroma
8–10	
Scheiben	**Baguette**
1 Pck.	**Saucenpulver Vanille-**
	Geschmack zum Kochen
40 g	**Kokosraspel**

Zubereitungszeit: 30 Minuten
Backzeit: etwa 30 Minuten

1. Kirschgrütze in eine flache Auflaufform (gefettet) geben. Die Hälfe des Mascarpone, 1 Ei, Milch, Zucker und Orangenschalen-Aroma gut verrühren.

2. Den Backofen vorheizen.
Ober-/Unterhitze: etwa 200 °C
Heißluft: etwa 180 °C

3. Die Baguettescheiben kurz durch die Mascarpone-Milch-Mischung ziehen und nebeneinander auf die Kirschgrütze legen.

4. Saucenpulver mit dem restlichen Mascarpone und der restlichen Mascarpone-Milch-Mischung verrühren. Die restlichen Eier verschlagen und unterrühren. Die Masse auf die Baguettescheiben geben und mit Kokosraspeln bestreuen.

5. Die Form auf dem Rost in den vorgeheizten Backofen schieben. Den Scheiterhaufen **etwa 30 Minuten backen.**

Tipp: Statt der Kirschgrütze können Sie auch Waldbeer- oder Rote Grütze verwenden.

Schichtmittag I

Macht richtig satt

4 Portionen

Pro Portion: E: 29 g, F: 47 g, Kh: 28 g,
kJ: 2726, kcal: 651, BE: 2,0

1	*kleiner Weißkohl (etwa 750 g)*
600 g	*festkochende Kartoffeln*
1	*Gemüsezwiebel*
4 EL	*Speiseöl, z. B. Rapsöl*
	Salz
	gem. Pfeffer
	gem. Kümmelsamen
500 g	*Thüringer Mett*
	(gewürztes Schweinemett)
125 ml	*Gemüsebrühe*
40 g	*Butter*

Zubereitungszeit: 40 Minuten
Garzeit: 70–90 Minuten

1. Weißkohl putzen, vierteln und den Strunk herausschneiden. Die Kohlviertel in feine Streifen schneiden, abspülen und abtropfen lassen. Die Weißkohlstreifen in kochendem Wasser 3–5 Minuten kochen lassen. Kohlstreifen in einem Sieb abtropfen lassen.

2. Kartoffeln schälen, abspülen, abtropfen lassen und in Scheiben schneiden. Gemüsezwiebel abziehen und in dünne Scheiben schneiden.

3. Speiseöl in einem Bratentopf erhitzen. Die Hälfte der Weißkohlstreifen darin andünsten, mit Salz, Pfeffer und mit Kümmel würzen. Die Hälfte der Kartoffel- und Zwiebelscheiben daraufgeben. Das Mett auseinanderzupfen und darauf verteilen.

4. Die restlichen Kartoffel- und Zwiebelscheiben und zuletzt die restlichen Weißkohlstreifen einschichten, mit den Gewürzen bestreuen. Gemüsebrühe hinzugießen. Butter in Flöckchen daraufsetzen.

5. Schichtmittag zugedeckt bei schwacher Hitze 70–90 Minuten garen.

Tipps: Schichtmittag kann auch bei Ober-/Unterhitze: etwa 180 °C, Heißluft: etwa 160 °C etwa 90 Minuten im vorgeheizten Backofen gegart werden. Die Zugabe von Kümmel macht dieses Kohlgericht bekömmlicher.

Schlemmertopf | Preiswert
4 Portionen

Pro Portion: E: 19 g, F: 43 g, Kh: 36 g,
kJ: 2529, kcal: 607, BE: 3,0

750 g	*gegarte Pellkartoffeln*
4 EL	*Butterschmalz*
	Salz, gem. Pfeffer
1	*mittelgroße Zwiebel*
150 g	*Kochschinken*
1 EL	*Butter oder Margarine*
1 Stange	*Porree (Lauch)*
150 g	*Crème fraîche*
3	*Eier (Größe M)*
einige	*Kümmelsamen*

Zubereitungszeit: 40 Minuten
Garzeit: 20–25 Minuten

1. Die Kartoffeln pellen und in Scheiben schneiden.
Butterschmalz in einer Pfanne erhitzen. Die Kartoffelscheiben hinzufügen und unter mehrmaligem Wenden
goldbraun braten. Mit Salz und Pfeffer würzen.

2. Die Zwiebel abziehen, in kleine Würfel schneiden,
kurz vor Ende der Bratzeit zu den Kartoffelscheiben
geben und mitbraten lassen.

3. Den Backofen vorheizen.
Ober-/Unterhitze: etwa 200 °C
Heißluft: etwa 180 °C

4. Schinken in kleine Würfel schneiden. Butter oder
Margarine in einer Pfanne zerlassen. Schinkenwürfel
darin anbraten. Porree putzen, die Stange längs halbieren, gründlich waschen, abtropfen lassen, in kleine
Stücke schneiden, zu den Schinkenwürfeln geben
und kurz mit andünsten.

5. Die Bratkartoffeln in eine Auflaufform (gefettet)
geben. Die Schinken-Porree-Masse gleichmäßig darauf verteilen, mit Salz und Pfeffer bestreuen. Crème
fraîche mit Eiern verschlagen, mit Salz, Pfeffer und
Kümmel würzen, auf dem Auflauf verteilen.

6. Die Form auf dem Rost in den vorgeheizten Backofen schieben. Den Schlemmertopf **20–25 Minuten
garen.**

Schlesischer Bigos **I**

Mit Alkohol

6–8 Portionen

Pro Portion: E: 36 g, F: 43 g, Kh: 28 g,
kJ: 2923, kcal: 700, BE: 2,5

1 kg	Schweinebug (Schweineschulter) Salz, gem. Pfeffer
100 g	durchwachsener Speck
3	Zwiebeln
3	Äpfel
2 EL	Schweineschmalz
1 kg	frisches Sauerkraut
etwas	Zucker
1	Gewürzbeutel (bestehend aus 1 TL Kümmelsamen, 6 Wacholderbeeren, 1 Lorbeerblatt)
500 ml	trockener Riesling
1 kg	festkochende Kartoffeln, z. B. Linda, Grata oder Sieglinde
200 g	Knoblauchwurst

Zubereitungszeit: 45 Minuten
Garzeit: etwa 60 Minuten

1. Den Schweinebug mit Küchenpapier trocken tupfen und in etwa 30 g schwere Würfel schneiden. Die Fleischwürfel mit Salz und Pfeffer würzen. Speck in Streifen schneiden. Zwiebeln abziehen und in kleine Würfel schneiden. Äpfel abspülen, abtrocknen, evtl. schälen, vierteln und entkernen. Apfelviertel in Spalten schneiden.

2. Den Backofen vorheizen.
Ober-/Unterhitze: etwa 200 °C
Heißluft: etwa 180 °C

3. Schmalz in einem großen, feuerfesten Bratentopf oder Bräter erhitzen. Die Zwiebelwürfel und Speckstreifen darin anbraten. Die Fleischwürfel hinzugeben und kurz mitbraten lassen. Das Sauerkraut mit einer Gabel auseinanderzupfen und darauf verteilen. Apfelspalten daraufgeben und mit etwas Zucker bestreuen. Den Gewürzbeutel hineinlegen. Die Zutaten mit Wein übergießen und zum Kochen bringen. Den Topf oder Bräter zugedeckt auf dem Rost in den vorgeheizten Backofen schieben. Bigos **etwa 30 Minuten garen.**

4. In der Zwischenzeit Kartoffeln schälen, abspülen, abtropfen lassen, in dünne Scheiben schneiden oder hobeln. Die Knoblauchwurst in Scheiben schneiden.

5. Nach etwa 30 Minuten Garzeit zuerst die Kartoffelscheiben, dann die Wurstscheiben auf das Sauerkraut schichten. Eventuell etwas Wasser hinzugießen. Die Backofentemperatur um etwa 20 °C auf Ober-/Unterhitze: etwa 180 °C, Heißluft: etwa 160 °C herunterschalten. Bigos **weitere etwa 30 Minuten garen.** Den Gewürzbeutel vor dem Servieren entfernen.

Tipp: Für die Zubereitung des Bigos eignet sich auch eine ofenfeste, irdene Form (Auflaufform), in der gut serviert werden kann. Dann die angebratenen Zutaten mit Sauerkraut, Apfelspalten, Kartoffelscheiben, Wurstscheiben und Gewürzsäckchen in die Form schichten, mit Wein übergießen und wie angegeben garen.

Schlesischer Schwärtelbraten I

Einfach

6 Portionen

Pro Portion: E: 45 g, F: 16 g, Kh: 3 g,
kJ: 1417, kcal: 339, BE: 0,2

1 ¼ kg	*Schweinekeule (mit Schwarte,*
	ohne Knochen)
	Salz, gem. Pfeffer
2–3 EL	*Sonnenblumenöl*
1 Bund	*Suppengrün*
	(Möhren, Sellerie, Porree)
1 TL	*Kümmelsamen*
etwa 250 ml	*Fleischbrühe*

Zubereitungszeit: 30 Minuten
Garzeit: 1 ½–2 Stunden

1. Den Backofen vorheizen.
Ober-/Unterhitze: etwa 200 °C
Heißluft: etwa 180 °C

2. Schweinekeule mit Schwarte unter fließendem kalten Wasser abspülen und trocken tupfen. Schwarte so einschneiden, dass Quadrate entstehen. Die Keule mit Salz und Pfeffer einreiben.

3. Das Sonnenblumenöl in einem großen Bräter erhitzen. Die Schweinekeule darin von allen Seiten gut anbraten.

4. Suppengrün putzen, abspülen, abtropfen lassen, in Stücke schneiden und kurz mit anbraten, dafür evtl. die Schweinekeule aus dem Bräter nehmen.

5. Die Keule mit der Schwarte nach oben in den Bräter geben und mit Kümmelsamen bestreuen. Etwas Fleischbrühe hinzugießen. Den Bräter auf dem Rost im unteren Drittel in den vorgeheizten Backofen schieben. Den Schwärtelbraten **1 ½–2 Stunden garen.**

6. Die verdampfte Flüssigkeit nach und nach durch Fleischbrühe ersetzen. Den Schwärtelbraten ab und zu mit dem Bratensatz begießen.

7. Den garen Braten aus dem Bräter nehmen und zugedeckt warm stellen. Bratensatz mit dem Suppengrün durch ein Sieb streichen. Evtl. noch etwas Brühe hinzugießen, sodass eine gebundene Sauce entsteht. Die Sauce kurz aufkochen lassen, mit Salz und Pfeffer abschmecken.

Tipp: Servieren Sie den Braten mit Möhren-Porree-Gemüse und Misch- oder Schwarzbrot.

Schnippelkuchen (Schnibbelskooche) I

Preiswert – klassisch
4 Portionen

Pro Portion: E: 22 g, F: 24 g, Kh: 32 g,
kJ: 1807, kcal: 433, BE: 2,5

30 g	Weizenmehl
100 ml	Milch (3,5 % Fett)
6	Eier (Größe M)
750 g	Kartoffeln
1	Zwiebel
	Salz, gem. Pfeffer
etwa 200 g	Frühstücksspeck in Scheiben (Bacon)
4 EL	Schnittlauchröllchen

Zubereitungszeit: 50 Minuten

1. Das Mehl mit Milch verrühren und etwas quellen lassen. Eier unterschlagen.

2. Die Kartoffeln schälen, abspülen, abtropfen lassen, grob raspeln und sofort mit dem Eierteig vermengen.

3. Zwiebel abziehen, fein würfeln, unter den Kartoffel-Eier-Teig rühren, mit Salz und Pfeffer würzen.

4. Ein Viertel der Frühstücksspeckscheiben nebeneinander in einer Pfanne ausbraten. Ein Viertel von dem Teig hineingeben, flach drücken und von jeder Seite etwa 5 Minuten braten. Dann den Schnippelkuchen herausnehmen und warm stellen. Aus dem restlichen Frühstücksspeck und Teig weitere 3 Schnippelkuchen auf die gleiche Weise zubereiten.

5. Die Schnippelkuchen warm und mit Schnittlauchröllchen bestreut servieren.

Schollen „Büsumer Art" I
Für Gäste
4 Portionen

Pro Portion: E: 51 g, F: 20 g, Kh: 5 g,
kJ: 1684, kcal: 402, BE: 0,5

4	*küchenfertige Schollen*
	(je etwa 300 g)
	Salz
	gem. Pfeffer
100 g	*durchwachsener Speck*
1	*Bio-Zitrone*
	(unbehandelt, ungewachst)
40 g	*Weizenmehl*
3–4 EL	*Speiseöl, z. B. Sonnenblumenöl*
150–200 g	*gepulte Nordseekrabben*
einige	
Stängel	*Dill*

Zubereitungszeit: 20 Minuten
Garzeit: etwa 15 Minuten je Portion

1. Schollen unter fließendem kalten Wasser abspülen, trocken tupfen, mit Salz und Pfeffer einreiben.

2. Speck in Würfel schneiden. Die Zitrone heiß abwaschen, abtrocknen und achteln. Die Schollen in Mehl wenden, überschüssiges Mehl leicht abschütteln.

3. Speiseöl in einer Pfanne erhitzen. Die Speckwürfel darin ausbraten. Krabben hinzugeben und kurz anbraten. Krabben und ausgebratene Speckwürfel mit einem Schaumlöffel aus der Pfanne nehmen und warm stellen.

4. Je nach Größe der Pfanne die Schollen evtl. nacheinander in dem Speckfett etwa 15 Minuten von beiden Seiten braun und gar braten, jeweils noch etwas Speiseöl hinzugeben. Die Schollen herausnehmen, auf einer vorgewärmten Platte anrichten und warm stellen, bis alle Schollen fertig gebraten sind.

5. Dill abspülen und trocken tupfen. Krabben-Speck-Mischung auf den Schollen verteilen. Die Schollen mit Zitronenspalten und Dillstängeln garniert servieren.

Beilage: Salzkartoffeln und Feldsalat.

Rezeptvariante: Für **Speckschollen** die Krabben weglassen und den Speck auf 150 g erhöhen.

Schupfnudeln I
Klassisch
4 Portionen (36 Stück)

Pro Portion: E: 5 g, F: 8 g, Kh: 27 g,
kJ: 861, kcal: 206, BE: 2,0

> 300 g mehligkochende Kartoffeln
> Salz
> 1 Ei (Größe M)
> 100 g Weizenmehl
> gem. Pfeffer
> ger. Muskatnuss
> Salzwasser (auf 1 l Wasser
> 1 gestr. TL Salz)
> 30 g Butter

Zubereitungszeit: 25 Minuten, ohne Abkühlzeit
Garzeit: etwa 30 Minuten

1. Kartoffeln schälen, abspülen und abtropfen lassen.
Die Kartoffeln knapp mit Wasser bedeckt, zugedeckt
zum Kochen bringen. Salz hinzufügen. Die Kartoffeln
in etwa 20 Minuten gar kochen. Anschließend die
Kartoffeln abgießen, abdämpfen, sofort durch die Kartoffelpresse geben oder mit einem Kartoffelstampfer
zerdrücken und erkalten lassen.

2. Ei, Mehl, Salz, Pfeffer und Muskat mit der Kartoffelmasse in eine Rührschüssel geben. Die Zutaten mit
einem Mixer (Knethaken) verkneten. Dann auf einer
bemehlten Arbeitsfläche zu einem glatten Teig verkneten. Aus der Kartoffelmasse mit bemehlten Händen
zuerst fingerdicke, etwa 5 cm lange Röllchen formen,
dann die Röllchen an den Enden etwas dünner rollen.

3. In einem großen Topf so viel Salzwasser zum Kochen bringen, dass die Schupfnudeln in dem Wasser
„schwimmen" können. Die Schupfnudeln in das kochende Salzwasser geben, wieder zum Kochen bringen und ohne Deckel 3–4 Minuten gar ziehen lassen
(das Wasser muss sich leicht bewegen).

4. Die Schupfnudeln mit einer Schaumkelle aus dem
Wasser nehmen und gut abtropfen lassen. Die Butter
zerlassen. Schupfnudeln darin unter gelegentlichem
Rühren 3–4 Minuten braten.

Tipp: Die Schupfnudeln zu Rinderschmorbraten,
Gulasch, Geschnetzeltem oder Sauerkraut servieren.

Schwäbische Linsen mit Saitenwürstchen und Spätzle I

Macht richtig satt
4 Portionen

Pro Portion: E: 31 g, F: 25 g, Kh: 68 g,
kJ: 2606, kcal: 623, BE: 5,5

Für die Linsen:

250 g	getrocknete Tellerlinsen
2	Zwiebeln
1	Möhre
1 kleine Stange	Porree (Lauch)
1–2 EL	Sonnenblumenöl
750 ml	Wasser
	Salz
	gem. Pfeffer
etwa 2 EL	Obstessig
	Zucker

Für die Sauce:

25 g	Butter oder Margarine
20 g	Weizenmehl
375 ml	Gemüsebrühe

500 g	frische Spätzle (aus dem Kühlregal)
4 Paar	Saitenwürstchen oder Wiener Würstchen (etwa 50 g je Würstchen)

Zum Bestreuen:

1–2 EL	Schnittlauchröllchen

Zubereitungszeit: 30 Minuten, ohne Einweichzeit
Garzeit: etwa 50 Minuten

1. Die Linsen in einem Topf mit kaltem Wasser über Nacht einweichen.

2. Die Zwiebeln abziehen und in kleine Würfel schneiden. Die Möhre putzen, schälen, abspülen, abtropfen lassen und in kleine Würfel schneiden. Porree putzen, die Stange längs halbieren, gründlich waschen und abtropfen lassen. Anschließend den Porree in kleine Stücke schneiden.

3. Das Sonnenblumenöl in einem Topf erhitzen. Die Zwiebelwürfel darin andünsten. Die eingeweichten Linsen abgießen, mit den Porreestücken zu den Zwiebelwürfeln in den Topf geben.

4. Wasser hinzufügen. Linsen zum Kochen bringen und etwa 30 Minuten kochen. Dann Möhrenwürfel unterrühren und die Linsen weitere etwa 15 Minuten kochen. Dabei gelegentlich umrühren. Die Linsen sollten das Wasser weitgehend aufgesogen haben.

5. Für die Sauce die Butter oder Margarine in einem Topf zerlassen. Das Mehl unter Rühren dazugeben und so lange darin erhitzen, bis es hellbraun ist. Dann die Brühe unter Rühren mit einem Schneebesen hinzugießen. Das Ganze gut durchschlagen und darauf achten, dass keine Klümpchen entstehen.

6. Die Sauce zum Kochen bringen und bei schwacher Hitze etwa 5 Minuten leicht kochen lassen, dabei gelegentlich umrühren.

7. Inzwischen die Spätzle nach Packungsanleitung zubereiten. Die Würstchen in heißem Wasser erwärmen.

8. Die weich gekochten Linsen, mit Salz, Pfeffer, Essig und etwas Zucker abschmecken. Die Linsen mit den Würstchen, den Spätzlen, der Sauce und mit Schnittlauch bestreut servieren.

Tipp: Saitenwürstchen sind Brühwürstchen deren Hülle aus Saitlingen besteht. Diese sehr zarten Hüllen können mitgegessen werden. Hergestellt werden sie aus bearbeiteten Schafdünndärmen.

Schwarzwälder Kirschcreme I

Mit Alkohol

4–6 Portionen

Pro Portion: E: 6 g, F: 14 g, Kh: 45 g,
kJ: 1520, kcal: 363, BE: 4,0

3 Blatt	weiße Gelatine
1 Pck.	Dr. Oetker Pudding-Pulver Vanille-Geschmack
75 g	Zucker
	Mark von
½	Vanilleschote
550 ml	Milch (3,5 % Fett)
1–2 EL	Kirschwasser
125 g	Schlagsahne (mind. 30 % Fett)
etwa 250 g	abgetropfte Sauerkirschen (aus dem Glas)

Zum Garnieren:

4–6	frische Kirschen
35 g	Raspelschokolade

Zubereitungszeit: 40 Minuten, ohne Kühlzeit

1. Gelatine in kaltem Wasser nach Packungsanleitung einweichen. Pudding-Pulver mit Zucker und Vanillemark mischen, mit 50 ml von der Milch anrühren.

2. Die restliche Milch in einem Topf zum Kochen bringen, Topf von der Kochstelle nehmen. Angerührtes Pudding-Pulver unter Rühren in die Milch gießen und unter Rühren aufkochen lassen. Den Topf wieder von der Kochstelle nehmen. Eingeweichte Gelatine ausdrücken und unter den Pudding rühren, bis sie völlig aufgelöst ist. Den Pudding kalt stellen, dabei ab und zu umrühren.

3. Kirschwasser unter den abgekühlten, aber noch nicht fest gewordenen Pudding rühren. Sahne steif schlagen und unter die Puddingmasse heben.

4. Sauerkirschen in einem Sieb gut abtropfen lassen. Sauerkirschen im Wechsel mit der Pudding-Sahne-Creme in Dessertschalen schichten. Die oberste Schicht sollte aus Pudding-Sahne-Creme bestehen.

5. Die Kirschen zum Garnieren abspülen und trocken tupfen. Die Schwarzwälder Kirschcreme mit Raspelschokolade und Kirschen garnieren.

Schwarzwälder Schäufele I

Mit Alkohol

4 Portionen

Pro Portion: E: 27 g, F: 29 g, Kh: 2 g,
kJ: 1564, kcal: 373, BE: 0,0

1 l	*Wasser*
1	*Zwiebel*
500 ml	*Weißwein*
1 gestr. TL	*Salz*
3	*Gewürznelken*
1	*Lorbeerblatt*
4	*Wacholderbeeren*
5	*Pfefferkörner*
1–2 TL	*gerebelter Thymian*
750 g	*gepökelte, leicht geräucherte*
	Schweineschulter oder
	Schweinenacken

Zubereitungszeit: 15 Minuten
Garzeit: etwa 1 ½ Stunden

1. Wasser in einem Topf zum Kochen bringen. Die Zwiebel abziehen, mit Wein, Salz, Nelken, Lorbeerblatt, Wacholderbeeren, Pfefferkörnern und Thymian in den Topf geben und wieder zum Kochen bringen.

2. Die Schweineschulter mit Küchenpapier trocken tupfen. Fleisch in die Brühe geben, zum Kochen bringen und evtl. abschäumen. Das Fleisch zugedeckt bei schwacher Hitze etwa 1 ½ Stunden gar ziehen lassen.

3. Gares Fleisch aus dem Topf nehmen, in Scheiben schneiden und servieren.

Beilage: Kartoffelwürfel mit frischen Kräutern bestreut und rahmiges Sauerkraut. Dazu das Sauerkraut wie gewohnt kochen und dann etwas Béchamelsauce unterrühren.

Schweinebraten in Bier I
Mit Alkohol
6–8 Portionen

Pro Portion: E: 60 g, F: 36 g, Kh: 8 g,
kJ: 2551, kcal: 611, BE: 0,5

> 2 kg Schweinerollbraten
> (aus der Schulter)
> Salz
> gem. Pfeffer
> 3 EL Speiseöl, z. B. Sonnenblumenöl
> 2 kleine Zwiebeln
> 2 Möhren
> 4 Knoblauchzehen
> 2 gestr. EL Weizenmehl
> 100 ml Apfel- oder Obstessig
> 330 ml helles Bier
> 100 ml Fleisch- oder Gemüsefond
>
> 4 EL mittelscharfer Senf
> 2 EL Semmelbrösel
> 50 g kalte Butter

Zubereitungszeit: 45 Minuten
Garzeit: etwa 2 ¼ Stunden

1. Den Rollbraten mit Küchenpapier trocken tupfen, mit Salz und Pfeffer würzen.

2. Speiseöl in einem Bräter erhitzen. Den Rollbraten darin etwa 5 Minuten rundherum anbraten. Den Rollbraten aus dem Bräter nehmen.

3. Zwiebeln abziehen, zuerst in Scheiben schneiden, dann in Ringe teilen. Die Möhren putzen, schälen, abspülen, abtropfen lassen und in Würfel schneiden. Knoblauch abziehen.

4. Den Backofen vorheizen.
Ober-/Unterhitze: etwa 160 °C
Heißluft: etwa 140 °C

5. Zwiebelringe, Möhrenwürfel und Knoblauch in dem verbliebenen Bratfett unter mehrmaligem Rühren bei mittlerer Hitze anbraten. Das Mehl daraufstäuben und mit einem Kochlöffel gut durchrühren, damit das Mehl

das Gemüse bedeckt. Nochmals etwa 2 Minuten unter gelegentlichem Rühren weiterbraten, mit Essig und Bier ablöschen. Die Zutaten aufkochen lassen und bei mittlerer Hitze auf die Hälfte einkochen lassen. Dann den Fleisch- oder Gemüsefond hinzugießen und wieder zum Kochen bringen.

6. Anschließend den angebratenen Rollbraten (mit dem Saft, der aus dem Braten herausgelaufen ist) wieder in den Bräter legen. Den Bräter auf dem Rost in den vorgeheizten Backofen schieben. Den Rollbraten **etwa 2 Stunden garen,** dabei den Rollbraten zwischendurch wenden.

7. Den Braten aus dem Bräter nehmen. Von dem Rollbraten das Netz bzw. Küchengarn entfernen. Den Rollbraten auf ein Backblech (gefettet) legen. Die Backofentemperatur um etwa 80 °C erhöhen (Ober-/Unterhitze: etwa 240 °C, Heißluft: etwa 220 °C).

8. Den entstandenen Bratenfond durch ein Sieb in einen Topf gießen und etwa 15 Minuten leicht einkochen lassen. In der Zwischenzeit den Rollbraten gleichmäßig mit 2 Esslöffeln Senf bestreichen, mit Semmelbröseln bestreuen. Dabei die Semmelbrösel vorsichtig andrücken. Die Panade mit hauchdünn geschnittenen Butterscheiben belegen.

9. Das Backblech in den heißen Backofen schieben. Die Panade **10–15 Minuten überbacken,** bis eine feste, braune Kruste entstanden ist.

10. Den restlichen Senf mit einem Schneebesen unter den leicht eingekochten Bratenfond rühren. Nochmals mit Salz und Pfeffer abschmecken.

11. Den Schweinebraten vom Backblech nehmen, in Scheiben schneiden, auf einer vorgewärmten Platte anrichten und mit der Sauce servieren.

Beilage: Kartoffelpüree oder in Butter geschwenkte Salzkartoffeln.

Tipps: Gut schmeckt der Braten auch mit Malzbier. Der Braten ist fertig, wenn das Fleisch beim Hineinstechen mit einer Fleischgabel leicht von der Fleischgabel fällt.

Schweinebraten „Münchner Art" I
Zubereitung im Schnellkochtopf – mit Alkohol
4 Portionen

Pro Portion: E: 44 g, F: 35 g, Kh: 8 g,
kJ: 2191, kcal: 524, BE: 0,5

Zum Vorbereiten:

1 kg	*Schweinenacken (mit Knochen)*
2–3 EL	*süßer Senf*
	gem. Pfeffer
250 g	*Zwiebeln*
2 EL	*Sonnenblumenöl*
	Salz
125 ml	*helles Bier*
2 TL	*Weizenmehl*
2 EL	*kaltes Wasser*

Zubereitungszeit: 25 Minuten, ohne Durchziehzeit
Garzeit: 40–45 Minuten, ohne Ankochzeit

1. Das Fleisch unter fließendem kalten Wasser abspülen und mit Küchenpapier trocken tupfen. Das Fleisch mit dem Senf einstreichen und mit Pfeffer bestreuen. Das Fleisch zugedeckt im Kühlschrank etwa 1 Stunde durchziehen lassen.

2. Die Zwiebeln abziehen und fein würfeln. Sonnenblumenöl in einem offenen Schnellkochtopf erhitzen. Das Fleisch mit Salz würzen und im Schnellkochtopf bei mittlerer Hitze von allen Seiten anbraten. Die Zwiebelwürfel hinzufügen und kurz mit anbraten.

3. Das Bier hinzugießen. Den Schnellkochtopf nach Herstelleranleitung verschließen und erhitzen. Wenn die gewählte Schnellgarstufe erreicht ist, das Fleisch 35–40 Minuten garen.

4. Nach der Garzeit den Topf nach Herstelleranleitung öffnen. Das Fleisch aus dem Topf nehmen und zugedeckt warm stellen. Die Sauce nach Belieben durch ein Sieb streichen und wieder in den Topf geben.

5. Mehl mit Wasser anrühren und in die Sauce einrühren. Die Sauce kurz aufkochen und etwa 5 Minuten im offenen Topf köcheln lassen. Die Sauce mit Salz und Pfeffer abschmecken.

6. Das Fleisch vom Knochen lösen, in Scheiben schneiden und mit der Sauce servieren.

Hinweis: Die gewählte Schnellgarstufe kann je nach Modell, Hersteller bzw. Alter des Schnellkochtopfes unterschiedlich angezeigt werden.

Schweinerippchen, geschmort I

Preiswert – gut vorzubereiten

4 Portionen

Pro Portion: E: 46 g, F: 33 g, Kh: 6 g,
kJ: 2089, kcal: 498, BE: 0,5

2 kg	Schweinerippchen (Schälrippchen)
3 EL	mittelscharfer Senf
	Salz
	gem. Pfeffer
1 TL	gerebelter Majoran
2	Zwiebeln
4 EL	Speiseöl, z. B. Olivenöl
2	Tomaten
2	Lorbeerblätter
etwa 300 ml	Fleischbrühe
1–2 EL	saure Sahne

Zubereitungszeit: 30 Minuten
Garzeit: etwa 60 Minuten

1. Schweinerippchen unter fließendem kalten Wasser abspülen, trocken tupfen und in Portionsstücke schneiden. Die Rippchen mit Senf bestreichen, mit Salz, Pfeffer und Majoran würzen.

2. Den Backofen vorheizen.
Ober-/Unterhitze: etwa 200 °C
Heißluft: etwa 180 °C

3. Zwiebeln abziehen und vierteln. Speiseöl in einem Bräter erhitzen. Die Rippchen darin portionsweise von allen Seiten gut anbraten. Dann die Zwiebelspalten hinzufügen und mitbraten lassen.

4. Tomaten abspülen, abtrocknen, halbieren und die Stängelansätze herausschneiden. Tomaten in Stücke schneiden und zu den Rippchen in den Bräter geben.

5. Lorbeerblätter hinzugeben. Die Fleischbrühe hinzugießen. Den Bräter zugedeckt auf dem Rost in den vorgeheizten Backofen (unteres Drittel) schieben. Die Rippchen **etwa 60 Minuten garen.**

6. Etwa 10 Minuten vor Ende der Garzeit den Deckel vom Bräter entfernen, die Rippchen bräunen lassen.

7. Die Rippchen aus dem Bräter nehmen und warm stellen. Lorbeerblätter aus dem Bratenfond nehmen. Den Fond nach Belieben pürieren oder durch ein Sieb passieren. Saure Sahne unterrühren. Die Sauce nochmals kurz aufkochen lassen, mit Salz und Pfeffer abschmecken. Die Rippchen mit der Sauce servieren.

Schweinerollbraten mit Gemüse I

Gut vorzubereiten

4 Portionen

Pro Portion: E: 44 g, F: 54 g, Kh: 13 g, kJ: 2939, kcal: 702, BE: 1,0

1	Zwiebel
850 g	Schweinerollbraten
	Salz
	gem. Pfeffer
3 EL	Speiseöl,
	z. B. Rapsöl
150 ml	Fleischbrühe
400 g	Champignons

Für das Gemüse:

400 g	Möhren
1	kleiner Blumenkohl
1 gestr. TL	Salz
20 g	Butter
	ger. Muskatnuss

150 ml	Fleischbrühe
2 EL	Crème fraîche
evtl. etwas	Saucenbinder
1 EL	gehackte Petersilie

Zubereitungszeit: 45 Minuten
Garzeit: etwa 1½ Stunden

1. Die Zwiebel abziehen und klein würfeln. Den Rollbraten mit Küchenpapier trocken tupfen, mit Salz und Pfeffer würzen.

2. Speiseöl in einem Bräter erhitzen. Den Rollbraten darin von allen Seiten gut anbraten. Die Zwiebelwürfel hinzugeben, kurz mitbraten lassen, etwas Brühe hinzugießen und zum Kochen bringen. Den Rollbraten zugedeckt etwa 1½ Stunden schmoren. Verdampfte Flüssigkeit nach und nach durch restliche Brühe ersetzten. Den Rollbraten während des Garens ab und zu wenden.

3. Etwa 30 Minuten vor Ende der Garzeit die Champignons putzen, evtl. kurz abspülen und abtropfen lassen. Große Champignons halbieren.

4. Die Champignons zu dem Rollbraten in den Bräter geben. Den Rollbraten zugedeckt fertig garen.

5. In der Zwischenzeit die Möhren putzen, schälen, abspülen, abtropfen lassen und in etwa 1 cm dicke Scheiben schneiden. Vom Blumenkohl die Blätter und schlechten Stellen entfernen, den Strunk abschneiden. Blumenkohl in Röschen teilen. Die Blumenkohlröschen abspülen und abtropfen lassen.

6. Dann Wasser mit Salz in einem Topf zum Kochen bringen. Nacheinander die Blumenkohlröschen etwa 10 Minuten und die Möhrenscheiben etwa 7 Minuten darin garen. Gemüse in einem Sieb abtropfen lassen.

7. Die Butter in einem Topf zerlassen. Das abgetropfte Gemüse darin schwenken, mit Salz, Pfeffer und Muskat würzen und warm stellen.

8. Den garen Braten aus dem Bräter nehmen und zugedeckt etwa 10 Minuten ruhen lassen.

9. Fleischbrühe und Crème fraîche in den Bratenfond rühren. Die Sauce mit Salz und Pfeffer abschmecken, evtl. mit Saucenbinder etwas binden.

10. Den Rollbraten in Scheiben schneiden, mit den Champignons auf einer vorgewärmten Platte anrichten. Gemüse in eine Schüssel geben und mit Petersilie bestreuen. Die Sauce dazureichen.

Schweinerücken „Mecklenburger Art" I

Pikant-würzig

6 Portionen

Pro Portion: E: 49 g, F: 22 g, Kh: 10 g, kJ: 1833, kcal: 437, BE: 1,0

1 ¼ kg	Schweinerücken
	Salz
	gem. weißer Pfeffer
1	Zwiebel
50 g	Butterschmalz
100 g	Gehacktes (halb Rind-, halb Schweinefleisch)
½ ger. TL	gerebelter Majoran
100 g	entsteinte Backpflaumen
400 ml	heiße Fleischbrühe
1 EL	Weizenmehl

Außerdem:

einige Holzstäbchen
oder Küchengarn

Zubereitungszeit: 45 Minuten
Garzeit: etwa 1 ½ Stunden

1. Das Fleisch mit Küchenpapier trocken tupfen. In den Schweinerücken längs eine ausreichend große Tasche einschneiden. Das Fleisch innen und außen mit Salz und Pfeffer würzen.

2. Zwiebel abziehen und fein hacken. Etwa 20 g vom Butterschmalz in einer Pfanne zerlassen. Die Zwiebel darin andünsten. Das Gehackte mit dem Majoran hinzugeben und unter Rühren etwa 5 Minuten anbraten, mit Salz und Pfeffer würzen.

3. Die Pfanne von der Kochstelle nehmen. Die Backpflaumen unter die Gehacktesmasse geben und alles in die vorbereitete Fleischtasche füllen. Die Öffnung mit Holzstäbchen zustecken oder mit Küchengarn zusammenbinden.

4. Den Backofen vorheizen.
Ober-/Unterhitze: etwa 220 °C
Heißluft: etwa 200 °C

5. Restliches Butterschmalz in einem Bräter zerlassen. Das Fleisch von allen Seiten darin anbraten. 300 ml der Fleischbrühe hinzugießen.

6. Bräter auf dem Rost zugedeckt in den vorgeheizten Backofen schieben. Den Braten **etwa 1 ½ Stunden schmoren,** dabei ab und zu mit der Bratenflüssigkeit begießen.

7. Den garen Schweinerücken aus dem Bräter nehmen, zugedeckt warm stellen.

8. Die restliche Fleischbrühe zur Sauce in den Bräter gießen und zum Kochen bringen. Das Mehl mit etwas kaltem Wasser anrühren und in die Sauce einrühren. Die Sauce etwa 5 Minuten kochen lassen, mit Salz und Pfeffer abschmecken.

9. Zum Servieren die Holzstäbchen oder das Küchengarn entfernen. Das Fleisch in Scheiben schneiden und mit der Sauce servieren.

Tipps: Servieren Sie den gefüllten Schweinerücken mit Salzkartoffeln. Die Sauce können Sie zusätzlich mit 1 Esslöffel Crème fraîche verfeinern. Statt mit Backpflaumen lässt sich der Schweinerücken auch mit anderem Trockenobst Ihrer Wahl füllen.

Schweineschmorbraten I

Beliebt

4–6 Portionen

Pro Portion: E: 44 g, F: 18 g, Kh: 6 g,
kJ: 1497, kcal: 358, BE: 0,2

1 kg	*Schweinefleisch (aus der Keule, ohne Knochen)*
	Salz
	gem. Pfeffer
	Paprikapulver edelsüß
1 Bund	*Suppengrün (Sellerie, Möhren, Porree)*
4	*Zwiebeln*
3 EL	*Speiseöl, z. B. Sonnenblumen- oder Rapsöl*
	gerebelter Majoran oder Thymian
	heißes Wasser

Zubereitungszeit: 20 Minuten
Garzeit: etwa 1 ½ Stunden

1. Schweinefleisch unter fließendem kalten Wasser abspülen, trocken tupfen, mit Salz, Pfeffer und Paprika würzen.

2. Suppengrün putzen, abspülen, abtropfen lassen und in kleine Stücke schneiden. Zwiebeln abziehen, ebenfalls klein schneiden.

3. Speiseöl in einem Topf oder Bräter erhitzen. Das Fleisch darin von allen Seiten kräftig anbraten, mit Majoran oder Thymian bestreuen.

4. Suppengrün- und Zwiebelstücke hinzufügen, kurz mit andünsten. So viel heißes Wasser hinzugießen, dass der Topfboden bedeckt ist.

5. Das Fleisch etwa 1 ½ Stunden bei mittlerer Hitze schmoren, dabei das Fleisch gelegentlich wenden. Verdampfte Flüssigkeit nach und nach durch heißes Wasser ersetzen.

6. Den garen Schmorbraten aus dem Topf oder Bräter nehmen und zugedeckt etwa 10 Minuten ruhen lassen, damit sich der Fleischsaft setzt.

7. In der Zwischenzeit den Bratensatz mit dem Gemüse durch ein Sieb streichen, etwa 400 ml von dem Bratensatz (evtl. mit heißem Wasser aufgefüllt) abmessen und in einen Topf geben. Den aus dem Braten ausgetretenen Bratensaft hinzufügen. Den Fond zum Kochen bringen und nach Belieben etwas einkochen lassen (reduzieren).

8. Die Sauce mit Salz, Pfeffer und Majoran oder Thymian abschmecken.

9. Den Schmorbraten in Scheiben schneiden, auf einer vorgewärmten Platte anrichten und die Sauce dazureichen.

Beilage: Salzkartoffeln, Blumenkohl, Erbsen und Möhren oder Brokkoli.

Rezeptvariante: Für einen **Schweineschmorbraten in Altbiersauce** den Schweinebraten wie im Rezept beschrieben vorbereiten und anbraten. Vorbereitetes Suppengrün, Zwiebeln und zusätzlich 1 abgezogene, fein gewürfelte Knoblauchzehe hinzugeben. Den Braten mit 250 ml Altbier und 250 ml Malzbier ablöschen und ½ Teelöffel gehackte Kümmelsamen hinzugeben, zum Kochen bringen. Den Braten zugedeckt bei mittlerer Hitze etwa 1 ½ Stunden schmoren. Den Braten herausnehmen, warm stellen. Bratensatz pürieren. Den aus dem Braten ausgetretenen Bratensaft hinzufügen, zum Kochen bringen und nach Belieben etwas einkochen lassen (reduzieren).

Schweineschnitzel „Holsteiner Art"I

Klassisch

4 Portionen

Pro Portion: E: 45 g, F: 26 g, Kh: 23 g, kJ: 2131, kcal: 509, BE: 1,5

4 Schweineschnitzel
(je etwa 150 g)
Salz
gem. Pfeffer
1 Ei (Größe M)
40 g Weizenmehl
100 g Semmelbrösel
75 g Butterschmalz oder Margarine

etwa 20 g Butter oder Margarine
4 Eier (Größe M)

Zum Garnieren:

4 gewässerte, abgetropfte
Sardellenfilets
(aus dem Glas)
250 g Mixed Pickles
1–2 EL gehackte Petersilie

Zubereitungszeit: 35 Minuten

1. Die Schnitzel mit Küchenpapier trocken tupfen. Schnitzel jeweils in einen Gefrierbeutel geben und leicht flach klopfen. Schnitzel aus dem Gefrierbeutel nehmen, mit Salz und Pfeffer bestreuen. Das Ei in einem tiefen Teller verschlagen.

2. Die Schnitzel zuerst in Mehl, dann in dem verschlagenen Ei und zuletzt in Semmelbröseln wenden, Panade gut andrücken.

3. Butterschmalz oder Margarine in einer großen Pfanne erhitzen. Die Schnitzel von beiden Seiten etwa 12 Minuten darin braten, herausnehmen und auf einer vorgewärmten Platte anrichten.

4. Butter oder Margarine in der gesäuberten Pfanne zerlassen. Die Eier vorsichtig aufschlagen und in die Pfanne gleiten lassen. Eier mit Salz bestreuen. Die

Eier bei mittlerer Hitze etwa 5 Minuten braten, bis das Eiweiß fest ist.

5. Die Spiegeleier mit einem Pfannenwender aus der Pfanne nehmen und jeweils auf ein Schnitzel legen.

6. Zum Garnieren jeweils 1 gewässertes Sardellenfilet um jedes Eigelb legen. Die Schnitzel mit Mixed Pickles und etwas Petersilie garnieren.

Beilage: Kartoffelsalat.

Tipp: Noch saftiger werden die Schnitzel, wenn sie von beiden Seiten kurz angebraten werden, anschließend auf ein Backblech gelegt und bei Ober-/Unterhitze: etwa 150 °C (vorgeheizt), Heißluft: etwa 130 °C (vorgeheizt) für 20 Minuten in dem Backofen gebacken werden. Zuletzt die gebratenen Eier darauf verteilen.

Rezeptvariante: Für **Schnitzel „Westfälische Art"** die Schnitzel wie im Rezept beschrieben bis einschließlich Punkt 3 zubereiten und warm stellen. Dann 20 g Butter in dem verbliebenen Bratfett zerlassen. Darin 1 gewürfelte Zwiebel, 2 zerbröselte Schwarzbrotscheiben, 125 g fein gewürfelten, westfälischen rohen Schinken und 2 gehäutete, gewürfelte Tomaten anbraten und zum Servieren auf den Schnitzeln verteilen.

Schweinshaxen I
Klassisch
4 Portionen

Pro Portion: E: 70 g, F: 41 g, Kh: 2 g,
kJ: 2750, kcal: 657, BE: 0,0

> 4 **Schweinshaxen**
> **(je etwa 500 g)**
> **Salz**
> **gem. Pfeffer**
> etwas **heißes Wasser**
> 3 **mittelgroße Zwiebeln**

Zubereitungszeit: 20 Minuten
Garzeit: etwa 1 Stunde und 20 Minuten

1. Den Backofen vorheizen.
Ober-/Unterhitze: etwa 200 °C
Heißluft: etwa 180 °C

2. Haxen unter fließendem kalten Wasser abspülen,
trocken tupfen, mit Salz und Pfeffer einreiben. Haxen
in einen mit Wasser ausgespülten Bräter geben.

3. Den Bräter auf dem Rost in den vorgeheizten Backofen (unteres Drittel) schieben. Haxen **etwa 1 Stunde
und 20 Minuten garen.** Sobald der Bratensatz bräunt,
etwas heißes Wasser hinzugießen. Das Fleisch ab und
zu mit dem Bratensatz begießen, verdampfte Flüssigkeit nach und nach durch heißes Wasser ersetzen.

4. Etwa 30 Minuten vor Ende der Garzeit die Zwiebeln
abziehen, vierteln und zu den Haxen in den Bräter geben. Die Haxen fertig garen.

5. Die garen Haxen aus dem Bräter nehmen und zugedeckt warm stellen. Den Bratensatz mit etwas Wasser loskochen, evtl. durch ein Sieb streichen, etwas
einkochen lassen und nochmals mit den Gewürzen
abschmecken. Die Sauce zu den Haxen reichen.

Beilage: Sauerkraut und Kartoffelpüree.

Tipps: Pikanter schmeckt die Sauce zur Schweins-
haxe, wenn sie mit Senf abgeschmeckt wird. Nach
dem gleichen Rezept können Sie auch **Kalbshaxen**
zubereiten. Die Garzeit verlängert sich dann auf
2 ½–3 Stunden.

Semmelknödelsuppe I

Klassische Vorspeise
4 Portionen

Pro Portion: E: 14 g, F: 8 g, Kh: 39 g,
kJ: 1204, kcal: 289, BE: 3,0

500 g	*Rinderknochen*
1 ½ l	*kaltes Wasser*
2	*Zwiebeln*
1 Bund	*Suppengrün*
	(Sellerie, Porree, Möhren)
	Salz, gem. Pfeffer
4	*Semmeln (Brötchen)*
	vom Vortag (etwa 230 g)
125 ml	*heiße Fleischbrühe*
20 g	*Butter (zimmerwarm)*
2	*Eier (Größe M)*
2 EL	*gehackte Petersilie*
	ger. Muskatnuss
1–2 EL	*gehackte Petersilie*

Zubereitungszeit: 40 Minuten
Garzeit: etwa 2 ¼ Stunden

1. Die Rinderknochen kurz unter fließendem kalten Wasser abspülen, in einen Topf geben, Wasser hinzugießen und zum Kochen bringen. Den evtl. entstehenden Schaum abschöpfen. Die Knochen zugedeckt etwa 60 Minuten bei schwacher bis mittlerer Hitze kochen lassen.

2. Die Zwiebeln abziehen. Suppengrün putzen, abspülen, abtropfen lassen und in kleine Stücke schneiden. Suppengrün und Zwiebel zu den Knochen in den Topf geben und weitere etwa 60 Minuten kochen lassen.

3. Die Brühe durch ein Sieb in einen Topf abgießen. Die Brühe mit Salz und Pfeffer abschmecken. Semmeln in feine Scheiben schneiden.

4. 125 ml von der Brühe abmessen und die Semmelscheiben damit beträufeln. Die Butter unterrühren, mit Eiern, Petersilie, Salz und Muskat vermengen. Aus der Masse mit angefeuchteten Händen 12 gleich große Knödel formen.

5. Salzwasser in einem großen Topf zum Kochen bringen. Die Knödel hineingeben und in dem siedenden Wasser in etwa 15 Minuten gar ziehen lassen. Die Knödel mit einer Schaumkelle aus dem Topf nehmen.

6. Die restliche Brühe wieder erhitzen. Die Knödel in der Brühe, mit Petersilie bestreut, servieren.

Semmelrührei mit Stampf-
kartoffeln nach Thüringer Art I

Preiswert

4–6 Portionen

Pro Portion: E: 26 g, F: 27 g, Kh: 48 g,
kJ: 2304, kcal: 550, BE: 4,0

Für das Semmelrührei:

1	*altbackene Doppelsemmel*
	(Doppelbrötchen oder
	2 Brötchen) vom Vortag
500 ml	*Milch (3,5 % Fett)*
8	*Eier (Größe M)*
	Salz
evtl.	*ger. Muskatnuss*
2 EL	*Schnittlauch-*
	röllchen

Für die Stampfkartoffeln:

1 kg	*mehligkochende*
	Kartoffeln
150 g	*geräucherter Bauchspeck*
	gem. Pfeffer

Für den Salat:

1	*Kopfsalat*
125 ml	*Buttermilch*
125 g	*Schmand (Sauerrahm)*
3 EL	*Zitronensaft*
	Zucker

Zubereitungszeit: 45 Minuten
Garzeit: etwa 45 Minuten

1. Den Backofen vorheizen.
Ober-/Unterhitze: etwa 180 °C
Heißluft: etwa 160 °C

2. Semmel in kleine Stücke schneiden. Milch mit den Eiern verschlagen, mit Salz würzen und die Semmel-stücke unterrühren. Semmel-Eier-Mischung in eine Auflaufform (gefettet) gießen.

3. Die Form auf dem Rost in den vorgeheizten Back-ofen schieben. Das Semmelrührei **etwa 45 Minuten garen,** bis die Masse gestockt ist.

4. In der Zwischenzeit für den Kartoffelstampf die Kartoffeln schälen, abspülen, abtropfen lassen und in Stücke schneiden. Die Kartoffelstücke knapp mit Wasser bedeckt in einem Topf zum Kochen bringen und zugedeckt in etwa 15 Minuten gar kochen.

5. Den Speck in kleine Würfel schneiden und in einer Pfanne ohne Fett auslassen (ausbraten). Die Kartoffeln abgießen.

6. Den ausgelassenen Speck zu den Kartoffeln geben und das Ganze mit einem Kartoffelstampfer etwas zerstampfen.

7. Salat putzen und die äußeren, welken Blätter ent-fernen. Salatblätter vom Strunk zupfen, in reichlich Wasser gründlich waschen, aber nicht drücken. Salat in einem Sieb gut abtropfen lassen oder in einer Sa-latschleuder trocken schleudern. Blätter in mundge-rechte Stücke zupfen.

8. Buttermilch und Schmand mit Zitronensaft verrüh-ren, mit Salz, Pfeffer und Zucker abschmecken. Salat mit dem Dressing vermischen.

9. Kartoffelstampf mit Pfeffer und evtl. noch etwas Salz abschmecken, mit dem Semmelrührei und dem Salat servieren.

Tipp: Zusätzlich noch 3–4 geputzte und in Stifte geschnittene Radieschen mit in den Salt geben.

Serviettenknödel I
Klassische Beilage
8 Portionen

Pro Portion: E: 9 g, F: 13 g, Kh: 31 g,
kJ: 1166, kcal: 279, BE: 2,5

8–10	*altbackene Brötchen (Semmeln) vom Vortag (etwa 400 g)*
400 ml	*Milch (3,5 % Fett)*
80 g	*Butter*
	Salz
	ger. Muskatnuss
	gem. Pfeffer
1 EL	*fein gehackte Petersilie*
3	*Eier (Größe M)*

Außerdem:

*2 Stoffservietten oder
Geschirrtücher
Küchengarn*

Zubereitungszeit: 40 Minuten, ohne Abkühlzeit
Garzeit: etwa 25 Minuten

1. Die Brötchen in kleine, etwa 1 cm große Würfel schneiden und anschließend in eine große, flache Schale geben.

2. Die Milch mit Butter in einem Topf aufkochen, mit Salz, Muskatnuss und Pfeffer würzen. Die Brötchenwürfel mit der Milch übergießen und gut durchrühren, etwas abkühlen lassen.

3. Die Petersilie mit den Eiern verrühren und mit der Milch-Brötchen-Masse gut vermischen.

4. Die Servietten oder Geschirrtücher kurz in kaltes Wasser legen und anschließend gut ausdrücken. Die Servietten oder Geschirrtücher auf der Arbeitsfläche ausbreiten und jeweils die Hälfte der Knödelmasse so darauf verteilen, dass die Ränder frei bleiben.

5. Die Masse fest in den Servietten oder Geschirrtüchern aufrollen. Die Enden jeweils mit Küchengarn fest zusammenbinden.

6. Nun Salzwasser in einem großen Topf zum Kochen bringen. Die Knödelrollen hineingeben, nochmals kurz aufkochen und die Knödel bei schwacher Hitze in etwa 20 Minuten gar ziehen lassen.

7. Die Knödelrollen aus dem Topf nehmen, das Küchengarn entfernen und die Knödel zum Servieren in Scheiben schneiden.

Tipp: Die Serviettenknödel als Beilage zu Sauerbraten, Schweinebraten, Geflügel (Ente, Gans) oder Gulasch reichen.

Extra-Tipps: Übrig gebliebene Serviettenknödelscheiben können Sie einfrieren oder Sie bereiten am nächsten Tag **gebratene Serviettenknödel mit Ei** zu. Dazu 5–6 Frühlingszwiebeln putzen, abspülen, abtropfen lassen und in Scheiben schneiden. Die Knödelscheiben mit den Frühlingszwiebeln in einer großen Pfanne in etwa 2 Esslöffeln Butter anbraten. 4–6 Eier mit 4–6 Esslöffeln Milch verschlagen, mit Salz, Pfeffer und geriebener Muskatnuss würzen. Die Eiermilch in die Pfanne gießen und die Eiermasse zugedeckt bei schwacher Hitze stocken lassen.

Soleier, süßsauer | Preiswert
8 Stück

Pro Stück: E: 7 g, F: 5 g, Kh: 1 g,
kJ: 323, kcal: 77, BE: 0,2

> 8 Eier (Größe M)
>   Salz

Für die Marinade:
>   1 Chilischote
> 4 Stängel Dill
>   400 ml Wasser
> 2 gestr. EL Salz
>   2 EL Senfkörner
>   100 ml Obstessig
>   2 EL Honig
>   10 Pfefferkörner
>   2 kleine Lorbeerblätter

Zubereitungszeit: 15 Minuten,
ohne Abkühl- und Marinierzeit
Haltbarkeit: im Kühlschrank etwa 6 Tage

1. Eier am runden Ende mit einem Eierpick anste-
chen, in kochendes Salzwasser geben und etwa
7 Minuten kochen lassen.

2. Die Eier mit einer Schaumkelle herausnehmen und
mit kaltem Wasser abschrecken.

3. Für die Marinade Chilischote entstielen, abspülen,
abtropfen lassen und in Ringe schneiden. Dill abspülen, abtropfen lassen und in kleinere Stängel zupfen.

4. Wasser mit Salz, Senfkörnern, Essig, Honig, Pfefferkörnern, Chiliringen, Dillstängeln und Lorbeerblättern
in einem Topf aufkochen lassen.

5. Die Eier pellen. Eier in die Marinade legen, erkalten
lassen und zugedeckt darin mindestens 24 Stunden
im Kühlschrank ziehen lassen, aber nicht länger als
4 Tage.

Tipps: Zu den Soleiern Vollkornbrot reichen. Die Eier
halbieren, mit körnigem Senf, grob gemahlenem Salz
und Pfeffer oder Worcestersauce servieren.

Soljanka | Ostdeutscher Klassiker

4–6 Portionen

Pro Portion: E: 26 g, F: 24 g, Kh: 5 g,
kJ: 1450, kcal: 347, BE: 0,5

2–3	*Zwiebeln*
1 EL	*Speiseöl oder Margarine*
100 g	*Schinkenspeckwürfel*
500 g	*möglichst verschiedene Wurst- und/oder Bratenreste, z. B. Jagdwurst, Bier- und Kochschinken, Schweinebraten*
2–3	*Gewürzgurken*
2–3 EL	*Tomatenmark*
1 1/2 l	*Fleischbrühe*
1	*Bio-Zitrone (unbehandelt, ungewachst) Salz, gem. Pfeffer*
1 EL	*Paprikapulver edelsüß*
150 g	*saure Sahne*

Zubereitungszeit: 45 Minuten

1. Die Zwiebeln abziehen und würfeln. Speiseöl oder Margarine in einem Topf erhitzen. Die Zwiebel- und Speckwürfel darin andünsten.

2. Die Wurst und/oder Bratenreste in Würfel oder Streifen schneiden, in den Topf geben und unter Rühren anbraten.

3. Die Gewürzgurken fein würfeln und ebenfalls mit im Topf kurz anbraten. Anschließend das Tomatenmark unterrühren.

4. Die Fleischbrühe unter Rühren hinzugießen und das Ganze etwa 10 Minuten köcheln lassen.

5. Die Zitrone heiß abwaschen, abtrocknen und halbieren. Eine Hälfte in 4–6 dünne Scheiben schneiden, evtl. noch halbieren. Die andere Zitronenhälfte auspressen.

6. Soljanka mit Salz, Pfeffer, Paprika und Zitronensaft abschmecken. Zum Servieren die Soljanka in Suppentassen oder -teller verteilen, mit den Zitronenscheiben und je 1 Klecks saure Sahne servieren.

Tipps: Soljanka eignet sich sehr gut zur Verwertung von gegarten Fleisch- und/oder Wurstresten. Rezeptvariationen gibt es einige. So können Sie noch 2 Esslöffel abgetropfte Kapern mit in die Soljanka geben oder die Soljanka statt mit Zitronensaft mit Gewürzgurkensud (aus dem Glas) abschmecken.

Spargel mit dreierlei Saucen I
Klassisch – mit Alkohol
4 Portionen

Pro Portion mit Sauce hollandaise:
E: 6 g, F: 35 g, Kh: 4 g,
kJ: 1483, kcal: 354, BE: 0,0
Pro Portion mit Kresse-Hollandaise:
E: 6 g, F: 35 g, Kh: 4 g,
kJ: 1486, kcal: 355, BE: 0,0
Pro Portion mit Malteser Sauce:
E: 6 g, F: 35 g, Kh: 5 g,
kJ: 1487, kcal: 355, BE: 0,2

1 kg	weißer Spargel
500 ml	Wasser
1 gestr. TL	Salz
1 TL	Butter
1 Prise	Zucker

Für die Sauce hollandaise:

150 g	Butter
2	Eigelb (Größe M)
2 EL	Weißwein
einige Spritzer	Zitronensaft
	Salz
	gem. Pfeffer

Oder für die Kresse-Hollandaise:

	zusätzlich
1/2 Kästchen	Kresse

Oder für die Malteser Sauce:

150 g	Butter
2 EL	Blutorangensaft
2 TL	warmes Wasser
2	Eigelb (Größe M)
	Salz
	gem. Pfeffer
einige Spritzer	Zitronensaft
	abgeriebene Schale von
1/4	Bio-Orange
	(unbehandelt, ungewachst)

Zubereitungszeit: 50 Minuten, ohne Abkühlzeit

1. Den Spargel von oben nach unten schälen, dabei darauf achten, dass die Schalen vollständig entfernt, die Köpfe aber nicht verletzt werden. Die unteren Enden abschneiden (holzige Stellen vollkommen entfernen). Spargel abspülen und abtropfen lassen.

2. Wasser mit Salz, Butter und Zucker in einem Topf zum Kochen bringen. Die Spargelstangen hinzufügen, zum Kochen bringen und zugedeckt in 8–10 Minuten bissfest oder in 12–15 Minuten weich garen. Spargel in einem Sieb abtropfen lassen und warm stellen.

3. Für die **Sauce hollandaise** die Butter in einer kleinen Pfanne zerlassen, etwas abkühlen lassen und den Schaum abschöpfen.

4. Eigelb mit Weißwein in einer Edelstahlschüssel mit einem Schneebesen verschlagen. Die Schüssel in ein heißes Wasserbad (85–90 °C, das Wasser darf nicht kochen!) setzen. Die Eigelbmasse mit dem Schneebesen zu einer dicklichen Masse aufschlagen.

5. Die Butter langsam unter die Eigelbmasse schlagen. Die Sauce mit Zitronensaft, Salz und Pfeffer abschmecken.

6. Für eine **Kresse-Hollandaise** zusätzlich die Kresse abspülen, trocken tupfen und abschneiden. Die Kresse unter die Sauce hollandaise rühren.

7. Die Sauce hollandaise oder die Kresse-Hollandaise sofort zum Spargel servieren.

8. Für eine **Malteser Sauce** wie unter Punkt 3–5 beschrieben, eine Sauce hollandaise zubereiten, jedoch statt Weißwein den Blutorangensaft und das Wasser mit dem Eigelb verschlagen. Den Blutorangensaft vorher durch ein Sieb gießen. Die Sauce mit Salz, Pfeffer und Zitronensaft abschmecken, mit der Orangenschale bestreuen und mit dem Spargel servieren.

Hinweis: Nur ganz frische Eier verwenden, die nicht älter als 5 Tage sind (Legedatum beachten!). Aufgeschlagene Saucen lassen sich nur kurze Zeit im Wasserbad warm halten. Nach längerem Stehen gerinnen sie. Deshalb die Saucen möglichst kurz vor dem Verzehr aufschlagen.

Tipps: Wenn Sie alle drei Saucen auf einmal zubereiten, benötigen Sie 3 kg Spargel. Dieser ist dann als Beilage für etwa 12 Portionen und als Hauptgericht für etwa 6 Portionen ausreichend. Servieren Sie zusätzlich dünne Parma- oder Knochenschinkenscheiben dazu.

Spargelcremesuppe I
Für Gäste

4 Portionen

Pro Portion: E: 7 g, F: 22 g, Kh: 13 g,
kJ: 1157, kcal: 276, BE: 1,0

500 g	weißer Spargel
1 gestr. TL	Salz
1 TL	Zucker
60 g	Butter
1 l	Wasser
etwa 300 ml	Milch (3,5 % Fett)
30 g	Weizenmehl
½ Bund	Petersilie
	gem. weißer Pfeffer
	ger. Muskatnuss
2	Eigelb (Größe M)
3 EL	Schlagsahne

Zubereitungszeit: 45 Minuten
Garzeit: 35–37 Minuten

1. Spargel von oben nach unten schälen. Dabei darauf achten, dass die Schalen vollständig entfernt, die Köpfe aber nicht verletzt werden.

2. Die unteren Enden abschneiden (holzige Stellen vollkommen entfernen). Schalen und Enden beiseitelegen. Die Spargelstangen in etwa 3 cm lange Stücke schneiden.

3. Die beiseitegelegte Spargelenden und -schalen in einen Topf geben. Salz, Zucker und 20 g Butter hinzufügen. Wasser hinzugießen, zum Kochen bringen und zugedeckt etwa 15 Minuten bei mittlerer Hitze kochen lassen.

4. Spargelenden und -schalen durch ein Sieb gießen, die Kochflüssigkeit dabei auffangen, wieder in den Topf geben und zum Kochen bringen. Spargelstücke hinzugeben, zum Kochen bringen und zugedeckt in 10–12 Minuten bissfest garen.

5. Die Spargelstücke in einem Sieb abtropfen lassen, dabei die Kochflüssigkeit wieder auffangen und mit Milch auf 1 Liter auffüllen.

6. Restliche Butter in dem Topf zerlassen. Mehl darin unter Rühren erhitzen, bis es hellgelb ist. Die Spargel-Milch-Flüssigkeit nach und nach hinzugießen, mit einem Schneebesen kräftig durchschlagen. Dabei darauf achten, dass keine Klümpchen entstehen.

7. Die Suppe zum Kochen bringen und etwa 10 Minuten bei schwacher Hitze ohne Deckel leicht kochen lassen, dabei gelegentlich umrühren.

8. Petersilie abspülen und trocken tupfen. Die Blättchen von den Stängeln zupfen. Die Blättchen klein schneiden.

9. Die Suppe mit Salz, Zucker, Pfeffer und Muskat würzen. Eigelb mit Sahne verschlagen und 4 Esslöffel von der Suppe unterrühren.

10. Die Eigelb-Sahne unter die Suppe rühren, die Suppe nicht mehr kochen lassen. Die abgetropften Spargelstücke hinzufügen und kurz darin erwärmen. Die Spargelcremesuppe mit Petersilie bestreuen und servieren.

Tipps: Nach Belieben zusätzlich 50 g Kochschinken in Streifen schneiden und mit den Spargelstücken in der Suppe erhitzen. Sie können die Suppe auch aus grünem Spargel zubereiten. Den grünen Spargel nur im unteren Drittel schälen und die Enden abschneiden. Die grünen Spargelstücke etwa 8 Minuten garen.

Spätzle, selbst gemachte I

Preiswert

4 Portionen

Pro Portion: E: 12 g, F: 14 g, Kh: 45 g, kJ: 1501, kcal: 359, BE: 4,0

250 g	Weizenmehl
3	Eier (Größe M)
½ TL	Salz
1 Msp.	ger. Muskatnuss
etwa 100 ml	Wasser oder Milch
3 l	Wasser
3 TL	Salz
40 g	Butter

Zubereitungszeit: 30 Minuten
Garzeit: 3–5 Minuten

1. Das Mehl in eine Rührschüssel geben. Eier, Salz, Muskat und Wasser oder Milch zugeben. Die Zutaten mit einem Holzlöffel verrühren, dabei darauf achten, dass keine Klümpchen entstehen. Den Teig so lange rühren, bis er eine zähe, dickflüssige Konsistenz hat und Blasen wirft.

2. Wasser in einem großen, geschlossenen Topf zum Kochen bringen. Salz zugeben. Den Teig portionsweise mit einem Spätzlehobel oder durch eine Spätzlepresse in das kochende Salzwasser geben und 3–5 Minuten gar kochen (Spätzle sind gar, wenn sie an der Oberfläche schwimmen).

3. Die gegarten Spätzle mit einer Schaumkelle aus dem Wasser nehmen, auf ein Sieb geben, mit kaltem Wasser abschrecken und abtropfen lassen. Butter in einer Pfanne bräunen, die Spätzle darin schwenken.

Tipp: Spätzle als Beilage zu Rinderschmorbraten oder Gulasch reichen.

Rezeptvariante: Für **geschmälzte Spätzle** 30 g Butter zerlassen (schmälzen), mit 2 Esslöffeln Semmelbröseln verrühren und über die Spätzle geben.

Speckknödel
nach Mühlviertler Art **|** Raffiniert
4 Portionen

Pro Portion: E: 12 g, F: 9 g, Kh: 55 g,
kJ: 1482, kcal: 354, BE: 4,5

750 g	*mehligkochende Kartoffeln*
125 g	*Weizenmehl*
1	*Ei (Größe M)*
	Salz, gem. Pfeffer
	Paprikapulver edelsüß
100 g	*durchwachsener Speck*
1–2 EL	*gehackte Petersilie*

Zubereitungszeit: 30 Minuten
Garzeit: 35–45 Minuten

1. Kartoffeln gründlich waschen, knapp mit Wasser bedeckt, zugedeckt in einem Topf zum Kochen bringen und in 20–25 Minuten gar kochen lassen. Kartoffeln abgießen, abdämpfen und heiß pellen. Kartoffeln abkühlen lassen und durch eine Kartoffelpresse drücken.

2. Mehl und Ei unter die Kartoffelmasse rühren, mit Salz, Pfeffer und Paprika würzen.

3. Den Speck in kleine Würfel schneiden und mit der Petersilie vermengen.

4. Aus dem Kartoffelteig mit bemehlten Händen 8–10 Knödel formen, in die Mitte jedes Knödels ein Loch drücken, jeweils 1 Teelöffel der Speck-Petersilien-Masse hineingeben und das Loch mit dem Kartoffelteig umschließen. Knödel nochmals rund formen.

5. Die Knödel in so viel kochendes Salzwasser geben, dass sie „schwimmen" können. Das Wasser wieder zum Kochen bringen und die Knödel ohne Deckel in 15–20 Minuten gar ziehen lassen (das Wasser muss sich leicht bewegen).

6. Die Knödel mit einer Schaumkelle herausnehmen und anrichten.

Beilage: Grünkohl oder Sauerkraut und Kasseler Rippenspeer oder Schweinebraten mit gemischtem Gemüse.

Spiegeleier mit Spinat **|** Beliebt
4 Portionen

Pro Portion: E: 16 g, F: 26 g, Kh: 4 g,
kJ: 1349, kcal: 323, BE: 0,0

Für den Spinat:

1 ½ kg	frischer Blattspinat
2	mittelgroße Zwiebeln
75 g	Butter
	Salz, gem. Pfeffer
	ger. Muskatnuss

Für die Spiegeleier:

20 g	Butter oder Margarine
4	Eier (Größe M)

Zubereitungszeit: 30 Minuten

1. Für den Spinat Blattspinat verlesen, Wurzelenden und dicke Stiele entfernen. Spinat gründlich waschen und in einem Sieb abtropfen lassen. Die Zwiebeln abziehen und fein würfeln. Butter in einem Topf zerlassen, die Zwiebelwürfel darin andünsten.

2. Den Spinat hinzufügen, mit Salz, Pfeffer und Muskat würzen. Spinat zugedeckt bei schwacher Hitze 5–10 Minuten garen, bis er zusammengefallen ist.

3. Inzwischen für die Spiegeleier Butter oder Margarine in einer großen Pfanne zerlassen. Eier vorsichtig aufschlagen und nebeneinander in das heiße Fett gleiten lassen, dabei darauf achten, dass das Eigelb ganz bleibt. Das Eiweiß mit etwas Salz bestreuen, die Eier bei mittlerer Hitze etwa 5 Minuten braten lassen, bis das Eiweiß fest ist.

4. Den garen Spinat umrühren, nochmals mit Salz, Pfeffer und Muskat abschmecken und mit den Spiegeleiern sofort servieren.

Beilage: Brat- oder Salzkartoffeln.

Steckrübeneintopf I

Einfach

4 Portionen

Pro Portion: E: 26 g, F: 13 g, Kh: 25 g,
kJ: 1390, kcal: 332, BE: 2,0

500 g	*Kasseler (ohne Knochen)*
2	*Zwiebeln*
1 EL	*Speiseöl, z. B. Sonnenblumenöl*
	Salz, gem. Pfeffer
etwa 500 ml	*Gemüse- oder Fleischbrühe*
750 g	*Steckrüben*
500 g	*vorwiegend festkochende*
	Kartoffeln
1 EL	*gehackte Petersilie*

Zubereitungszeit: 30 Minuten
Garzeit: etwa 50 Minuten

1. Kasseler mit Küchenpapier trocken tupfen und in kleine Würfel schneiden. Zwiebeln abziehen und klein würfeln.

2. Speiseöl in einem Topf erhitzen. Fleischwürfel darin von allen Seiten hellbraun anbraten. Zwiebelwürfel hinzufügen und kurz mitdünsten. Das Fleisch mit Salz und Pfeffer würzen. Etwa die Hälfte der Brühe hinzugießen, zum Kochen bringen und zugedeckt etwa 30 Minuten bei mittlerer Hitze garen.

3. In der Zwischenzeit Steckrüben und Kartoffeln schälen, abspülen, abtropfen lassen und in Stifte schneiden. Steckrüben- und Kartoffelstifte mit der restlichen Brühe zu dem Fleisch in den Topf geben. Den Eintopf mit Salz und Pfeffer würzen und zugedeckt weitere etwa 20 Minuten garen.

4. Eintopf nochmals mit den Gewürzen abschmecken und mit Petersilie bestreut servieren.

Tipps: Schmecken Sie den Eintopf mit mittelscharfem Senf ab. Würzen Sie den Eintopf nach Belieben zusätzlich mit gerebeltem Majoran oder bestreuen Sie den Eintopf vor dem Servieren mit 1–2 abgespülten, abgetropften, in feine Scheiben geschnittenen Frühlingszwiebeln. Der Steckrübeneintopf ist gefriergeeignet. Anstelle von Kasseler können Sie auch Lammfleisch (aus der Schulter) verwenden.

Rezeptvariante: Für einen **Steckrübeneintopf mit Linsen** zusätzlich 100 g Linsen (z. B. Berglinsen) nach Packungsanleitung mitgaren. Dafür etwa 1 Liter Gemüsebrühe verwenden.

Stielmuseintopf I

Deftig

4 Portionen

Pro Portion: E: 20 g, F: 29 g, Kh: 23 g,
kJ: 1826, kcal: 441, BE: 1,5

1 kg	**Stielmus**
	Salz
500 g	**Kartoffeln**
4	**Mett- oder Rauchenden**
	(je etwa 80 g)
1 ¼ l	**Gemüsebrühe**
	gem. Pfeffer

Zubereitungszeit: 25 Minuten
Garzeit: etwa 25 Minuten

1. Das Stielmus von schlechten Blättern und Stielen befreien. Den Wurzelansatz, der die Blätter zusammenhält, abschneiden. Stielmus gut waschen und abtropfen lassen. Stielmus in etwa ½ cm breite Stücke schneiden.

2. Salzwasser in einem Topf zum Kochen bringen. Die Stielmusstücke darin 1–2 Minuten blanchieren. Dann die Stielmusstücke in ein Sieb zum Abtropfen geben.

3. Kartoffeln schälen, abspülen, abtropfen lassen und in kleine Würfel schneiden. Stielmus und Kartoffelwürfel in einen großen Topf geben. Die Mettenden darauflegen und Gemüsebrühe hinzugeben. Alles zusammen zum Kochen bringen und etwa 25 Minuten kochen.

4. Den Eintopf mit Salz und Pfeffer abschmecken. Die Mettenden aus dem Eintopf nehmen und in Scheiben schneiden und wieder in den Eintopf geben.

Tipp: Stielmus, auch Rübstiel oder Stängelmus genannt, sind als Blattgemüse angebaute Speiserüben (z. B. von der Mairübe). Besonders dicht gesät, schießen diese mehr ins Kraut und entwickeln Stiele. Die Stiele können mit den Blättern wie Spinat roh, fein geschnitten als Salat verarbeitet oder als Gemüse gekocht werden. Die dunkelgrüneren oberen Blätter haben einen herberen Geschmack. Wer den nicht mag, kann die oberen Blätter abschneiden.

Strammer Max I
Beliebt
1 Portion

Pro Portion: E: 18 g, F: 24 g, Kh: 22 g,
kJ: 1595, kcal: 382, BE: 2,0

20 g	*Butter*
1 Scheibe	*Brot, z. B. Mischbrot*
	oder Vollkornbrot
1	*Ei (Größe M)*
	Salz
etwa 40 g	*gewürfelter oder dünn*
	geschnittener, roher Schinken
1	*Gewürzgurke*

Zum Garnieren:
evtl. einige **Schnittlauchröllchen und**
Radieschenscheiben

Zubereitungszeit: 15 Minuten

1. Die Hälfte der Butter in einer Pfanne zerlassen und die Brotscheibe darin von beiden Seiten anrösten. Die Brotscheibe aus der Pfanne nehmen und auf einen Teller legen.

2. Die restliche Butter in der Pfanne zerlassen und das Ei als Spiegelei darin braten, mit etwas Salz würzen. Den Schinken auf der Brotscheibe verteilen und das Spiegelei daraufsetzen.

3. Strammen Max mit der Gurke servieren.

Tipps: Varianten zum Strammen Max gibt es viele. So können Sie den rohen Schinken durch eine dicke Scheibe Kochschinken oder angebratenen Leberkäse austauschen. Zusätzlich können Sie darauf noch 1 Käsescheibe oder Tomatenscheiben legen.

Sülze vom Eisbein I **Gut vorzubereiten**

6–8 Portionen

Pro Portion: E: 32 g, F: 8 g, Kh: 1 g,
kJ: 877, kcal: 210, BE: 0,0

1 ½ kg	*mageres Eisbein,*
	z. B. Vorderhaxe
2	*Zwiebeln*
1	*Möhre*
2	*Lorbeerblätter*
1 TL	*Pimentkörner*
1 TL	*Wacholderbeeren*
	Salz
12 Blatt	*weiße Gelatine*
125 ml	*Kräuteressig*
200 g	*abgetropfte Gewürzgurken*
	gem. weißer Pfeffer
evtl. etwas	*Gurkensud (aus dem Glas)*
2 EL	*gehackte Petersilie*

Zubereitungszeit: 30 Minuten, ohne Kühlzeit
Garzeit: 1–1 ½ Stunden
Haltbarkeit: im Kühlschrank etwa 5 Tage

1. Eisbein unter fließendem kalten Wasser abspülen und abtropfen lassen. Die Zwiebeln abziehen und in größere Stücke schneiden. Möhre putzen, schälen, abspülen und abtropfen lassen.

2. Eisbein mit Zwiebelstücken, Möhre, Lorbeerblättern, Pimentkörnern und Wacholderbeeren in einen großen Topf geben und mit Salzwasser bedeckt zugedeckt zum Kochen bringen, abschäumen. Eisbein in etwa 1–1 ½ Stunden gar kochen.

3. Gelatine nach Packungsanleitung einweichen. Eisbein in einem Sieb abtropfen lassen, dabei die Brühe auffangen und 500 ml davon abmessen. Die Gelatine leicht ausdrücken und in der abgemessenen heißen Brühe unter Rühren auflösen. Den Kräuteressig unterrühren.

4. Fleisch vom Knochen schneiden, Fett entfernen und das magere Fleisch in Würfel schneiden. Gewürzgurken ebenfalls würfeln. Sülzenflüssigkeit mit Salz und Pfeffer würzen und nach Belieben mit etwas Gewürzgurkensud kräftig abschmecken.

5. Fleisch- und Gurkenwürfel mit der Sülzenflüssigkeit verrühren, Petersilie unterrühren und in eine längliche Form (etwa 30 x 11 cm, kalt ausgespült) füllen. Die Form zugedeckt mindestens 6 Stunden oder am besten über Nacht in den Kühlschrank stellen.

6. Form kurz in heißes Wasser tauchen und die Sülze auf eine längliche Platte stürzen.

Beilage: Bratkartoffeln und Remoulade.

Tafelspitz mit Meerrettichsauce I

Dauert länger

4 Portionen

Pro Portion: E: 55 g, F: 21 g, Kh: 11 g,
kJ: 1982, kcal: 474, BE: 0,5

1–1 ½ l	*Wasser*
1 kg	*Rindfleisch (Tafelspitz)*
1–1 ½ TL	*Salz*
1	*Lorbeerblatt*
1 EL	*Pfefferkörner*
2	*große Zwiebeln*
150 g	*Möhren*
150 g	*Staudensellerie*
1 Stange	*Porree (Lauch, etwa 200 g)*

Für die Meerrettichsauce:

30 g	*Butter oder Margarine*
25 g	*Weizenmehl*
375 ml	*Tafelspitzbrühe*
125 g	*Schlagsahne*
20 g	*frisch ger. Meerrettich*
	Salz, Zucker
etwa 1 TL	*Zitronensaft*

1 EL	*gehackte Petersilie*

Zubereitungszeit: 20 Minuten
Garzeit: etwa 2 Stunden und 20 Minuten

1. Wasser in einem großen Topf zum Kochen bringen. Rindfleisch mit Küchenpapier trocken tupfen, mit Salz, Lorbeerblatt und Pfefferkörnern in das kochende Wasser geben. Rindfleisch zugedeckt etwa 2 Stunden bei schwacher bis mittlerer Hitze gar ziehen lassen.

2. In der Zwischenzeit Zwiebeln abziehen und würfeln. Möhren und Sellerie putzen, schälen, abspülen, abtropfen lassen, in Scheiben schneiden. Porree putzen, die Stange längs halbieren, gründlich waschen, abtropfen lassen, in etwa 2 cm lange Stücke schneiden.

3. Das vorbereitete Gemüse nach 2 Stunden Garzeit zu dem Fleisch in den Topf geben, wieder zum Kochen bringen und zugedeckt weitere etwa 20 Minuten mitgaren.

4. Das gegarte Fleisch aus der Brühe nehmen und zugedeckt etwa 10 Minuten ruhen lassen, damit sich der Fleischsaft setzt. Brühe mit dem Gemüse in ein Sieb geben, dabei die Brühe auffangen und 375 ml für die Sauce abmessen. Das Gemüse zugedeckt warm stellen.

5. Für die Meerrettichsauce in der Zwischenzeit Butter oder Margarine in einem kleinen Topf zerlassen. Mehl darin unter Rühren so lange erhitzen, bis es hellgelb ist. abgemessene Tafelspitzbrühe und Sahne hinzugießen. Die Sauce mit einem Schneebesen gut durchschlagen, dabei darauf achten, dass keine Klümpchen entstehen. Die Sauce unter Rühren zum Kochen bringen und ohne Deckel etwa 5 Minuten bei schwacher Hitze kochen lassen, dabei gelegentlich umrühren.

6. Den Meerrettich unterrühren. Die Sauce mit Salz, Zucker und Zitronensaft abschmecken. Das Fleisch in Scheiben schneiden, auf einer vorgewärmten Platte anrichten und mit etwas heißer Brühe übergießen. Tafelspitz mit Petersilie bestreuen und mit dem warm gestellten Gemüse und der Sauce servieren.

Beilage: Möhrengemüse oder Bauernbrot.

Tipps: Anstelle von frischem Meerrettich können Sie auch Meerrettich aus dem Glas verwenden. Der Tafelspitz kann in der Brühe eingefroren werden.

Teltower Rübchen I
Preiswerte Beilage

4 Portionen

Pro Portion: E: 3 g, F: 8 g, Kh: 15 g, kJ: 624, kcal: 150, BE: 1,5

750 g	Teltower Rübchen
40 g	Butter
2 TL	Zucker
125 ml	Gemüsebrühe
	Salz
1 EL	fein gehackte
	Petersilie

Zubereitungszeit: 30 Minuten
Garzeit: 10–15 Minuten

1. Rübchen putzen, schälen, abspülen und abtropfen lassen. Rübchen vierteln.

2. Die Butter in einer großen Pfanne zerlassen. Den Zucker darin bräunen und die Rübchen darin andünsten. Die Gemüsebrühe hinzufügen. Die Rübchenviertel 10–15 Minuten gar dünsten lassen.

3. Das Rübchengemüse mit Salz abschmecken oder zum Servieren mit grob gemahlenem Salz und Petersilie bestreuen.

Thüringer Rostbrätel I

Mit Alkohol

6 Stück

Pro Stück: E: 31 g, F: 27 g, Kh: 1 g,
kJ: 1557, kcal: 371, BE: 0,0

1 kg	*Schweinekamm (ohne Knochen)*
2–3	*Zwiebeln*
1	*Knoblauchzehe*
200 g	*mittelscharfer Senf*
200 ml	*Bier, z. B. Pils oder Schwarzbier*
	gem. Pfeffer
	gerebelter Majoran
	Kümmelsamen
	Salz
2–3 EL	*Rapsöl*

Zubereitungszeit: 15 Minuten, ohne Durchziehzeit
Bratzeit: etwa 10 Minuten

1. Den Schweinekamm mit Küchenpapier trocken tupfen und in 6 gleich dicke Scheiben schneiden.

2. Zwiebeln und Knoblauch abziehen. Den Knoblauch durch eine Knoblauchpresse drücken. Zwiebeln zuerst in Scheiben schneiden, dann in Ringe teilen. Die Zwiebelringe mit Knoblauch, Senf und Bier verrühren. Die Marinade mit Pfeffer, Majoran und Kümmel würzen.

3. Die Fleischscheiben in eine flache Schale geben und mit der Marinade übergießen. Das Fleisch zugedeckt im Kühlschrank 1–2 Tage durchziehen lassen, evtl. einmal wenden.

4. Die Fleischscheiben kurz abtropfen lassen und mit Salz würzen. Die Zwiebeln ebenfalls aus der Marinade nehmen und abtropfen lassen. Das Öl in einer großen Pfanne erhitzen. Die Fleischeiben darin (evtl. in 2 Portionen) etwa 10 Minuten braten. Dabei einmal wenden und dann auch die Zwiebeln mitbraten.

Tipp: Sie können die Thüringer Rostbrätel auch auf dem vorgeheizten Grill bei mittlerer Hitze 5–10 Minuten grillen (je nach Fleischdicke), dabei nach jedem Wenden mit der Marinade bestreichen.

Topfenpalatschinken, überbacken I

Süße Mahlzeit
6 Stück

Pro Stück: E: 16 g, F: 20 g, Kh: 48 g,
kJ: 1849, kcal: 442, BE: 4,0

Für die Palatschinken:

> 180 g Weizenmehl
> 2 Eier (Größe L)
> 200 ml Milch (3,5 % Fett)
> 100 ml Mineralwasser mit Kohlensäure
> 1 TL Zucker
> 1 Prise Salz
>
> 50 g Butter

Für die Füllung:

> 300 g Magerquark (Topfen)
> 60 g Zucker
> 1 Ei (Größe L)
> 2–3 gestr. EL Weichweizengrieß
> 175 g abgetropfte Mandarinen
> (aus der Dose)

Für den Guss:

> 150 g saure Sahne
> 100 g Schlagsahne
> 1 Pck. Dr. Oetker Bourbon-
> Vanille-Zucker

Zum Bestäuben:

> 1–2 TL Puderzucker

Zubereitungszeit: 45 Minuten, ohne Ruhezeit
Backzeit: 20–25 Minuten

1. Für die Palatschinken Mehl in eine Rührschüssel geben. Eier mit Milch und Mineralwasser, Zucker und Salz verschlagen. Die Eiermilch nach und nach unter Rühren zum Mehl geben, darauf achten, das keine Klümpchen entstehen. Den Teig etwa 20 Minuten ruhen lassen.

2. Etwas von der Butter in einer beschichteten Pfanne zerlassen. Teig nochmals durchrühren und eine dünne Teiglage mit einer drehenden Bewegung gleichmäßig auf dem Boden der Pfanne verteilen.

3. Sobald die Ränder goldgelb sind, den Pfannkuchen vorsichtig mit einem Pfannenwender wenden oder auf einen Teller gleiten lassen, umgedreht wieder in die Pfanne geben. Die zweite Seite ebenfalls goldgelb backen. Bevor der Pfannkuchen gewendet wird, etwas Butter in die Pfanne geben.

4. Aus dem restlichen Teig auf die gleiche Weise weitere 5 Palatschinken backen.

5. Den Backofen vorheizen.
Ober-/Unterhitze: etwa 200 °C
Heißluft: etwa 180 °C

6. Für die Füllung Quark mit Zucker, Ei und Grieß verrühren. Die Mandarinen unterheben. Die Quarkfüllung auf den Palatschinken verteilen. Die Palatschinken zusammenrollen und in eine flache Auflaufform (gefettet) dicht nebeneinander einschichten.

7. Für den Guss saure Sahne mit Schlagsahne und Bourbon-Vanille-Zucker verrühren, die Palatschinken damit bestreichen. Die Form auf dem Rost in den vorgeheizten Backofen schieben. Topfenpalatschinken **20–25 Minuten backen.**

8. Die Topfenpalatschinken mit Puderzucker bestäuben und sofort servieren.

Vanilleberg mit Erdbeeren I

Für Gäste

6 Portionen

Pro Portion: E: 7 g, F: 33 g, Kh: 52 g, kJ: 2267, kcal: 541, BE: 4,5

500 g	*Erdbeeren*
4 EL	*Zucker*
2–3 EL	*Zitronensaft*
100 g	*Butterkekse oder Spritzgebäck*
2 Pck.	*Gala Bourbon-Vanille Pudding-Pulver*
60 g	*Zucker*
500 ml	*Milch (3,5 % Fett)*
500 g	*Schlagsahne*

Zubereitungszeit: 30 Minuten, ohne Abkühlzeit

1. Erdbeeren abspülen und abtropfen lassen. 6 schöne Erdbeeren mit Grün zum Garnieren beiseitelegen. Restliche Erdbeeren entstielen, vierteln, mit Zucker mischen und mit Zitronensaft beträufeln. Erdbeeren 10–15 Minuten marinieren.

2. In der Zwischenzeit 6 Dessertschälchen oder eine Glasschüssel mit Keksen oder Spritzgebäck auslegen.

3. Pudding-Pulver mit Zucker und etwa 125 ml von der Milch anrühren. Restliche Milch und Sahne in einem Topf zum Kochen bringen. Angerührtes Pudding-Pulver in die von der Kochstelle genommene Sahnemilch rühren und unter Rühren aufkochen lassen.

4. Zuerst die marinierten Erdbeeren, dann den noch warmen Pudding auf den Keksen oder dem Spritzgebäck verteilen. Das Dessert zugedeckt in den Kühlschrank stellen, wenn der Pudding abgekühlt ist.

5. Zum Servieren den Vanilleberg mit den beiseitegelegten Erdbeeren garnieren.

Tipp: Die Erdbeeren zusätzlich mit 2 Esslöffeln Orangenlikör marinieren.

Vanille-Kirsch-Speise **▮** Mit Alkohol
6 Portionen

Pro Portion: E: 13 g, F: 7 g, Kh: 46 g,
kJ: 1395, kcal: 333, BE: 4,0

Für den Pudding:

1 Pck.	*Dr. Oetker Pudding-Pulver Vanille-Geschmack*
40 g	*Zucker*
500 ml	*Milch (3,5 % Fett)*
375 g	*Magerquark*
30 g	*Zucker*
65 ml	*Orangensaft*
370 g	*abgetropfte Sauerkirschen (aus dem Glas)*
etwa 185 ml	*Eierlikör*
25 g	*Raspelschokolade (Zartbitter oder Vollmilch)*

Zubereitungszeit: 30 Minuten, ohne Abkühlzeit

1. Für den Pudding aus Pudding-Pulver, Zucker und Milch einen Pudding nach Packungsanleitung zubereiten. Damit sich keine Haut bildet, Frischhaltefolie direkt auf die Puddingoberfläche legen. Den Pudding erkalten lassen.

2. In der Zwischenzeit den Quark mit Zucker und Orangensaft verrühren.

3. Die Sauerkirschen gleichmäßig in 6 Gläsern verteilen. Zuerst den Pudding darauf verteilen und glatt streichen, dann den Quark gleichmäßig daraufgeben.

4. Eierlikör vorsichtig auf die obere Quarkschicht gießen und mit Raspelschokolade bestreuen.

5. Die Vanille-Kirsch-Speise bis zum Servieren zugedeckt in den Kühlschrank stellen.

Wammerl-Kartoffel-Spieße I
Raffiniert
8 Spieße

Pro Spieß: E: 19 g, F: 46 g, Kh: 7 g,
kJ: 2121, kcal: 506, BE: 0,5

> 300 g *festkochende Kartoffeln*
> *(möglichst gleich groß)*
> *Salz*
> 800 g *Wammerl (durchwachsener*
> *Schweinebauch, 8 Scheiben je*
> *etwa 100 g)*
> ½ Topf *Majoran*
> 2 EL *Olivenöl*
> *gem. Pfeffer*

Für das Pesto:
> 100 g *Feldsalat*
> 2 *Knoblauchzehen*
> 50 g *gem. Walnusskerne*
> 25 g *ger. Parmesan*
> 75 ml *Olivenöl*

Außerdem:
> 8 *Grillspieße, z. B. Bambusspieße*
> *(etwa 25 cm, über Nacht in*
> *Wasser eingelegt) oder Metall-*
> *spieße*

Zubereitungszeit: 60 Minuten,
ohne Abkühl- und Marinierzeit
Grillzeit: etwa 30 Minuten

1. Die Kartoffeln gründlich unter fließendem kalten Wasser abbürsten, abtropfen lassen und längs halbieren. Kartoffeln knapp mit Wasser bedeckt in einem Topf zugedeckt zum Kochen bringen. 1 Teelöffel Salz hinzugeben, die Kartoffelhälften in etwa 10 Minuten halb gar kochen. Dann die Kartoffeln abgießen, abtropfen und erkalten lassen.

2. Die Schweinebauchscheiben mit Küchenpapier trocken tupfen und in je 3 gleich große Stücke schneiden.

3. Majoran abspülen und trocken tupfen. Die Blättchen von den Stängeln zupfen, Blättchen klein schneiden. Majoran mit dem Olivenöl vermischen.

4. Jeweils etwa 3 Fleischstücke und 2 Kartoffelhälften abwechselnd auf die Spieße stecken. Die Spieße in eine Schale legen, mit dem Majoranöl bestreichen und mit Pfeffer bestreuen. Die Spieße zugedeckt etwa 60 Minuten im Kühlschrank marinieren.

5. Für das Pesto Feldsalat putzen und die Wurzelenden abschneiden. Salat abspülen, in einem Sieb gut abtropfen lassen oder in einer Salatschleuder trocken schleudern.

6. Die Knoblauchzehen abziehen, mit dem vorbereiteten Feldsalat in einen hohen Rührbecher geben und pürieren.

7. Gemahlene Walnusskerne, Parmesan und Olivenöl unterschlagen, mit Salz und Pfeffer abschmecken.

8. Die marinierten Spieße abtropfen lassen, mit Salz würzen, auf den gefetteten Grillrost des heißen Grills legen und etwa 30 Minuten grillen. Dabei die Spieße mehrmals wenden, damit sie nicht zu dunkel werden.

9. Die Spieße vor dem Servieren mit dem Pesto bestreichen oder das Pesto dazu servieren.

Beilage: Gemischter Salat.

Welfenspeise I Mit Alkohol

4 Portionen

Pro Portion: E: 9 g, F: 9 g, Kh: 48 g,
kJ: 1480, kcal: 353, BE: 4,0

Für die Creme:

2 Eiweiß (Größe M)
35 g Speisestärke
40 g Zucker
1 Pck. Dr. Oetker Vanillin-Zucker
500 ml Milch (3,5 % Fett)

Für den Weinschaum:

3 Eigelb (Größe M)
80 g Zucker
10 g Speisestärke
250 ml Weißwein

Zubereitungszeit: 30 Minuten, ohne Kühlzeit

1. Für die Creme Eiweiß mit einem Mixer (Rührstäbe) auf höchster Stufe steif schlagen. Der Schnee muss so fest sein, dass ein Messerschnitt sichtbar bleibt. Speisestärke mit Zucker und Vanillin-Zucker mischen. Das Stärke-Zucker-Gemisch mit 6 Esslöffeln von der Milch anrühren.

2. Die restliche Milch in einem Topf zum Kochen bringen. Angerührte Speisestärke mit einem Schneebesen in die von der Kochstelle genommene Milch rühren und unter Rühren kurz aufkochen lassen.

3. Den Eischnee unter die kochend heiße Speise rühren, nochmals kurz aufkochen lassen. Die Creme in eine Glasschale oder Dessertgläser füllen (Schale oder Gläser nur zur Hälfte füllen!), abkühlen lassen und zugedeckt in den Kühlschrank stellen.

4. Für den Weinschaum Eigelb mit Zucker, Speisestärke und Weißwein in einen Edelstahltopf oder eine Edelstahlschüssel geben. Die Zutaten mit dem Mixer (Rührstäbe) auf niedrigster Stufe im heißen Wasserbad so lange schlagen, bis die Masse durch und durch schaumig ist (das Volumen muss sich etwa verdoppeln, dabei Wasser und Weinschaum nicht kochen lassen, da die Masse sonst gerinnt). Den Topf oder die Schüssel aus dem Wasserbad nehmen, die Masse am Rand lösen und nochmals kurz verrühren. Den Weinschaum erkalten lassen und auf die Creme geben.

Hinweis: Nur ganz frische Eier verwenden, die nicht älter als 5 Tage sind (Legedatum beachten!). Die Welfenspeise im Kühlschrank aufbewahren und innerhalb von 24 Stunden verzehren.

Westfälischer Kastenpickert I

Regionale Spezialität
10–15 Scheiben

Pro Scheibe: E: 8 g, F: 13 g, Kh: 56 g,
kJ: 1574, kcal: 376, BE: 4,5

Für den Hefeteig:
- 500 g Weizenmehl
- 30 g frische Hefe
- 1 TL Zucker
- 125 ml lauwarme Milch (1,5 % Fett)
- 1 kg mehligkochende Kartoffeln
- 3 Eier (Größe M)
- 1 Prise Salz
- 250 g Rosinen

etwa 150 ml Speiseöl, z. B. Sonnenblumenöl

Zubereitungszeit: 70 Minuten,
ohne Teiggeh- und Abkühlzeit
Backzeit: etwa 60 Minuten

1. Für den Teig Mehl in eine Rührschüssel geben. In die Mitte eine Vertiefung drücken und die Hefe hineinbröckeln. Zucker und 5 Esslöffel von der Milch hinzufügen. Mit einem kleinen Teil des Mehls mit einer Gabel vorsichtig verrühren und etwa 10 Minuten gehen lassen.

2. Die Kartoffeln schälen, abspülen, abtropfen lassen, fein reiben, gut abtropfen lassen oder in einem sauberen Geschirrtuch gut auspressen.

3. Eier, Salz und die restliche Milch zum Vorteig in die Schüssel geben und mit einem Mixer (Knethaken) zunächst kurz auf niedrigster, dann auf höchster Stufe in etwa 5 Minuten zu einem glatten Teig verarbeiten. Die Kartoffelmasse gut unterarbeiten. Teig leicht mit Mehl bestäuben und zugedeckt so lange an einem warmen Ort gehen lassen, bis er sich sichtbar vergrößert hat (etwa 20 Minuten).

4. Den gegangenen Teig leicht mit Mehl bestäuben, aus der Schüssel nehmen, auf der leicht bemehlten Arbeitsfläche nochmals gut durchkneten, Rosinen unterarbeiten. Den Teig in eine Kastenform (30 x 11 cm, gefettet, mit Semmelbröseln ausgestreut) geben. Den Teig nochmals zugedeckt so lange an einem warmen Ort gehen lassen, bis er sich sichtbar vergrößert hat (etwa 15 Minuten).

5. In der Zwischenzeit den Backofen vorheizen.
Ober-/Unterhitze: etwa 180 °C
Heißluft: etwa 160 °C

6. Die Form auf dem Rost in den vorgeheizten Backofen schieben. Den Kastenpickert **etwa 60 Minuten backen.**

7. Die Form auf einen Kuchenrost stellen. Den Kastenpickert in der Form erkalten lassen. Dann aus der Form lösen und in 2–3 cm dicke Scheiben schneiden.

8. Vor dem Servieren jeweils etwas Speiseöl in einer großen Pfanne erhitzen. Den Pickert darin portionsweise von beiden Seiten goldbraun braten. Westfälischen Kastenpickert heiß servieren.

Tipp: Den Pickert mit Zuckerrübensirup oder Apfelmus servieren.

Westfälisches Blindhuhn **I**

Preiswert

4 Portionen

Pro Portion: E: 15 g, F: 19 g, Kh: 37 g,
kJ: 1574, kcal: 376, BE: 3,0

250 g	*durchwachsener Speck*
2	*Zwiebeln*
1 ½–2 l	*Wasser*
300 g	*grüne Bohnen*
250 g	*Möhren*
500 g	*Kartoffeln*
	Salz
2	*Äpfel*
2	*Birnen*
	gem. Pfeffer

Zubereitungszeit: 30 Minuten
Garzeit: etwa 30 Minuten

1. Speck in Streifen schneiden. Zwiebeln abziehen und in feine Würfel schneiden. Speckstreifen in einem Topf ohne Fett kurz anbraten. Zwiebelwürfel hinzugeben und mit andünsten. Wasser hinzugießen und zum Kochen bringen.

2. In der Zwischenzeit von den Bohnen die Enden abschneiden, evtl. abfädeln. Bohnen abspülen, abtropfen lassen und in kleine Stücke brechen oder schneiden. Möhren putzen, schälen, abspülen, abtropfen lassen. Kartoffeln schälen, abspülen, abtropfen lassen. Möhren und Kartoffeln in kleine Würfel schneiden.

3. Die Bohnenstücke, Möhren- und Kartoffelwürfel in das kochende Wasser mit den Speckwürfeln geben und Salz hinzufügen. Die Zutaten wieder zum Kochen bringen und den Eintopf zugedeckt etwa 30 Minuten kochen lassen.

4. Äpfel und Birnen schälen, vierteln, entkernen und in Würfel schneiden. Nach etwa 20 Minuten Garzeit die Apfel- und Birnenwürfel zum Eintopf geben und den Eintopf fertig garen. Den Eintopf mit Salz und Pfeffer würzen und in einer vorgewärmten Suppenschüssel anrichten.

Wiener Schnitzel I Klassisch
4 Portionen

Pro Portion: E: 30 g, F: 15 g, Kh: 23 g,
kJ: 1452, kcal: 347, BE: 2,0

> 4 *Kalbsschnitzel (je etwa 120 g,*
> *aus der Oberschale)*
> *Salz*
> *gem. Pfeffer*
> 2 *Eier (Größe M)*
> 2 EL *Schlagsahne*
> 50 g *Weizenmehl*
> 150 g *Semmelbrösel*
> 200 g *Butterschmalz oder Margarine*
> 4 *Bio-Zitronenscheiben*
> *(unbehandelt, ungewachst)*

Zubereitungszeit: 45 Minuten

1. Die Schnitzel mit Küchenpapier trocken tupfen und dünner klopfen, mit Salz und Pfeffer würzen.

2. Eier mit der Sahne schaumig schlagen. Schnitzel kurz in Mehl wenden, überschüssiges Mehl abklopfen, dann durch die Eiersahne ziehen, am Schüsselrand abstreifen und zuletzt in Semmelbröseln wenden. Die Panade etwas andrücken.

3. Butterschmalz oder Margarine evtl. portionsweise in einer großen Pfanne erhitzen. Die Schnitzel darin von beiden Seiten leicht schwimmend 2–3 Minuten (je nach Größe) braten.

4. Anschließend die Schnitzel herausnehmen und auf Küchenpapier abtropfen lassen.

5. Die Schnitzel mit Zitronenscheiben anrichten.

Beilage: Bratkartoffeln oder Kartoffelsalat und grüner Blattsalat.

Tipp: Anstelle von Kalbsschnitzeln können Sie auch Schweineschnitzel verwenden. Diese dann 3–4 Minuten braten.

Wirsingeintopf I
Macht richtig satt
4 Portionen

Pro Portion: E: 32 g, F: 16 g, Kh: 19 g,
kJ: 1473, kcal: 351, BE: 1,5

500 g	*Rind- oder Lammfleisch*
	(aus der Schulter)
2	*Zwiebeln*
30 g	*Schweineschmalz oder*
	3 EL Speiseöl
	Salz
	gem. Pfeffer
	gem. Kümmelsamen
750 ml	*heiße Gemüsebrühe*
1 kg	*Wirsing*
375 g	*vorwiegend festkochende*
	Kartoffeln
2 EL	*gehackte Petersilie*

Zubereitungszeit: 30 Minuten
Garzeit: etwa 50 Minuten

1. Rind- oder Lammfleisch mit Küchenpapier trocken tupfen und in etwa 2 cm große Würfel schneiden. Die Zwiebeln abziehen und in Scheiben schneiden.

2. Schmalz oder Speiseöl in einem großen Topf erhitzen. Die Fleischwürfel darin von allen Seiten leicht bräunen. Zwiebelscheiben hinzufügen und kurz mit andünsten, mit Salz, Pfeffer und Kümmel würzen.

3. Gemüsebrühe hinzugießen und zum Kochen bringen. Die Fleischwürfel zugedeckt etwa 30 Minuten bei schwacher Hitze kochen.

4. In der Zwischenzeit von dem Wirsing die groben, äußeren Blätter entfernen. Wirsing vierteln und den Strunk herausschneiden. Wirsing in Streifen schneiden, abspülen und abtropfen lassen. Die Kartoffeln schälen, abspülen, abtropfen lassen und in Würfel schneiden.

5. Nach etwa 30 Minuten Garzeit die Wirsingstreifen und Kartoffelwürfel zu den Fleischwürfeln in den Topf geben und wieder zum Kochen bringen. Den Eintopf zugedeckt weitere etwa 20 Minuten garen.

6. Eintopf nochmals mit den Gewürzen abschmecken und mit Petersilie bestreut servieren.

Tipps: Zum Eintopf in Butter geröstete Schwarzbrotwürfel reichen. Den Eintopf statt mit Petersilie mit Gartenkresse bestreuen.

Wirsingeintopf mit Mettwurst, Kümmel und Birnen I

Deftig – mit Alkohol
4 Portionen

Pro Portion: E: 24 g, F: 51 g, Kh: 32 g, kJ: 2875, kcal: 691, BE: 2,5

½ Kopf	Wirsing (etwa 600 g)
1	Gemüsezwiebel (etwa 150 g)
100 g	Frühstücksspeck in Scheiben (Bacon)
2	Möhren
2	festkochende Kartoffeln
1 EL	Kümmelsamen
3 EL	Butter
800 ml	Geflügelbrühe
	Salz, gem. Pfeffer
	ger. Muskatnuss
2	Birnen
2 EL	Zucker
2 cl	Birnenschnaps
4	kleine, geräucherte Mettwürste (Rauchenden, Knacker, je etwa 85 g)
6 Stängel	Thymian

Zubereitungszeit: 40 Minuten
Garzeit: etwa 30 Minuten

1. Von dem Wirsing die groben, äußeren Blätter entfernen. Den Wirsing vierteln und den Strunk herausschneiden. Wirsingviertel abspülen, abtropfen lassen und in Rauten schneiden.

2. Die Gemüsezwiebel abziehen, halbieren und in kleine Würfel schneiden. Frühstücksspeck ebenfalls klein würfeln. Die Möhren putzen, schälen, abspülen, abtropfen lassen. Kartoffeln schälen, abspülen, abtropfen lassen. Möhren und Kartoffeln in Würfel schneiden. Kümmel und etwas Butter auf ein Schneidbrett geben, Kümmel fein hacken.

3. Restliche Butter in einem großen Topf zerlassen. Speck- und Zwiebelwürfel darin andünsten. Kümmel-butter, Möhren- und Kartoffelwürfel hinzufügen, kurz mitdünsten lassen. Brühe hinzugießen, mit Salz, Pfeffer und Muskat würzen. Die Zutaten kräftig aufkochen lassen. Wirsingrauten hinzugeben und wieder zum Kochen bringen. Den Eintopf zugedeckt etwa 30 Minuten bei mittlerer Hitze garen.

4. In der Zwischenzeit Birnen schälen, vierteln und entkernen. Birnenviertel in Würfel schneiden. Zucker in einer Pfanne hellbraun karamellisieren, Birnenwürfel hinzugeben und darin schwenken. Mit Birnenschnaps ablöschen. Birnenwürfel warm stellen.

5. Mettwürste in Scheiben schneiden. Den Thymian abspülen und trocken tupfen. Die Blättchen von den Stängeln zupfen.

6. Mettwurstscheiben und Thymian in den Eintopf geben und kurz erhitzen. Den Eintopf mit den Gewürzen abschmecken. Kurz vor dem Servieren die Birnenwürfel unter den Eintopf rühren.

Wurst-Käse-Salat I

Einfach

4 Portionen

Pro Portion: E: 28 g, F: 52 g, Kh: 4 g,
kJ: 2461, kcal: 588, BE: 0,0

> 250 g Zwiebeln
> 250 g Emmentaler
> 350 g Fleischwurst
> 75 g abgetropfte Gewürzgurken
> (aus dem Glas)

Für die Sauce:

> 2 EL Weißweinessig
> 2 EL Wasser
> 1 TL mittelscharfer Senf
> Salz
> gem. Pfeffer
> Zucker
> 4 EL Speiseöl, z. B. Sonnenblumenöl
> 1 EL Schnittlauchröllchen

Zubereitungszeit: 25 Minuten, ohne Durchziehzeit

1. Zwiebeln abziehen, zuerst in Scheiben schneiden, dann in Ringe teilen. Zwiebelringe in kochendes Wasser geben, etwa 2 Minuten blanchieren, dann in ein Sieb geben und abtropfen lassen.

2. Emmentaler entrinden und in Streifen schneiden. Die Fleischwurst enthäuten. Fleischwurst und Gewürzgurken in Scheiben schneiden, Wurstscheiben evtl. halbieren.

3. Für die Sauce Essig mit Wasser, Senf, Salz, Pfeffer und Zucker verrühren. Das Speiseöl unterschlagen. Die Salatzutaten mit der Sauce vermengen. Den Salat etwa 1 Stunde durchziehen lassen. Den Wurst-Käse-Salat mit Schnittlauchröllchen bestreut servieren.

Tipps: Den Wurst-Käse-Salat als kleine Mahlzeit mit Laugenbrötchen oder -brezeln oder als Party-salat servieren. Sie können den Salat auch mit Geflügelfleischwurst oder Kasseler zubereiten.

Zander mit Rahmkraut I

Mit Alkohol
4 Portionen

Pro Portion: E: 35 g, F: 55 g, Kh: 9 g,
kJ: 3247, kcal: 776, BE: 0,5

Für das Rahmkraut:

      2 Zwiebeln
      1 süßsaurer Apfel,
          z. B. Cox Orange
      4 Wacholderbeeren
    10 Pfefferkörner
      2 Lorbeerblätter
    50 g Butter
  500 g Sauerkraut
  500 ml trockener Weißwein

Für die Buttersauce:

      1 kleine Zwiebel
    80 ml trockener Weißwein
  150 ml Gemüse- oder Fischfond
  200 g Schlagsahne
  100 g eiskalte Butter
          Salz
          gem. Pfeffer

      2 EL Crème fraîche
  1 Prise Zucker

      4 Zandermedaillons (mit Haut,
          je 150–160 g)
      2 EL Speiseöl,
          z. B. Sonnenblumenöl

Zubereitungszeit: 25–30 Minuten
Garzeit: 40–45 Minuten

1. Für das Rahmkraut die Zwiebeln abziehen und fein würfeln. Den Apfel schälen, vierteln und entkernen. Apfelviertel auf einer Haushaltsreibe grob raspeln. Die Wacholderbeeren andrücken, mit den Pfefferkörnern und den Lorbeerblättern in ein Tee-Ei oder -Säckchen geben. Das Tee-Ei bzw. -Säckchen gut verschließen.

2. Die Butter in einem Topf zerlassen. Die Zwiebelwürfel darin glasig dünsten. Dann Apfelraspel, Sauerkraut

und Wein hinzugeben. Das Tee-Ei bzw. -Säckchen in die Mitte setzen. Das Sauerkraut zugedeckt bei mittlerer Hitze etwa 30 Minuten garen, dabei zwischendurch umrühren.

3. Für die Buttersauce in der Zwischenzeit die Zwiebel abziehen und fein würfeln. Die Zwiebelwürfel mit dem Weißwein, Fond und der Sahne in einem Topf zum Kochen bringen. Die Sauce auf ein Viertel einkochen lassen, dann mit einem Pürierstab gut pürieren. Butter in grobe Würfel schneiden, mit einem Schneebesen in die Sauce rühren, dann mit Salz und Pfeffer abschmecken. Buttersauce zugedeckt warm stellen, aber nicht mehr kochen lassen, da sie sonst gerinnt.

4. Das Tee-Ei oder -Säckchen entfernen. Die Crème fraîche unter das Sauerkraut rühren und ohne Deckel weitere etwa 10 Minuten kochen lassen. Das Rahmkraut mit Salz, Pfeffer und Zucker abschmecken.

5. Zandermedaillons unter fließendem kalten Wasser abspülen, trocken tupfen, mit Salz und Pfeffer würzen.

6. Speiseöl in einer Pfanne erhitzen. Die Zandermedaillons darin bei mittlerer Hitze zuerst auf der Hautseite 2–3 Minuten braten, dann auf der Innenseite etwa 1 ½ Minuten goldgelb braten.

7. Die gebratenen Medaillons mit dem Rahmkraut und der Buttersauce anrichten.

Beilage: Salzkartoffeln mit Dill bestreut.

Zander nach badischer Art I
Mit Alkohol
4 Portionen

Pro Portion: E: 37 g, F: 26 g, Kh: 5 g,
kJ: 1770, kcal: 423, BE: 0,5

500 g	Blattspinat
2	Schalotten
2 EL	Butter
100 ml	Fisch- oder Gemüsefond
100 ml	Weißwein
150 g	Schlagsahne
	Salz, gem. weißer Pfeffer
1 TL	Speisestärke
600 g	Zanderfilet
	(ohne Haut und Gräten)
8	große Champignons
1	Zwiebel
1 EL	Speiseöl,
	z. B. Sonnenblumenöl
2 EL	steif geschlagene Schlagsahne
1 EL	klein geschnittener Dill

Zubereitungszeit: 30 Minuten

1. Spinat verlesen, dicke Stiele entfernen. Den Spinat gründlich waschen und abtropfen lassen.

2. Schalotten abziehen und in kleine Würfel schneiden. Butter in einem großen Topf zerlassen. Schalottenwürfel hinzugeben und glasig dünsten. Fond und Wein hinzugießen, zum Kochen bringen und etwa um ein Drittel einkochen lassen, Sahne unterrühren, wieder zum Kochen bringen und nochmals etwas einkochen lassen.

3. Die Sauce mit Salz und Pfeffer gut würzen. Speisestärke mit etwas Wasser anrühren, in die Sauce rühren und kurz aufkochen lassen. Die Sauce sollte nur leicht gebunden sein.

4. Zanderfilet unter fließendem kalten Wasser abspülen, trocken tupfen und in 8 gleich große Stücke schneiden. Die Zanderstücke in die Sauce legen und bei schwacher Hitze etwa 10 Minuten garen.

5. Inzwischen die Champignons putzen und die Stiele entfernen. Champignonköpfe mit Küchenpapier abreiben und in Würfel schneiden. Nach etwa 5 Minuten Garzeit die Champignonwürfel zu den Zanderfiletstücken geben und mitgaren lassen.

6. Zwiebel abziehen und fein würfeln. In einem Topf das Speiseöl erhitzen. Die Zwiebelwürfel darin unter Rühren andünsten. Den tropfnassen Spinat zugeben und bei mittlerer Hitze in etwa 5 Minuten etwas zusammenfallen lassen. Spinat dabei gelegentlich umrühren, mit Salz und Pfeffer würzen.

7. Spinat auf 4 Tellern anrichten. Die Zanderfiletstücke aus der Sauce nehmen und auf dem Spinat anrichten.

8. Die Sauce mit Sahne und Dill verfeinern und auf den Zanderfiletstücken verteilen.

Tipp: Dazu passen sehr gut in Lorbeerwasser gekochte Salzkartoffeln (2 Lorbeerblätter auf 300 g geschälte Kartoffeln).

Züricher Geschnetzeltes I

Mit Alkohol
4 Portionen

Pro Portion: E: 29 g, F: 37 g, Kh: 9 g,
kJ: 2133, kcal: 510, BE: 0,5

> 2 mittelgroße Zwiebeln
> 500 g Kalbfleisch (aus der Keule)
> 2 EL Weizenmehl
> 3 EL Butter oder Margarine
> 125 ml Weißwein
> 250 g Schlagsahne
> Salz
> gem. Pfeffer
> 1 Prise Zucker

Zubereitungszeit: 30 Minuten

1. Die Zwiebeln abziehen und fein würfeln. Das Fleisch mit Küchenpapier trocken tupfen. Fleisch in hauchdünne Scheiben schneiden und mit Mehl bestäuben.

2. Von der Butter oder Margarine 1 Esslöffel in einer beschichteten Pfanne zerlassen. Ein Viertel der Zwiebelwürfel und die Hälfte der Fleischscheiben etwa 2 Minuten unter gelegentlichem Umrühren darin braten lassen (Fleisch darf nicht braun werden!) und aus der Pfanne nehmen. Das Fleisch in einer Schüssel warm stellen, mit einem Teller zudecken.

3. Wieder 1 Esslöffel Butter oder Margarine zerlassen. Die restlichen Fleischscheiben und ein weiteres Viertel der Zwiebelwürfel hinzugeben und auf die gleiche Weise zubereiten.

4. Restliche Butter oder Margarine zerlassen, restliche Zwiebelwürfel darin etwa 3 Minuten dünsten und anschließend mit Wein ablöschen. Sahne und Fleischscheiben hinzufügen, mit Salz, Pfeffer und Zucker würzen. Das Geschnetzelte etwa 5 Minuten erhitzen und sofort servieren.

Beilage: Servieren Sie dazu **Rösti:** Dafür 500 g festkochende Kartoffeln unter fließendem kalten Wasser abbürsten, knapp mit Wasser bedeckt, zugedeckt zum Kochen bringen und in etwa 20 Minuten gar kochen. Kartoffeln abgießen, mit kaltem Wasser abschrecken, abtropfen lassen. Kartoffeln noch warm pellen und zugedeckt mindestens 4 Stunden – am besten über Nacht – kalt stellen. Die Kartoffeln grob raspeln, mit Salz und Pfeffer würzen. 6 Esslöffel Speiseöl in einer Pfanne (Ø 24 cm) erhitzen. Die Kartoffelraspel in die Pfanne geben, etwas flach drücken, bei schwacher Hitze von beiden Seiten unter einmaligem Wenden etwa 10 Minuten braun und knusprig braten. Nach Belieben den Rösti zum Servieren in 4 Stücke teilen.

Zwetschenknödel I

Süße Mahlzeit
4–6 Portionen

Pro Portion: E: 11 g, F: 22 g, Kh: 103 g,
kJ: 2801, kcal: 669, BE: 8,5

700 g	*mehligkochende Kartoffeln*
	Salz
40 g	*Butter*
160 g	*Weizenmehl*
60 g	*Weizengrieß*
1	*Eigelb (Größe M)*
1 Prise	*Salz*
20	*Zwetschen*
20 Stück	*Würfelzucker*

80 g	*Butter*
100 g	*Semmelbrösel*
	abgeriebene Schale von
je ½	*Bio-Orange und Bio-Zitrone*
	(beide unbehandelt,
	ungewachst)
50 g	*Zucker*
1 TL	*Dr. Oetker Vanillin-Zucker*

Zubereitungszeit: 45 Minuten, ohne Abkühlzeit
Garzeit: 50–55 Minuten

1. Kartoffeln gründlich waschen und knapp mit Salzwasser bedeckt zum Kochen bringen. Die Kartoffeln zugedeckt in 20–25 Minuten gar kochen.

2. Kartoffeln abgießen, mit kaltem Wasser abspülen, abtropfen lassen, sofort pellen und durch eine Kartoffelpresse drücken. Kartoffelmasse abkühlen lassen.

3. Unter die abgekühlte Kartoffelmasse Butter, Mehl, Grieß, Eigelb und Salz kneten. So lange kneten, bis ein fester Teig entstanden ist.

4. Zwetschen abspülen und abtrocknen. Zwetschen etwas aufschneiden, den Stein herausnehmen. Die Zwetschen mit je 1 Stück Würfelzucker füllen.

5. Den Kartoffelteig auf einer bemehlten Arbeitsfläche zu einer Rolle formen und in 20 gleich große Scheiben

schneiden. Jede Zwetsche mit 1 Teigscheibe umhüllen, mit bemehlten Händen zu Knödeln formen.

6. In einem großen Topf so viel Salzwasser zum Kochen bringen, dass die Knödel in dem Wasser „schwimmen" können.

7. Die Knödel portionsweise in das kochende Salzwasser geben, wieder kurz zum Kochen bringen und ohne Deckel etwa 10 Minuten gar ziehen lassen (das Wasser muss sich leicht bewegen).

8. In der Zwischenzeit die Butter in einer Pfanne zerlassen, Semmelbrösel hinzugeben und leicht rösten. Orangen-, Zitronenschale, Zucker und Vanillin-Zucker untermischen.

9. Die gegarten Knödel mit einer Schaumkelle aus dem Wasser nehmen und gut abtropfen lassen.

10. Die Knödel in der Semmelbröselmischung wälzen und heiß servieren.

Tipps: Zusätzlich Vanillesauce dazu serviert, macht die Knödel besonders lecker. Oder Sie reichen das Zwetschenkompott der Quarkknödel von Seite 192 dazu.

Zwickauer Klopse I
Einfach
4 Portionen

Pro Portion: E: 36 g, F: 51 g, Kh: 12 g,
kJ: 2715, kcal: 648, BE: 1,0

250 g	Rindergehacktes
250 g	Kalbsgehacktes
250 g	Schweinegehacktes
3	Eier (Größe M)
	Salz
	ger. Muskatnuss
etwa 70 g	Semmelbrösel
80 g	Margarine
200 g	Schlagsahne
	gem. Pfeffer

Zubereitungszeit: 40 Minuten

1. Das Rinder-, Kalbs- und Schweinegehackte in eine Schüssel geben. Die Eier, Salz und Muskatnuss hinzugeben und alles gut miteinander vermengen.

2. Aus der Gehacktesmasse mit angefeuchteten Händen 8 längliche Klopse formen. Die Semmelbrösel auf einen Teller geben und die länglichen Klopse darin wenden.

3. Die Margarine in einer großen Pfanne zerlassen. Die Klopse darin anbraten und unter gelegentlichem Wenden in etwa 15 Minuten braun und gar braten.

4. Die Klopse aus der Pfanne nehmen und warm stellen. Die Sahne in die Pfanne geben und unter Rühren erwärmen. Die Sahnesauce mit Salz und Pfeffer abschmecken und mit den Klopsen servieren.

Beilage: Petersilienkartoffeln.

Zwiebelkuchen | Klassisch
etwa 8 Stücke

Pro Stück: E: 22 g, F: 32 g, Kh: 51 g,
kJ: 2447, kcal: 586, BE: 3,5

Für den Hefeteig:

250 ml	Milch (3,5 % Fett)
400 g	Weizenmehl (Type 550)
1 Pck.	Dr. Oetker Trockenbackhefe
1 TL	Zucker
2 gestr. TL	Salz
4 EL	Speiseöl, z. B. Olivenöl

Für den Belag:

1 ½ kg	Gemüsezwiebeln
3 EL	Speiseöl, z. B. Olivenöl
	Salz, gem. Pfeffer
1 TL	Kümmelsamen
150 g	durchwachsener Speck
200 g	ger. Emmentaler
3	Eier (Größe M)
150 g	Crème fraîche

Zubereitungszeit: 45 Minuten,
ohne Teiggeh- und Abkühlzeit
Backzeit: etwa 40 Minuten

1. Für den Hefeteig die Milch lauwarm erwärmen.
Das Mehl in eine Rührschüssel geben und sorgfältig
mit der Hefe vermischen. Zucker, Salz, Speiseöl und
die lauwarme Milch hinzufügen.

2. Die Zutaten mit einem Mixer (Knethaken) zunächst
kurz auf niedrigster, dann auf höchster Stufe in etwa
5 Minuten zu einem glatten Teig verarbeiten. Den Teig
mit Mehl bestäuben und zugedeckt so lange an einem
warmen Ort gehen lassen, bis er sich sichtbar vergrößert hat (etwa 20 Minuten).

3. Für den Belag in der Zwischenzeit Gemüsezwiebeln
abziehen, halbieren und in Scheiben schneiden. Speiseöl in einer großen Pfanne oder einem Topf erhitzen.
Die Zwiebelscheiben darin etwa 10 Minuten unter
Rühren dünsten, mit Salz und Pfeffer würzen. Kümmel
unterrühren. Die Zwiebelmasse etwa 20 Minuten abkühlen lassen.

4. Speck in kleine Würfel schneiden. Speckwürfel,
Käse, Eier und Crème fraîche unter die Zwiebelmasse
rühren, mit Salz und Pfeffer würzen.

5. Den Backofen vorheizen.
Ober-/Unterhitze: etwa 200 °C
Heißluft: etwa 180 °C

6. Den gegangenen Teig leicht mit Mehl bestäuben,
aus der Schüssel nehmen und auf einer leicht bemehlten Arbeitsfläche nochmals kurz durchkneten.
Den Teig auf einem Backblech (30 x 40 cm, gefettet)
ausrollen, die Teigränder hochdrücken. Die Zwiebelmasse auf den Teig geben und verstreichen.

7. Den Teig nochmals zugedeckt so lange an einem
warmen Ort gehen lassen, bis er sich sichtbar vergrößert hat (etwa 15 Minuten). Das Backblech in den
vorgeheizten Backofen (unteres Drittel) schieben und
den Zwiebelkuchen **etwa 40 Minuten backen.**

8. Das Backblech auf einen Kuchenrost stellen. Den
Zwiebelkuchen in Stücke schneiden und heiß oder
kalt servieren.

Zwiebelrumpsteaks **I**

Einfach – schnell
4 Portionen

Pro Portion: E: 46 g, F: 18 g, Kh: 5 g,
kJ: 1524, kcal: 363, BE: 0,0

400 g	*Gemüsezwiebeln*
4	*Rumpsteaks (je etwa 200 g)*
3–4 EL	*Olivenöl*
	Salz
	gem. Pfeffer
evtl. etwas	*Steak-Gewürz*

Zubereitungszeit: 20 Minuten

1. Zwiebeln abziehen, evtl. halbieren und in Scheiben schneiden. Rumpsteaks trocken tupfen und an den Fetträndern etwas einschneiden.

2. Olivenöl in einer Pfanne erhitzen. Die Rumpsteaks hinzufügen und kurz von beiden Seiten anbraten. Die Steaks mit Salz, Pfeffer und evtl. Steak-Gewürz bestreuen und von jeder Seite 3–4 Minuten braten. Die Rumpsteaks dabei häufiger mit dem Bratfett aus der Pfanne begießen, damit sie saftig bleiben.

3. Die Steaks aus der Pfanne nehmen, auf einen vorgewärmten, tiefen Teller legen, mit einem zweiten Teller zudecken und warm stellen.

4. Die Zwiebelscheiben mit Salz und Pfeffer würzen und in dem verbliebenen Bratfett unter mehrmaligem Wenden einige Minuten bräunen lassen. Die Zwiebelscheiben auf den Rumpsteaks verteilen und sofort servieren.

Tipps: Wer den Fettrand am Steak nicht mag, sollte ihn aber erst nach dem Braten abschneiden. So bleibt das Steak saftiger. Das **3-Minuten-Steak („medium")** ist besonders beliebt. Es ist nicht mehr roh **(„rare", 1–2 Minuten),** aber auch noch nicht ganz durchgebraten **(„welldone", 5 Minuten).** Die Rumpsteaks zu Bratkartoffeln servieren.

Zwiebelsuppe I

Gut vorzubereiten – mit Alkohol

4 Portionen

Pro Portion: E: 9 g, F: 21 g, Kh: 30 g,
kJ: 1567, kcal: 375, BE: 2,0

etwa 600 g	Zwiebeln
50 g	Butter oder Margarine
850 ml	Gemüsebrühe
30–40 g	Butter
8	kleine Baguettescheiben
150 ml	Weißwein
	Salz
	gem. weißer Pfeffer
30 g	ger. Parmesan

Zubereitungszeit: 30 Minuten

1. Zwiebeln abziehen und in dünne Scheiben schneiden oder hobeln. Butter oder Margarine in einem Topf zerlassen, die Zwiebelscheiben darin unter Rühren bei mittlerer Hitze andünsten.

2. Gemüsebrühe hinzugießen, zum Kochen bringen und zugedeckt 10–15 Minuten bei mittlerer Hitze gar kochen.

3. In der Zwischenzeit Butter in einer großen Pfanne zerlassen. Die Baguettescheiben darin von beiden Seiten goldgelb rösten.

4. Den Backofengrill (auf etwa 240 °C) vorheizen.

5. Weißwein unter die gegarte Zwiebelsuppe rühren. Suppe mit Salz und Pfeffer würzen.

6. Die Zwiebelsuppe in große, hitzebeständige Suppentassen füllen, die Baguettescheiben darauf verteilen und mit Parmesan bestreuen. Die Suppentassen auf dem Rost unter den vorgeheizten Backofengrill schieben. Die Zwiebelsuppe kurz überbacken, bis der Käse leicht gebräunt ist.

7. Die Zwiebelsuppe sofort servieren.

Tipp: Falls Sie keine hitzebeständigen Suppentassen haben, können Sie die Baguettescheiben auch getrennt zubereiten. Dafür die Baguettescheiben auf ein Backblech (mit Backpapier belegt) legen und mit Parmesan bestreuen. Das Backblech in den vorgeheizten Backofen schieben und die Baguettescheiben bei Ober-/Unterhitze: etwa 220 °C, Heißluft: etwa 200 °C etwa 5 Minuten überbacken. Die Baguettescheiben vor dem Servieren auf die Suppe legen.

Salate

Suppen, Eintöpfe und Co.

Braten und Co.

Kurzgebratenes

Fisch und Meeresfrüchte

Regionale Spezialitäten

Süße Leckereien

Für Fragen, Vorschläge oder Anregungen stehen Ihnen der Verbraucherservice der Dr. Oetker Versuchsküche Telefon: 00800 71 72 73 74 Mo.–Fr. 8:00–18:00 Uhr, Sa. 9:00–15:00 Uhr (gebührenfrei in Deutschland) oder die Mitarbeiter des Dr. Oetker Verlages Telefon: +49 (0) 521 520645 Mo.–Fr. 9:00–15:00 Uhr zur Verfügung.
Schreiben Sie uns:
Dr. Oetker Verlag KG, Am Bach 11, 33602 Bielefeld. Oder besuchen Sie uns online unter www.oetker-verlag.de, www.facebook.com/Dr.OetkerVerlag oder www.oetker.de.

Umwelthinweis Dieses Buch und der Einband wurden auf chlorfrei gebleichtem Papier gedruckt. Die Einschrumpffolie – zum Schutz vor Verschmutzung – ist aus umweltfreundlichem und recyclingfähigem PE-Material.

Copyright © 2013 by Dr. Oetker Verlag KG, Bielefeld

Redaktion Andrea Gloß, Annette Riesenberg

Innenfotos Walter Cimbal, Hamburg (S. 12, 54, 95, 174)
Fotostudio Diercks (Thomas Diercks, Kai Boxhammer, Christiane Krüger), Hamburg (S. 6–8, 13, 15–22, 24, 25, 27–34, 36, 39, 41–46, 48, 50–52, 55–60, 63, 65, 67, 69, 73, 74, 76, 78–80, 83, 84, 86–90, 93, 94, 96, 97, 101, 102, 105, 106, 110, 111, 114–118, 120, 123–126, 129, 131, 134–137, 139–154, 157, 158, 160, 163–165, 167, 168, 171, 173, 175–181, 183–185, 187, 190–196, 198–206, 208–212, 216, 217, 220, 221, 223–225, 229, 233, 234, 236–245, 248, 250, 252, 253, 255, 258–260, 265, 268–271, 273–275, 277, 278, 281)
Ulli Hartmann, Halle/Westf. (S. 9, 38, 47, 49, 62, 66, 71, 75, 81, 82, 109, 127, 133, 172, 186, 213–215, 254)
Bernd Lippert (S. 91, 107, 249, 261, 276)
Herbert Maass (S. 219)
Janne Peters, Hamburg (S. 5, 227)
Antje Plewinski, Berlin (S. 77, 85, 108, 113, 132, 138, 169, 182, 189, 228, 247, 257, 262, 263, 279, 280)
Christiane Pries (S. 251, 267)
Hans-Joachim Schmidt, Hamburg (S. 70, 155, 159, 166, 230)
Axel Struwe, Bielefeld (S. 10, 11, 112, 119, 121, 128, 264)
Norbert Toelle, Bielefeld (S. 26, 53, 170, 207, 218, 235)
Brigitte Wegner, Bielefeld (S. 14, 23, 35, 37, 40, 61, 98, 103, 122, 130, 188, 197, 222, 231, 232, 256, 266)
Winkler Studios, Bremen (S. 156)
Bernd Wohlgemuth, Hamburg (S. 72)

Lektorat no:vum, Susanne Noll, Leinfelden-Echterdingen

Nährwertberechnungen Nutri Service, Hennef

Grafisches Konzept und Gestaltung MDH Haselhorst, Bielefeld
Titelgestaltung kontur:design, Bielefeld
Satz MDH Haselhorst, Bielefeld
Druck und Bindung Mohn Media Mohndruck GmbH, Gütersloh

ISBN: 978-3-7670-0780-2